云南民族大学社会学学术文库

云南民间经籍的文化传播研究

A Study on the Cultural Communication of Yunnan nongovernmental Classics

宋野草 著

天津出版传媒集团

天津人民出版社

图书在版编目（CIP）数据

云南民间经籍的文化传播研究 / 宋野草著. -- 天津：
天津人民出版社，2023.8
（云南民族大学社会学学术文库）
ISBN 978-7-201-18801-0

Ⅰ.①云… Ⅱ.①宋… Ⅲ.①经籍—文化传播—研究
—云南 Ⅳ.①Z126.27

中国版本图书馆 CIP 数据核字(2022)第 172148 号

云南民间经籍的文化传播研究
YUNNAN MINJIAN JINGJI DE WENHUA CHUANBO YANJIU

出　　版	天津人民出版社
出 版 人	刘　庆
地　　址	天津市和平区西康路35号康岳大厦
邮政编码	300051
邮购电话	（022）23332469
电子信箱	reader@tjrmcbs.com

策划编辑	王　康　　吴　丹
责任编辑	李佩俊
封面设计	汤　磊

印　　刷	河北鹏润印刷有限公司
经　　销	新华书店
开　　本	710毫米×1000毫米　1/16
印　　张	14
插　　页	5
字　　数	200千字
版次印次	2023年8月第1版　　2023年8月第1次印刷
定　　价	148.00元

"云南民族大学社会学学术文库"
总序

植根边疆,砥砺学术;深入田野,耘获真知。"云南民族大学社会学学术文库"即将在天津人民出版社付梓发行,内心充满欣慰与期待。

云南民族大学社会学院成立于2019年,其社会学专业办学的历史可以追溯至20世纪90年代,近30年风雨兼程,创造了云南省乃至我国西部地区的诸多第一。1998年,云南省首家社会学硕士学位授权点在云南民族大学生根发芽,至2013年结出硕果,云南民族大学社会学成为我国西部地区第一个社会学一级学科博士学位授权点。2017年,云南民族大学社会学获准设立省级博士后科研流动站;2019年,获批设立国家级博士后科研流动站;2020年1月,社会学专业入选教育部"双万计划"首批国家级一流本科专业建设点。云南民族大学社会学学科形成了由本科至硕士研究生、博士研究生及博士后的完整的教学科研培养体系,云南民族大学也成为全国首家实现民族学、人类学、社会学"三科并立"的高校。在教育部第四轮学科评估中,云南民族大学社会学一级学科进入B-,为我国西部地区排名第一。在2022年的云南省高校本科专业综合评价中,云南民族大学社会学院的社会学、社会工作、人类学三个专业均排名全省第一。

为进一步加强社会学学科建设,我们不仅整合校内相关学科资源,设立社会学系、社会工作系、人类学系,还特别重视学术研究,积极申请建设省部级研究平台,推出一系列有深度、有特色、有价值的研究成果。云南民族大学社会学院的专任教师中,有中组部"万人计划"哲学社会科学领军人才、中宣部国家文化名家暨"四个一批"人才、人事部等七部委"新世纪百千万人才工程"国家级人选、首批云岭学者、享受国务院特殊津贴专家、教育部"新世纪优秀人才支持计划"入选者、云南省万人计划青年拔尖

1

人才、中国宗教学会副会长、中国社会学会常务理事、教育部高等学校社会学类专业教学指导委员会委员、国家社科基金项目会议评审专家和通讯评审专家等。

云南民族大学社会学院教师在主持国家社科基金项目、发表学术论文、出版专著、获取省部级各类奖励等方面，当之无愧地位列云南民族大学各教学部门中的第一梯队。近5年，社会学院教师共主持和完成各类科研课题50余项，其中国家级项目20余项，包括国家社科基金重大项目2项、重点项目5项、省部级项目20余项；在《中国社会科学》《社会学研究》《民族研究》《世界宗教研究》等刊物公开发表论文300余篇，多篇被《新华文摘》列为封面要目并全文转载，荣获省部级各类奖励30余项。在边疆、民族、宗教相关的社会问题研究领域成绩斐然，在咨政研究方面取得优异成绩。

社会学院建成了总面积达600平方米的6个社会学类专业实验室。其中，社会学类专业定量分析室1个、社会工作综合实验室1个、社会工作VR虚拟仿真实验室1个、社会心理学实验室1个，建有1个省级联合培养基地、15个教学科研实习研究基地，形成了教学、研究、服务三位一体的教育培养模式，在本科和研究生教学中彰显了学校"立足边疆、服务边疆、服务民族团结繁荣发展"的办学方针。特别是社会学一级学科博士授权点设置了应用社会学、人类学、社会管理与社会政策等3个专业方向。其中，应用社会学专业下设的宗教社会学、民族社会学、环境社会学3个研究方向，经过长期凝练，具有鲜明的学术特色；人类学专业下设的西南边疆地区社会文化研究方向，社会管理与社会政策专业下设的边疆民族地区社会管理与社会政策研究方向，也突出了边疆性与民族性。

"云南民族大学社会学学术文库"计划出版17部专业学术著作，荟集我校社会学、社会工作、人类学专业教师的最新学术成果，充分体现学校与学院的办学特色、研究风格。文库的出版，对于我校社会学科发展和专业建设具有重要的支撑作用，也必将进一步推动我校社会学院教学、科研和人才培养等各项事业迈上新的台阶。当然，文库还存在不足之处，恳望专家学者和广大读者提出宝贵意见,为云南民族大学社会学学科的发展出谋划策!特别感谢为文库出版付出辛勤工作的出版社同仁!期望云南民族大学社会学院师生推出更多更好的学术成果!

张桥贵

云南民族大学校长、教授、博士生导师

2022年7月

目　录

导　论

一、民间经籍中的文化认同

党的十八大以来，习近平总书记曾在多个场合提到文化自信。文化自信，来源于5000多年文明发展中孕育的中华优秀传统文化。在2016年4月22日至23日的全国宗教工作会议中，习近平讲道：道教作为本土宗教，在传播过程中承载了中国传统文化，表现出的是一种民族精神和核心价值观。对习近平的观点，笔者深以为然，而且认为，在此传播与文化承载中，民间经籍起到了至关重要的作用。

所谓民间经籍，主要指散落于民间的稀有范本、科仪典籍、道医书籍、戒律善书、宫观堪舆等方面的书籍总和。目前针对经籍的文本研究虽多，但从传播与文化层面进行深入分析者甚少。云南地区作为边疆地区又是少数民族聚集地，在文化上呈现出多元化特征，原始信仰、南传上座部佛教、道教、儒家文化等诸多元素反映出一种文化上的大融合。这一特点在民间经籍中体现得尤为明显。云南地区各民族融合发展与依托于民间经籍传播的文化大融合有密切关系。如何将这种关系揭示出来，立足宗教学，从文化人类学的传播学派、社会学的结构功能主义视角切入，分析成为一种文化动力学模版,在"一带一路"倡议指引下,促进民族融合与民族文化对外辐射发展,正是本书要解决的问题。

以往学界对经籍的研究焦点多集中于经书的收集、整理以及科仪本身,而道家思想文化促进了云南少数民族对汉文化的认同,推动了中国各民族的融合,增强了民族向心力和凝聚力这一历史事实,一直未得到学界应有的关注。民间经籍在道学承担的民族文化传承作用中扮演的重要角色更是为人所忽视。以民间经籍收集整理为依托,深入剖析其在民族文化传承过程中的多维度作用,正是本书研究价值所在。通过对云南民间经籍的研究,为西南地区乃至中国民间经籍的研究提供一个较为典型的研究范例。在法师渐少、经书毁坏、科仪淡化这一时代背景之下,研究民间经籍是对经籍文本的保护,对道学思想研究意义重大,同时是对其文化传承功能的一种肯定,有助于民族间的文化认同。

习近平在讲话中指出,中华文化崇尚和谐,中国"和"文化源远流长,蕴含着天人合一的宇宙观、协和万邦的国际观、和而不同的社会观、人心和善的道德观。当今社会,随着工业文明程度的增加,其带来的各种社会问题频出。本书正是以云南民间经籍为研究对象,研究其在社会发展中起到的特有的心理辅导、思想教化功能。通过对道家文化在云南少数民族地区发展的研究,解析文化认同的发展路径,有利于建设当今多民族共同发展的和谐社会。借助"一带一路"倡议的大平台,推动中国传统文化"走出去"的实践研究,促进中华民族与世界各民族之间的文化交流,增加中国传统文化的周边辐射力。

二、国内外相关研究的学术史梳理及研究动态

目前国内研究情况,总体上看多集中在以下方面:道教在云南传播及演变,如郭武的《道教与云南文化——道教在云南的传播演变及影响》,首次清晰地叙述了道教在云南的传播轨迹和云南道教的特点;《道教对云南

政治之影响述略》介绍了历代封建中央政权通过道教与西南地区以及云南的密切联系,提出道教在大理国、南诏等与中原王朝的文化及政治交流中起到的重要作用等。杨学政、刘婷的《云南道教》,萧霁虹、董允的《云南道教史》重点记述了道教在云南的传播发展历程及其民族特色、地域特色;张桥贵在《道教与中国少数民族关系研究》一文中详细论述了道教与云南多个少数民族宗教的互动以及流变情况。杨学政主编的《云南宗教史》中第四编,涉及大量的云南道教发展情况。张泽洪在《杜光庭与云南道教》中通过对杜光庭在云南、蜀中的传道遗迹进行辩证分析,认为杜光庭并未到云南进行传道活动,云南道教中流传的杜光庭信仰是道教传播的产物。另外,对云南道教名胜及旅游资源开发的研究较为丰富。张泽洪在《文化传播与仪式象征——中国西南少数民族宗教与道教祭祀仪式比较研究》一书中介绍了云南道教在不同历史时期的传播状况。论文方面,1989年陈兆康、赵亮在《中国道教》上发表的《云南道教调查》介绍了云南道教的历史、现状及现存道观。此外,1991年雷宏安的《云南道教源流初探》,1993年杨学政、郭武在《宗教学研究》上发表的《道教在云南》,郭武1993年发表的《道教在云南的传播与发展》,都着重研究了云南道教的发展情况。

云南少数民族道教专著方面,徐祖祥在《瑶族的宗教与社会——瑶族道教及其与云南瑶族关系研究》一书中描述了云南瑶族的道教信仰状况。赵廷光的《论瑶族传统文化》一书中涉及云南道教部分情况。论文方面有徐祖祥的《瑶传道教中的佛教与儒家的因素》《论瑶族道教的教派及其特点》《瑶族还盘王愿活动中所见盘瓠崇拜的道教化》等多篇文章,论述瑶族道教的特点。另有张桥贵的《近现代瑶族宗教的道教化及其特点》、赵廷光的《瑶族度戒与道教的关系》等相关文章。王丽珠的《彝族的祖先崇拜和道教文化》,周文英、柯柄刚的《道教在丽江的传播与丽江社会文化之关系考察》,刘婷的《云南道教与少数民族宗教》等,介绍了云南彝、瑶、白、纳西、壮族等少数民族的道教发展情况。

民间道教科仪方面,刘仲宇在《简论道教法术科仪的表演特征》中,认为在道教的斋醮科仪流传过程中,其仪式的表演功能承担了重要作用。通过道教斋醮科仪过程中的各种表演、象征功能,使信众在不了解道教核心要义的情况下仍能产生共情,从情感上体验道教法术表现的意义,对其产生认同感。史孝进的《威仪庄严:道教科仪及其社会功能》和任宗权的《道教科仪概览》,主要介绍道教科仪的程序和内容;彭理福的《道教科范——全真派斋醮科仪纵览》中详细介绍了全真派主要科仪;周虹、李彪、吴雪蕾的《伙居道教科仪考察——以广丰县万寿宫庙会为例》,梅莉的《民国城市正一火居道士群体研究——以汉口为中心》,主要研究了民间道教斋醮科仪。闵智亭在《道教仪范》中对基本的道教宫观仪范、玄坛戒律、初真戒律、中极戒、天仙大戒等各种戒律进行了详细的介绍,同时对全真斋醮科仪的诸般细节进行了详尽的记录。此外,张开华的《试谈道教科仪的功用》、李大华的《从宗教仪式与戒律看道教的两种倾向》、申晓虎的《滇东北民间正一道安神开光科仪考察》、萧霁虹的《大理巍山神霄西河派科仪经书的整理与研究》、吕锤宽的《台湾的道教醮祭科仪》等文章,都从不同的层面对道教仪式进行了研究。

民间经籍方面,王卡、汪桂平的《洞经乐仪与神马图像》及郑开的《水穷云起集——道教文献研究的旧学新知》从文献的角度重点介绍了滇西腾冲地区的道教民俗与经文;魏德毓的《民间道教文献与地方仪式传统——闽西正一派道教科仪本〈大发表真科〉解析》一文,探讨民间道教文献与地方道教和地方仪式传统之间的关系。

道教传播与民族认同方面,张桥贵在2002年于《世界宗教研究》上发表的《道教传播与少数民族贵族对汉文化的认同》中,提到道教文化的认同对于一个多民族国家作为一个整体发挥作用具有非常重要的意义。陈金凤2009年在《宗教学研究》上发表的《道教民族思想及其实践论析》一文中,指出道教民族思想有利于汉民族与少数民族的和平交往、融合,是稳定和发展中华民族多元一体格局的重要思想基础。徐平于2011年在《民族论坛》上发表的《论道教的宗教特质对中华各民族相互融合的意义》一文中,提出道教的宗教特质对于促进民族融合所起的作用,以及道教对于解决当前民族问题的现代意义。

关于云南道教的研究,还有部分集中在道教仪式、洞经会、旅游资源方面。如《云南洞经音乐初探》(雷宏安、彭幼山,《宗教学研究》1987年第2期)介绍云南洞经音乐的性质特点,云南各地洞经乐曲名称、音乐特色、乐器特点、乐队编制及演奏。《道教对云南民间音乐和舞蹈的影响》(郭武,《世界宗教文化》1996年壹期)介绍道教洞经音乐对白族、纳西族的影响。《道教在巍宝山》(王丽珠,《中国道教》2001年01期)介绍道教传入巍宝山的时期和宗派、道教在巍宝山的斋课和会期。《云南道教文化旅游资源开发的思考》(萧霁虹,《2006—2007云南宗教情势报告》,云南大学出版社,2007年)从整体上分析云南道教旅游资源的详细情况。

在国外文献中,研究云南民间道教的十分罕见,国外学界大多聚焦于道家、道教思想的整体研究。加拿大麦吉尔大学的美籍学者丁荷生所著的《华南的道教科仪和民间教派》中主要对福建地区的道教历史、现状与民间社会的关系加以论述。哥伦比亚大学韩明士(Robert Hymes)的《道与庶道:宋代以来的道教、民间信仰和神灵模式》一书,着重勾勒了宋代华盖山作为天心派圣地的情状,在深入研究的基础提出了"中国民间诸神是否为现实官僚的投影"之问题。法国学者高万桑(Vincent Groossaert)的《北京的道士,1800—1949:城市神职人员的社会史》中,以1800年为时间线的起点,1949年中华人民共和国成立为时间线下限,以150年的历史时间为跨度,展示了在这一宏观的时间范畴里北京的道士这一群体的全貌。此外,吉拉多特(Norman Girardot)的《早期道教中的神话和内涵:"浑沌"的命题》、鲍菊隐(Judith Boltz)的《道教驱邪模式》、特里·克利曼的《神的自传：文昌帝君化书》、倪辅乾（Nickerson Peter）的《中古早期的道教、死亡和官僚》等书，都是深化道教研究的杰作。维尔茨堡大学的乌尔苏拉·安格利卡·策德齐希在专著《早期文献资料所反映的天师科仪：〈登真隐诀〉第三卷科仪资料翻译与研究》中将研究聚焦于探讨道教和民间宗教的界限问题，在书中大量涉及道教科仪。

综上可见，现有研究聚焦于云南道教发展概况、道教科仪典籍本身、道教传播等方面，尚未关注经籍作为一种动态的文化载体，在时间与空间两种维度的传播过程中起到的民族文化承载作用。本书将在前人研究基础上，进一步深化。

三、研究内容

本书主要研究云南民间经籍及民族文化。民间经籍是反映民间信仰、传承民族文化的主要载体。目前笔者已收集到昆明、大理、建水、文山、临沧等地区的民间经籍二百余部，其中部分科仪典籍还正在使用，涉及生老病死、婚丧嫁娶等多种类别。重要的是，其中部分经书未被《道藏》收录。以此作为研究的对象，梳理这些用书的留存和内容概况，在尽量全面占有资料的基础上研究部分民间科仪的主要流程及过程中使用经文，继而探究民间经籍在传播过程中是如何与地方文化的诸多维度发生关联的。经书民间化的过程亦是民族化的过程。在文化传播的视阈下，探讨道家文化在云南传播过程中与少数民族宗教信仰的关系，儒释道三教融合的特征，比较分析原始信仰与神学宗教相互融摄的文化意义。考察多元文化下的信仰传播问题，对于理解文化结构、促进社会和谐发展有着现实指导价值。

首先以云南道家文化传播过程中各个节点为划分标准，梳理各地区的经籍情况，并按照不同的科仪科目予以分类，如度亡、祈福、护国、消灾、解难、治病、教育等。分析经书在婚丧嫁娶、生老病死、文化教育等不同维度中起到的文化传承作用。同时,在此过程中整理云南民间稀有经籍(如《武胜消劫度人赈济利幽科范》《太上洞玄灵宝升玄十方救苦往生妙经》《东狱一转朝科》《青罗一转朝科》等),可起到矫正、补充《道藏》之功用。

其次是经籍在传承过程中起到的文化传播与民族融合等客观作用。如度亡经中大量仪轨与易学相关,而《周易》作为传统文化的源头活水,这当中的意义值得研究;各民族文化交融、重塑;生命观、伦理思想的传承;道学核心价值观暨民族文化之传承;民间经书对道藏的矫正;经书缔造者及使用者——法师之间代代相传而起到的文化教育功能;百姓婚丧嫁娶、生老病死、建屋纳吉中的科仪典籍,实则是一种文化的传承。

最后探讨云南民间经籍为依托的文化输出功能。云南省地处边疆,是向东南亚输出物资和文化的重要阵地。历史上道教在早期就传入了缅甸、越南等地。经籍作为一个文化输出的载体,在文化向外传播过程中起到了重要作用。通过实例论证,再次说明道学在传播过程中,起到了延续民族文化,和谐民族矛盾,甚至是解决边疆冲突的作用。通过对云南地区经籍的研究,可以印证笔者的一个理论构想,以道家思想文化为依托,弘扬民族文化,以云南地区的成功传播为模板,可以借鉴以解决其他地区的民族冲突。

云南道学的发展历史可谓悠久,在整个传播发展过程中,各个地区都有大量的民间经籍的传承。故而本书的重点在于在尽可能广泛收集云南各地区民间经籍并予以分类整理的基础上,研究其中的文化传承价值以及增进民族融合的作用。难点在于,由于时间上跨度较长、空间上布局分散,对于资料的全面收集有一定的难度。尤其是民间道人在经书的传承问题上思想相对保守,在收集过程中会遇到一定的阻力。加之涉及多民族文化,在沟通和资料整理过程中可能会带来一定的困难。分析和挖掘其背后的文化传承作用,更是需要多角度、多学科的交叉运用。

通过对云南民间经籍的收集和梳理,首先希望达到拯救、保存民间经书的目的。其次，梳理这些用书的留存和内容概况，探究民间科仪用书与地方文化的关联，挖掘、分析其所反映的民族文化，以及此过程中增加的民族融合度。云南各少数民族对道家文化认同的背后是对当时汉文化的认同。这种文化上的认同，对于解决当时的民族冲突起到过重要作用。最后，加强对此问题的研究有助于我们形成一种文化动力学模板，指导其他边疆地区的民族、文化认同工作，并推动中国传统文化的对外传播。

四、思路方法与创新

首先，按照路线区域有针对性的收集民间经籍，划分度亡、祈福、消灾、解难、安土、祭祀等科目。其次，分析各类经书中所体现的传统文化元素，展示其通过生命观、伦理观、教育观等方面对传统文化的传承，以及在此过程中通过文化认同而起到的增加民族向心力的作用。最后，研究以云南民间经籍为载体的道家思想文化向东南亚的传播过程，希望有助于推动传统文化的传承和输出。

文献研究法：广泛搜集各个区域各个时期的云南经籍相关资料，并进行甄选、提炼、分析、整理。理清道学在云南各地区传播的情况。比较研究法：哲学、宗教学、社会学、历史学、民族学等学科的交叉研究方法。由于选题的特殊性，在研究过程中涉及多个学科，故而在研究方法上会采取多学科交叉的方式进行。传播学研究方法：采用定量的调查法，选取具有代表性的道学传播地区作为典型进行实证调查，重点分析道家文化如何融入少数民族社会，并与当地信仰、文化融合，从而推动道教本土化及其对外传播等问题；采用定性的访谈和个案研究法，借助现代科技手段完整记录事件亲历者口述的珍贵史料，了解道学在云南传承过程中的具体方式、方法，为本书研究提供素材的同时也为后续研究积累资料。

研究视角聚焦在云南民间经籍上，一方面是对经书文本的保护，另一方面发掘经籍本身的文化传承作用，揭示其在民族融合过程中起到的文化向心力作用。从文化动力学的角度将民间经籍还原为一个动态的文化传播载体,而不是单单的宗教文本记载,这正是本书的学术思想创新之处。对云南民间经籍的研究并非限于文本本身,而是将其看作一个活的文化载体,研究其与民族文化传承的关系。这种文化传承主要以两个维度呈现:向内是汉文化在少数民族地区的输入;向外是以道家文化为依托的中华文明向东南亚国家的一种文化输出。利用云南地缘优势以及文化上的历史共性,进一步推进以道学为核心的中国传统文化的对外输出工作。

在研究方法上,将人类学的研究方法引入到宗教学的研究当中,从时间和空间的纵横交合的方向进行研究;从文化人类学的仪式传播学派、社会学的结构功能主义视角切入,将文化最为一个合成体理解,揭示民间经籍中的文化传播作用和意义;将历史地理学"尽全时空"的观念贯穿于研究过程中,同时引入宗教现象学的分类方法,对经书中的文化要素进行不同角度的分类整理,从而凸显出其内核的文化动力。文化动力学的概念是由美籍俄裔著名社会学家索罗金提出的,他认为文化可分为四种类型,其中具有内在逻辑意义的文化类型尤为重要。规范、符号在社会文化认知中起重要作用。丧葬仪式恰恰是通过一种行为规范与系统符号传播着一种具有内在逻辑意义内核的文化,此内核即文化动力之所在。

五、相关概念界定

在进行深入全面的研究之前,首先笔者认为有必要把本书研究的核心概念做一个界定。首先,本书第一核心概念——民间经籍。对于民间经籍的定义,本书是基于实际调研的基础而提出的一个详细定义。这里讲的民间经籍,重点强调的是生命力。换句话说,研究的对象主要是在民间还在活态传播、使用的经籍,而非作为文本储蓄收藏的经籍。这一基准就决定了研究对象的活态是最重要的考量标准。故而这里的民间经籍并不只限于道藏未收集的民间独本,而是包括道藏中的经典书目,在云南不同民族道学人士中使用且发生地方性改写的版本。所以这个民间并非是官方的对立概念,而是更多地强调使用的主体和传播的场域。而经籍的概念,是比道经更为广泛的一个范围,包括了道学经典经文和一些地方性劝善书等具有道学文化元素的多种书本。总而言之,本书的民间经籍概念,是指在民间持续传播使用的具有道学元素的经书总称。

其次,民族文化这个概念。一直以来学界对于文化的界定就有三百余种,不同学科的界定也各有侧重,而民族文化的界定在文化概念复杂性的界定上亦有多种版本。故而本书开始之前,有必要先行对这个核心概念之二进行一个限定。本书所研究的文化对象,更倾向于精神层面的文化类别,物质财富侧重较少,主要是体现在一些建筑上,而我们讨论建筑时,更多的也是讨论建筑中的宗教文化元素。故而本书中的民族文化是指各民族在长期共同生活实践中形成的反映本民族文化特色的宗教、民俗、艺术方面。需要强调指出的是,本书观点是将民族文化看作一个结构式呈现的整体,民族文化通过不同的纬度呈现,但是无论谈宗教、民俗还是艺术,都反映的是民族文化作为一个整体而存在于各民族的日常生活中。民间经籍的传播与民族文化的关系,更多的是要揭示经籍所带来的文化内核影响了传入的不同民族,而各民族的文化也同时附着在经籍中,进一步得以传播发展。

最后,笔者希望再次厘清传播的概念。本书的研究对象是民间经籍与民族文化,而将两者联系起来的关键词是传播。两个名词通过一个动词而联系起来。对于传播,本书研究的更多的是一种结构式传播,而非常规意义上的物理性的线性传播。整个经书的传播是通过一种结构的推广来传播文化内核。经书中记载的仪式,是一种传播的方式,同时也是文化的载体,故而对于传播的理解,应该是站在更全面的一个视角上。比如,《洪范》《月令》所反映的是一种时空观,中国人的社会生活是建立在这样的一种时间节点中的。道教的仪式也是对于这种时空的模拟。如道教中的太岁其实是对古代历法的一种模拟再现。经籍的传播依靠人——道学组织,经籍承载的是天地人的文化内核,这个核心是一种文化序列,是日月星辰德行的整体,是一种对于时空的把握,经籍的传播不同于具体的历史时间序列的传播,经籍的传播不是一个时间的线形传播,是一种结构传播,在具体的祭祀民俗活动中,民众参与到宗教文化活动中,从而践行了道家文化的核心文化观。经籍或者道学的传播是一种整体的结构传播,非时间线形,这种传播是一种整体的文化复制。当传播者认同这种文化模式后,就会复制这种模式,建立一个新的传播组织,沟通人神。道家文化的这种结构传播,是一种以丹田为中心向四周静脉辐射的过程。丹田可以理解为道家文化之内核,四肢静脉的辐射可以理解为民俗生活的方方面面。

综上所述,本研究是希望通过对民族文化与民间经籍传播的关系研究,来揭示道家文化内核是如何在多民族的社会结构关系中通过仪式传播而得以多元符号、稳定结构地传播和发展的。在经籍传播的过程中,与不同民族的不同文化层面发生着交互关系,通过一步步的分析,如在丧葬仪式中的道教的生命观展示,奠土仪式中道教的宇宙观显现等,说明这就是文化的动力意义之所在。

第一章　云南民间经籍传播的背景

作为西南重镇，从历史上看，云南并未过多参与到中原主流文化圈中，然而事实上，云南民间经籍的流布之广，影响之深，不容忽视。民间经籍为何能够在云南地区广为流传，其可能性是本章节的首要研究对象。云南民间经籍的传播与云南特殊的自然生态环境、社会生态背景和文化心理氛围有着密切的关系。其中，自然生态环境包括了自然地理环境以及该环境影响下的民族文化；社会生态背景在本章视角中，主要集中在民族迁徙与构成；文化心理氛围则主要指道学传入云南前后所形成的文化圈，即在这种文化氛围下民间经籍的传播之可能性。

第一节　云南民间经籍传播的自然生态

在特定的地理环境里中，文化展现出特定的有效性。相同的地理环境会导致同一区域内不同文化核心在文化适应性的原则下逐渐趋同。纵使民族有所不同，但共同居住的地理环境在一定程度上加速了不同文化间的相互涵化，文化总是与环境有着密切关系，随着环境的变化而发生变迁。

一、独特的自然地理环境

　　云南简称滇,地处中国西南边陲,位于北纬 21°8′32″—29°15′8″,东经 97°31′39″—106°11′47″之间,北回归线横贯本省南部。全省东西最大横距864.9千米,南北最大纵距990千米,总面积39.4万平方千米,占全国总面积4.1%。云南省素有"植物王国""动物王国"的美誉,同时,作为一个拥有26个世居民族的少数民族大省,拥有"民族博物馆"之称。云南地处西南边陲,东与黔、桂为邻,北接川、藏,西、南、东南面与缅甸、老挝、越南三国交界,国境线长达4061千米。云南全省129个辖区、县市,有8个边境地州、26个边境县,其中已开通国家级口岸的有11个,省级口岸有9个,边境通道多达百条。云南北依广袤的亚洲大陆,南临辽阔的印度洋及太平洋,位于东亚、东南亚、南亚三大文化板块的交汇处,成为亚洲各民族文化系统网络的重要节点,各种民族文化在云南长期并存成为一独有民族文化共生带。

　　"云南省全省地势北高南低,由西北向东南倾斜,大体分为三个阶梯逐层递降。第一阶梯为德钦、中甸一带,云南最高点即位于德钦的梅里雪山主峰卡瓦格博峰,海拔6740米。滇中高原为第二级阶梯,海拔一般在2000米左右。第三阶梯为西南部、南部。"①省内山川流布,高山峡谷相间;西部为横断山脉余脉,高山南北纵列;金沙江、澜沧江、怒江呈帚状展开;高黎贡山、怒山、云岭相隔期间。云南省内地势波涛状起伏,大面积的土地高低参差。"省境东部为云贵高原,南部及西南部和东南部为中低山宽谷盆地。云南省有大小河流600余条,分属于伊洛瓦底江、怒江、澜沧江、金沙江、红河、珠江六大水系。其中怒江水系经怒江州、保山市、德宏州,从潞西进入缅甸为萨尔温江;澜沧江水系经迪庆、大理、保山、临沧、思

---

　　① 郭家骥:《地理环境与民族关系》,《贵州民族研究》2008年第2期。

茅、西双版纳等州市,由勐腊县流入老挝为湄公河;金沙江水系从水富县流入云南后与岷江汇合成为长江主流;红河水系之元江分别发源于祥云、巍山两县,经大理、楚雄、玉溪、红河等州市,从河口县进入越南;李仙江发源于南涧县,经景东、镇沅、墨江、普洱等县,从江城县进入越南;珠江水系"①,经曲靖、玉溪市和红河、文山州,在罗平县流入广西。

云南各民族人民在复杂多样的自然环境中,创造孕育出与之相适应的生活方式,从而形成了多元化、多区域的文化类型。自然环境上的山川相隔,在古代交通不便的条件下,这种众多分散的小社区小民族文化特点得以长期保存下来,在一定程度上造就了云南特有的"十里不同俗,百里不同音"的多元化民族文化。同时,"云南的六大江河体系及其自然形成的河谷通道,又把云南各土著民族与内地和东南亚地缘国家相联系,构成若干民族迁徙、流动的走廊。来自西北高原的氐羌民族集团沿澜沧江、怒江和金沙江河谷南下,来自东南沿海的百越民族顺珠江水系西进,来自东南亚的百濮民族溯澜沧江北上"②,使云南形成了三大民族谱系,构成了本土、外来及流出三种模式的民族体系。同时,"横断山脉及其水系把滇西与青藏高原连为一体;金沙江及其支流则使得云南与四川盆地紧密相连;南、北盘江——珠江连接滇东与东南海洋文化;怒江——萨尔温江、澜沧江——湄公河和红河把滇南与南亚、东南亚的文化连接起来"③。

基于云南独特的地理位置,历史上的"云南各民族的先民出于经济与文化的交互需要,开辟了数条以滇池地区为枢纽的国内外通道。如"蜀身毒道","以滇池为中心,北通邛都(西昌)、笮都(雅安)至蜀(成都),以抵于秦;东通夜郎(安顺)、至巴(重庆),以联于楚;西通叶榆(大理)、寓唐(保山)、滇越(腾冲),经缅甸以至于身毒(印度)"④。"这条通道还有另外一条

---

①②③ 郭家骥:《地理环境与民族关系》,《贵州民族研究》2008年第2期。
④ 方国瑜:《滇史论丛》,上海人民出版社,1982年,第21页。

14

道路是经大理、博南(永平)过缅甸南部出印度洋,通大秦(罗马)。第二条古称'马援故道',从滇池地区向南经蒙自、屏边、河口进入越南到交趾(越南河内),再从越南出海到东南亚、南亚各国。第三条是海道,即由滇池地区出发,沿北盘江、南盘江、红水河、珠江经两广到达番禺(广州)入海,可航行到东南亚各地。此外,考古还发现由云县沿澜沧江(湄公河)到达今泰国及柬埔寨等地的路线"①。通过这些古道,云南各民族之间的关系更加密切,同时,云南作为媒介,与内地及东南亚的民族文化得到了更好的互动交流。

二、独特自然地理环境下的云南民族文化

本节试图用文化生态学的角度切入,分析自然地理环境对民族文化差异性的影响,以及在这种不同的民族文化背景下民间经籍传播所带来的不同模式与效能。

文化生态学这一概念是美国新进化派文化人类学家斯图尔德提出的,他认为相似的环境可以产生相似的文化。每个文化都有其特殊性,我们对于人类文化共性的认识是建立在对其特殊性的分析之上的。斯图尔德的这种"多线进化论"理论认为,通过文化认识资源,通过技术获取资源。出于对环境的适应需要,文化在进化中表现为多样化、特殊化的特点。通过对不同地理条件与生态区带的文化发展加以比较,揭示文化的总体进化规律。文化生态学不同于其他研究之处在于,其立足点是基于阐明各种文化的不同特征。文化并非与经济活动构成直接的因果关系,不是一种必然产物,文化的产生与变化是一个复杂的综合体,其中有着不同的复杂变量。以云南为例,不同民族选择的居住地不同,有选择以上而居,有的择水而居。山川河流等不同的自然环境,以及在此基础上形成的

---

① 马曜:《云南民族工作40年》(上卷),云南民族出版社,1994年。

历史、现实的社会生活观念，都是不同民族形成各自别具一格文化体系的先决条件和必要情境。"文化生态学主张从人、自然、社会、文化的各种变量的交互作用中研究文化产生、发展的规律，用以寻求不同民族文化发展的特殊形貌和模式。只有把各种复杂因素联系在一起，进行整合研究，才能弄清楚环境诸因素在文化发展中的作用和地位"①。

　　文化是人类活动与自然环境相互作用的结果。在各异的自然环境中，不同的人群创造了不同的生产生活方式，进而形成了不同的文化类型。云南沿边境地区的民族文化与靠近内地的民族文化存在明显差异。如文山、版纳、德宏分别位于滇东南边境区、滇南边境区、滇西边境区，自然环境与地理区位条件差别十分明显，在自然生态条件影响下的各个区域内的民族构成、文化类型也千差万别。文山地处云贵高原，属喀斯特地貌区，属亚热带高原季风气候，降雨少，土地贫瘠，故而生活其境内的壮族、苗族、瑶族等民族文化，以粗放的农耕文化为主。版纳地区与越南、老挝交界，地形以丘陵、谷底为主，气候为热带类型，水资源丰富，河谷坝区面积广，故而其境内的傣族、哈尼族民族文化属于平坝区农耕文化，且受到东南亚文化的影响显著。德宏与缅甸接壤，属亚热带雨林型湿热气候，境内的景颇族、德昂族等民族文化发展水平较高，联系着中原地区与南亚、东南亚的文化。

　　自然地理环境一方面影响了民族文化的经济生活结构，另一方面对民族文化中的社会政治形态也有所影响。地理环境以物质生产为媒介来作用于人类历史及其社会关系。云南复杂多样的地理条件决定了云南多元化的民族文化。由于多山地理环境而造成的封闭性，一方面使得云南古代民族落后于云南内地及中原民族的发展，另一方面保障了云南境内民族文化生态的多样性。如20世纪50年代的云南，从社会制度角度看，

---

① 余压芳：《生态博物馆理论在景观保护领域的应用研究》，东南大学博士学位论文，2006年。

16

傣族处于封建社会制度,小凉山彝族处于奴隶制度时期,基诺族、摩梭人、独龙族等民族还处于原始公社形态中。虽然随着科技的发展,地理环境对于人类历史发展的影响日趋减弱,然而人类终不可离开其生存环境而创造历史。

文化地理学派的研究认为,最能有效反映出区域独有的文化特征和文化气质的研究应是以区域为单位的文化地理研究。云南之含义,不单限于历代沿革史上的行政区划,更主要的是指一个内部相互联系与外部彼此兼容的完整地域。文化,是一个民族区别于其他民族的核心标志,独特的文化属性使得一个民族有了其独特的标签。费孝通先生指出:"很难想象在这种原始时代,分居在四面八方的人是出于同一来源,而且可以肯定的是,这些长期分隔在各地的人群必须各自发展他们的文化以适应如此不同的自然环境。"[①]

云南这片广袤的土地上,自氏族社会时期就有着文化主体生活,如"羌、濮、越"三大族群,可谓是云南地区最早的居民。这三大族群在秦汉时期被北方文化族群统称为"西南夷"。云南的大部分地区为农耕稻作文化区,西部和西北部为畜牧文化区。不同于中原地区,云南独有的坝区十分适宜耕种,这些区域成为以农耕为主要生计方式的汉族移民的首选。早已进入农耕文明的北方汉族带来了先进的农耕技术,在一定程度上加速了云南地区农耕技术的发展步伐。自汉武帝在云南设置益州郡并移民屯垦后,汉族移民大量进入云南定居。后经历代的不断迁徙、分化、演变、融合,直至明清时期,各个民族开始有了较为稳定的分布,并呈现出一定的民族特点。就某个民族群体及其文化进行纵深探索,以民间经籍传播为切入点,寻求其民族文化发展变化轨迹,同时横向比较生活于不同环境下的不同民族在民间经籍传播过程中表现出的文化异同,是本书试图揭

---

① 费孝通等:《中华民族多元一体格局》,中央民族学院出版社,1989年,第2—3页。

示的核心。

云南独特的自然地理环境在一定程度上促使云南的社会结构发生不同于其他地区的改变,形成了一种坝子模式的村落状态。一个坝子,是基于自然地理结构而形成的人文生活空间,坝子上形成了一个相对稳定的文化社区。这和平原地区的村落有很大不同。相对来讲,坝子为核心辐射区的文化功能更加密集,可以辐射到若干的山寨,打破了原始生活状态下的社会生活结构。基于自然环境形成的坝子模式,促进了汉族文化与少数民族文化、不同少数民族之间的文化的互融,促进了云南的民族文化形成多元一体的格局。因而民族文化的纵横结合研究不容忽视。

某个民族文化的形成,与其存在的周边自然生态有关。地理环境因素是民族文化生命体形成过程中不可忽略的影响因子。经济生活结构、社会政治制度、自然地理环境,多维度地建构了一个民族的文化生命体。自然环境可以限制经济生活结构,经济生活结构同时又可以成为社会政治单位规模的限制因素。民族文化中的诸多元素,如宗教信仰、礼仪生活的发展,受其栖息地自然地理条件的制约,经济生活结构的影响。自然环境对于文化的影响,主要通过科学技术、经济体制、社会组织一类中间变量来实现。上述部分我们着重分析了自然生态对于民族文化的影响,结合本书的研究对象民族,彝族、白族、瑶族、壮族之所以相较于傣族等其他民族更容易接受道家思想文化,与其居住的自然环境以及该环境下形成的农耕文明有着一定的必然联系。

第二节　云南民间经籍传播的社会生态

"文化人类学家巴尼特认为,文化系统中某一部分的变迁,会引起其他部分的相应变迁。文化作为一个整体,其中某一部分发生变迁,必然引起整体中互相关联的部分的反应,最先改变的部分起着决定性的制约作用。精神文化生产的结果都体现着社会形态的特点,并在特定的社会形态下形成特定的适应该社会形态的文化价值观和文化选择机制。因此不同的社会形态下生产的精神文化及其蕴含的文化价值观和选择机制是不同的。"[1]社会生态与自然生态相关,是一种动态的平衡。本节中研究的社会生态主要是指在历史变迁中受到政治因素、自然灾害等影响,导致民族迁徙等方面的社会生态变化,继而分析这些要素影响下的社会生态与民间经籍传播的关系是如何展现的。在这种复杂的社会生态变迁中,不同民族、不同地区对民间经籍的接受以及进一步传播会形成不同的类型。通过这种类型的分析比较,剖析多元化文化互融背景下,民间经籍传播的真正意义所在。

一、云南历史与民族迁徙

云南作为人类起源地之一,从腊玛古猿化石、元谋人化石的发现到丽江人、西畴人化石的发现,展示了一条完整的古生物、古人类进化链。考古资料表明,云南远古即有人居住且云南原始文化按照其自身轨迹在发展。至新石器时代,云南文化逐渐表现出具有土著特色又涵化于外来文化的特征。[2]从考古材料看,如滇池地区新石器时代的稻作遗址,云南早期就与东南沿海文化、黄河流域文化进行过交流,形成了百越文化系统、氐羌文化系统。质言之,云南文化从石器时代就已经呈现出多元化状态且已与其他地区的文化有过交流。夏、商、周时期,云南出现羌、髳、濮、滇、昆明等众多族群,且羌、髳、濮参加武王伐纣。诸多史料表明当时的文化交流主要与族群的活动相伴随,如昆明族由西向东迁徙,汉人、叟人迁入云南。这种族群间的互动交流,形成了云南原始文化开放、交融的特

① 李晓斌:《历史上云南文化交流现象研究》,云南大学博士学位论文,2002年。
② 参见李昆声:《论云南与黄河流域新石器文化的关系》,《云南考古学论集》,云南人民出版社,1998年。

征,为之后的云南民族文化与华夏文化进一步交流与发展奠定了良好的基础。

战国末年,庄蹻入滇,史记记载:"楚威王时,使将军庄蹻将兵循江上,略巴、黔中以西……蹻至滇池,方三百里,旁平地,肥饶数千里,以兵威定属楚。欲归报,会秦击夺楚巴、黔中郡,道塞不通,因还,以其众王滇,变服从其俗以长之。"①秦初,"常颇略通五尺道,诸此国颇置吏焉"②。《史记》中提到的"五尺道"是古丝绸之路中的一段,文中提到的诸国,即指西南夷的滇、哀牢等土著王国。据《史记》记载,秦之前,云南与中原地区的交往仅此两次是政府行为,由此可得出结论,自秦朝始在云南设置群、县。官方行为之外,当时民间商业交往较为频繁。《史记·货殖列传》提道:"南御滇僰、僰僮。西近邛笮,笮马、旄牛。然四塞,栈道千里,无所不通,唯褒斜绾毂其口,以所多易所鲜。"商业往来的同时,自然带动了文化间的互动。这种小规模的交互,到汉武帝时期发生了转变。出于政治的考量,汉武帝加强了对西南夷的治理,政治上的经营一定程度上加强了文化上的互动。伴随着大量汉族官吏兵丁进入云南,汉族文化大量涌入云南东部、中部,少数民族汉化程度加强。同时加速了云南内部不同族群间的迁徙。

秦汉至魏晋时期,云南的百越、氐羌两大族群开始分化。这种分化主要表现为名称上的多元,经济文化类型上的差别以及群限的设置上。这一时期的云南民族文化主要表现为内部不同族群之间的互融、分化。由于此间汉民迁入较少,故而云南文化呈现出少数民族文化占主导的特征,汉移民文化以一种特殊方式在夷化的过程中发挥着涵化功能。汉时期出现的南中大姓迁入南中后渐渐被夷化。此时的南中大姓之汉人,不再是原来移入之汉族。此阶段汉文化主要借助巫文化实现与少数民族文化的沟通。而巫文化恰为道教文化的来源之一。从此层面讲,已为日后经籍

---

①② 〔汉〕司马迁:《史记·西南夷列传》卷116,中华书局,1966年,第2993页。

的传播奠定了文化基础。

这一时期的移民,除汉族外,还有西北的氐羌系民族南迁入滇。前文提到过,氐羌自新石器时代以来就自西北而南下,不曾中断。到秦灭西戎,羌人开始大规模的南下。《后汉书·西羌传》载:"至爰剑曾孙忍时,秦献公初立,欲复穆公之迹,兵临渭首,灭狄獂戎。忍季父卬畏秦之威,将其种人附落而南,出赐支河曲西数千里,与众羌绝远,不复交通。其后子孙分别,各自为种,任随所之。或为牦牛种,越嶲羌是也;或为白马种,广汉羌是也;或为参狼种,武都羌是也。"①距文献记载,其中一支迁至今川西南和滇西北一带。这些迁入的氐羌系民族被称之为"夷"系民族。魏晋时期,氐羌族群在向云南迁徙的过程中,逐渐分化发展为今云南地区藏缅语族各民族。其他民族诸如昆明族、叟族等,经过长时期多民族融合,名称已然发生转换,到唐宋时被称为乌蛮。该族群是今天汉藏语系藏缅语族彝语支的先民。云南属于百越系统的民族主要有滇越、僚、鸡僚等,主要分布于滇东南、镇南以及滇西南地区,与濮系民族等其他系统的民族交错杂居,称"夷越之地"。《华阳国志·南中志》载:"南中在昔盖夷越之地,滇濮、句町、夜郎、叶榆、桐师、嶲唐侯王国以十数。"②其中的句町县有濮人分布。濮人迁入云南历史悠久,早在战国时期就建立过夜郎等政权。有研究表明,濮人为滇南壮族、傣族先民。

唐宋时间,云南进入南诏大理国时期。其间,云南民族继续分化与重组。公元664年,唐政府在云南设立姚州都督府,汉族移民开始涉足滇西北,打破了之前以洱海为中心的少数民族居住地格局。而后南诏政权为巩固政治,开始了大批的武力移民。"据《蛮书》记载:阁罗凤派兵征服西爨后'徙二十余万户于永昌城';'贞元十年,南诏异牟寻领兵攻破吐蕃铁桥

---

① 〔南朝·宋〕范晔:《后汉书》卷87《西羌传》,中华书局,1965年,第2875—2876页。
② 〔晋〕常璩撰、刘琳校注:《华阳国志校注》卷4《南中志》,巴蜀书社,1984年,第333页。

节度城,获裳人数千户,悉移于云南东北诸川'。"①宋代,出于对大理政权的戒惧,两地人口流动控制加强,此间的文化交流多依托于书籍。这其中不乏大量汉族经籍的流入。唐宋时期,道教在中原地区大为流行。南诏大理政局受此影响,对道教采取认可和接纳的态度。此外,部分边民因逃避自然灾害而被迫迁徙入云南。李焘《续资治通鉴长编》卷二六七引《云南买马记》:"熙宁七年,朝旨委成都路相度,募诸色人入诏招诱西南夷和买蕃马,峨眉有进士杨佐应募,自倾其家赀呼群不逞佃民之强有力者,凡十数人,货蜀之缯帛将假道于虚恨(今峨边),以使南诏。……老髦涕泣而徐言曰:'我乃汉嘉(雅安)之耕民也。皇祐中以岁饥来活于兹。今发白齿落垂死矣,不图复见乡人也。'"②上述可见,南诏大理国时期进入云南的汉族移民多分布于洱海地区,构成以戍兵、难民为主,而这批汉民发生了夷化。同时,北宋时期,百越民族开始批量迁入今富宁、广南一带,人口增多。概要之,南诏大理时期,云南土著民族与汉族逐渐形成政治实体,加速了文化上的大融合。这种更高程度的融合,为双方的稳定发展提供了良好条件,并为元朝在云南设立行省奠定了基础。

元明清时期,可谓云南民族文化的充分发展时期。元代伊始,中原政权开始在云南设置屯田机构。一方面这样有助于发展经济,巩固统治,另一方面则是为各民族文化的进一步融合创造了更好的条件。农耕文化的大面积扩展,有助于防止汉族过度夷化,同时有助于少数民族文化对汉文化的进一步吸收。如前文所讲,相似的经济生活对于文化的认同有重要作用。农耕经济为汉族移民提供了共同的聚居区和坚实的经济基础,有助于维持原本的群体性文化。同时,商业的繁荣也加速了各民族文化间的互动。商业的发展基础是便利的交通,而商业的交互过程中必然伴随

① 李晓斌:《历史上云南文化交流现象研究》,云南大学博士学位论文,2002年。
② 〔宋〕杨佐:《云南买马记》,载李焘《续资治通鉴长编》卷二六七。

着文化的交互。明清时期政治上的"改土归流"在一定程度上打破了文化圈,实现了文化的一元性政治结构。这为经籍的传播与流行创造了条件。同时,"改土归流"还促进了清代汉族移民由明代政府的军事迁徙、贬谪迁徙及民屯、商屯引起的强制性移民转变为自发性移民。清代开始的民族迁徙,充满了互补性特点。经济政治文化层面的互补原因,促使了移民向自发性转换。元明清时期,百越系民族已经大量迁入云南。明初景泰《云南图经志书》卷三《广南府》云:"俗类百夷。其地多侬人,世传以为侬智高之后。男子束发于顶,多服青衣,下裙曳地,贱者掩径而已。妇人散绾丝髻,跣足,裙带垂后,皆戴尖顶大笠。习俗检约,大率与百夷同。疾病不服药,惟务祭鬼而已。"① 清代继续实行移民戍边制度,称绿营兵制。清代入滇移民除此之外,还有商贾之民,其经营店铺开始涉及云南山区。与此相随的是民族融合也扩展到山区,改写了山区的民族结构。

二、族源对云南民族文化的影响

文化心理的氤氲化生,受社会历史条件的影响,文化心理的沉淀会形成一定的惯性。各个民族的文化心理都必然随历史社会生态的变化而变化。文化心理是民族文化体系中的深层存在,其表层中表现出的民俗、伦理、建筑等都是受制于其心理层面的结构。同时,表层的表现会沉淀为深层的文化心理。两者是一种双向主次关系。在深层文化心理共性的基础上,经籍的传播才有平台。同时,经籍的传播也加速了表层形态的流变,使得其更内化为新的文化心理共生层。这种共生层也可称之为同位因子。只有在同位因子间,文化因子的传播才较容易实现,文化交流才较容易产生。

在文化传播中,维模功能使文化圈对外来文化起到一种选择和自我

---

① 〔明〕陈文等纂修,李春龙、刘景毛校注:景泰《云南图经志书校注》卷3,云南民族出版社,2002年,第190—191页。

保护作用。当外来文化有利于原来的文化模式的维护、保持时，便容易被接受，并被作为一种新的营养补充到文化机体之中。反之，维模功能便会起到一种守护作用，阻止破坏性文化的侵入。基于此，在云南各民族文化相互交流涵化过程中，文化共性增强的同时，少数民族文化并未丧失其特性。

以滇池为中心的东部地区和以洱海为中心的西北地区，是早期云南文化发展的两个核心区域。滇西北的文化以少数民族间的交流为主，该地区主要分布着以游牧为生的氐羌人；滇东地区则表现为以汉族移民与当地少数民族文化的交流为主，该地区则是百越人居住地，从事农业生产。经济类型的差异导致文化互动程度的不同。同为农业生产为基础的越人与汉移民涵化程度较深，而以少数民族为主要人口构成的滇西北地区的文化交流则主要依托于大姓这一中介。在这个文化交互过程中，汉移民与少数民族杂居，渐渐形成了一个不同于汉族与少数民族的特殊族群。唐宋时期的民族迁徙方式对云南的文化交流造成了重大影响。由于政治中心变更为洱海区域的南诏大理王国，整个文化交融的中心从东向西转移。大理的白族正是在这一时期开始形成。白蛮在这一时期的文化交往中，起到了重要的中介作用。这种迁徙在一定程度上加速了民族杂居格局的形成，为后期云南民族文化的丰富发展铺平了道路。

云南民间经籍的传播，除上述提到的地理环境的造就，历史政治经济的发展奠定的基础外，还有文化心理层面上的铺垫，尤其是道家文化在云南历史上的发展，为经籍的传播创造了最有利、最直接的基础。

第三节　云南民间经籍传播的文化心理氛围

本章前两节就自然地理和政治历史两方面，分析了民间经籍在云南地区传播的可能性。接下来这一节，将着重从精神文化层面分析民间经籍在云南得以传播的可能性。经籍的传播必然是与道教的传播相伴而成的,尤其是对本书研究的对象——活动经书来讲,其经书的传播必然是基于宗教传播而成为可能。

一、道家文化在云南的历史传播

道教信仰在中国流传已久,形成制度性道教始于东汉顺帝年间,以张角的"太平道"和张道陵的"五斗米道"的先后创立为标志。道教作为中国传统文化之根底,其源头与神仙方术、黄老道家、民间巫术、阴阳五行等思想有密切关系。道家文化以重生、养生为主旨,为信徒提供终极的生命价值关怀。道教自形成后,在中国古代社会制度的更替中不断发生着演变,对整个华夏民族的文化产生了深远影响。

道教在云南的历史悠久,与其在四川的创立是同时的。换言之,道家文化在云南的传播最早可追溯到东汉时期。由于地理上的毗邻及文化上的相似性,使得道家文化传入云南有天然的便利条件。新石器时代的考古资料证明了川、滇两省自古以来就有着相互交往。后期随着历代统治者政治上的扩张,"五尺道""蜀身毒道"推动了川、滇间的进一步交往。交通上的便利是道家文化传入云南的基础条件。此外,共同的族群下的同一文化背景,为道家文化传入云南创造了文化条件。自殷商始,西南地区就分布着氐羌、百越、百濮三大族群。这三大族群是川、滇两省大多数民族的共同祖先。而早期五斗米道与西南少数民族文化关系密切,其教理中的一些方术与少数民族巫教相似,这种相似的文化基因,无疑为道家文化在云南的传播奠定了良好的文化认同基础。《云笈七签》卷二十八《二十四治》中提道:"蒙秦治,山在越巂郡台登县,西去城二十里,去成都一千四百二十里。治与越巂郡隔河水,前有小山,后有大山,高一千丈。"其中"蒙秦治"即包括今云南西北部,与丽江地区相连。据《史记》记载,汉武帝在秦朝"五尺道"基础上开发了"南夷道"。《云南通志》上有关于东汉道士杨波在云南传道的记载。从散落的诸多历史资料中不难发现，道家文化传入云南有着先天的条件，且在东汉时期已经传入云南。

东汉时期可谓云南道学发展的初传时期。当然需要指出的是，道学在云南的初传情况，均是在文献资料基础上作出的合理推断，未有考古材料的进一步证实。魏晋南北朝时期，道教在葛洪、寇谦之、陆修静、陶弘景等高道的改革下，已然成为中国的正统宗教之一，其影响力也渗透到了当时社会的各个阶层。这一时期的云南道学发展情况，我们可以从《华阳国志》以及考古资料中看到端倪，如滇东北地区的一些墓葬中出土了不少雕绘有青龙、白虎、朱雀、玄武图样的物品。由此推断，道学在云南当地的传播与影响已深入民间，故而在墓葬中存在大量的有道教神灵相关的痕迹。

到唐宋时期，即云南的南诏大理时期，为云南历史上政治、经济、文化空前繁荣的大发展时期。此时道学在云南的发展亦日渐活跃。中原道教在唐宋时期得到朝廷的扶持，基于中原政权与云南政权之间的政治交往，道学在云南的发展渐入佳境。统治者对道教颇为重视，对于中原主流文化的认同感，加速了道学在云南地区的快速传播。上行下效，民间的相关活动也较为丰富。当时一些著名高道频繁出入云南地区传道。唐代青城山道士杜光庭在大理地区传道的记录见于《大理府志》。而高奣映在《鸡足山志》中对杜光庭也有十分详尽的记录。此外还有周溢、张建成、王载元等道士的相关活动记载。从这些史料可看出道学在唐宋时期在云南多层面的影响。然而尽管道学在南诏大理时期在云南得到快速发展，但是道教的地位不及佛教。统治者对于道学的尊崇多半出于为寻求政治庇佑而迎合中原政权的宗教喜好之心理。

元朝时期，中原地区有道教新派全真道兴盛一时、影响极大。此时云南道教的发展开始进入到云南道教史上的重要时期。从史料的考证中可发现，自元代始，云南开始出现关于道教宫观的记载。可以说，元之前，道教在云南的传播和影响主要表现在思想层面，而元后，这种影响开始落实到具体的宫观层面。元代的云南道教发展开始具有一定的规模,今昆明、玉溪、曲靖、楚雄等地均开始建立道观。

明后,随着大批汉族移民涌入云南,道学在云南的传播进入高潮阶段。汉族移民落户云南后,在当地兴建庙宇供奉神灵,在这种背景下,道学自然也在云南培养了大批信徒。这一时期的道学发展,涉及今云南很多地州,如大理、昭通、楚雄、建水、丽江、曲靖等。该时期同时也出现了很多高道,如张三丰、沈万三、余飞霞、刘渊然等。通过前期的发展,到明朝时期,道学在云南的发展已经达到巅峰。面对这种情况,统治者开始对道教加强管理,设置了"道纪司""道正司""道会司"三级道教管理机构。这表明云南道教的发展进入空前繁盛时期。随着道教传播广度和深度的不断扩大,云南道教出现了各种派别。此外,云南道教还与儒家、佛教相融合,形成了很多具有地方特色的民间信仰形式,如洞经会、青莲教、同善社等。特别指出的是,伴随着明清时期云南道学的繁盛发展,其影响力的不断增大,道家文化与云南各民族宗教间的交融互动也开始增多。明清道学对云南彝族、瑶族、白族、纳西族、壮族等少数民族宗教都产生了不同程度的影响。

民国时期,道教被当作封建迷信而遭到打击,很多神祠被下令废止。这一时期的道教急剧走向衰微,云南道教也受到了影响。但由于长期的传承与积累,这一时期的云南道教依然有所发展。在相应政策法规下,云南各地成立道教会,"废产兴学"。民间火居道士以及各地洞经会的活动也未停止。

随着中华人民共和国的成立,在国家宗教信仰自由的政策下,当代云南道教进入恢复发展时期。名胜道观一步步恢复开放,各地开始陆续成立道教协会。1984年腾冲最早成立道教协会,随后临沧、昭通、巍山等多地相继成立道教协会,道教活动趋于正常。20世纪80年代,在人民政府的认可下,云南多地开始对道教宫观进行修缮和修建,如大理、丽江、临沧、建水等。根据20世纪末的文献资料可见，云南的道教发展是相对集中的，主要还是集中在汉族区域以及白族、彝族、瑶族等少数民族相对集中的区域。

二、道家文化认同感之下的民间经籍传播

道学在云南的传播经历了漫长的历史积淀。这种积淀又恰恰成为云南民间经籍传播的重要文化背景。这种宗教上引起的文化认同作用为经籍的广泛传播创造了良好的文化氛围。"认同"的英文词是identity，也译为"身份"。身份认同通常出现在描述某一特殊群体时。人类社会生活中的身份认同通常通过家庭、宗教团体、社区、某种共同的意识形态认同来建构。将自我从心理上或行为上限定于某一群体，而这种标准并非唯一的。人在社会生活中的多重身份必然导致身份认同上的多元性。随着个人成长环境的变化，人的身份认同也会发生变化。

文化认同（cultural identity），是指个体对于所属文化以及文化群体形成的归属感（sense of belonging），是一种内心的承诺（commitment），通过这样的认同来获得保持与创新自身文化属性的社会心理过程。信仰在文化认同中，是最基本的一项标准。信仰在云南少数民族社会生活中占有特殊的地位。信仰影响下的民族文化以一种历史的方式制约着民族性格，帮助各民族人民建构身份认同。宗教文化认同增强了民族的认同感，进一步推动了民族文化的发展，增加了民族的稳定性。宗教在原初意义上是一种对彼岸的向往，而在长期的发展过程中，宗教已经与文化相结合形成了一种文化体系，具有文化认同的功能。宗教在文化传播过程中起到了建构心理氛围的作用。

道学在云南的传播，不单单是一种教派的传播，更多地表现为以道学为依托的文化整体的传播。道学在历史过程中已经深入到了云南文化的方方面面，从而形成了一种深层的文化认同，而这种文化认同又恰恰助推

了民间经籍的传播,两者是一个相辅相成的过程。道学在很大程度上影响了云南社会的节庆、祭祀、婚丧等民俗;同时在文学、音乐、民间信仰方面都有所影响。如丽江纳西族、巍山彝族庆文昌圣诞;纳西族、大理白族、巍山彝族庆关帝诞辰;巍山彝族庆真武大帝诞辰等。巍山彝族还定期举办三元会、玉皇会、文昌会、财神会、火圣会、灶君会,还有永仁彝族的火神会、魁星会,马关县的土地会、清醮会、都天会、南斗会、北斗会等。彝、白、瑶、纳西、普米、傈僳等少数民族还有崇拜灶神、门神、财神等神灵的风俗。这些民间信仰都有着明显的道学痕迹。道学在传播过程中,借用诗歌、小说、绘画、音乐等形式,与文化诸纬度相交涉,很大程度上丰富了云南的整体文化。目前现存的资料中,有很多记述道教人物和道教名胜的大量文学作品。云南大理、丽江、建水等多地的洞经会,其所演奏的诸多曲目都是具有浓郁道教色彩的音乐作品。而文山、红河等地瑶族的"度戒"仪式,多以舞蹈形式进行。可见,道学与云南地区的文化交织在一起,为经籍在民间的广泛传播创立了文化心理氛围。

第二章　云南民间经籍的内容与分类

上一章中，本书着重论述了民间经籍在云南传播的可能性，即云南民间经籍传播的自然、人文环境。接下来这一章，则是聚焦在民间经籍传播的主题内容上，即对本书研究对象的民间经籍做一个整体上内容的梳理与分类。试图尝试通过宗教现象学的分类方法，分析民间经籍在传播过程中，传播的主要是何种主题文化要素。

第一节　宗教现象学视阈下的云南民间经籍内容剖析

云南民间经籍是一个较为复杂、庞大的研究对象，在本书研究过程中随着经籍收集工作的展开，书目的整理工作也随之展开。在对收集到的书目进行整理后笔者发现，这些经籍从内容上看，大多反映了一些统一的范畴。其中最主要的内容包括道家文化中的生命观、伦理思想和礼乐制度。接下来本节将就此作一个详细阐述。

一、生命观

死亡是人类自诞生之日开始面临的一大终极问题。世界上多种文明形式,都存在试图解答彼岸世界的问题。生命观的不同带来的是人生目的、态度的不同。道家文化的思想内核决定了道家文化与其他文化形态不同的生命观。对生命的尊重是道家文化的核心内核。道学之主旨在于效法天地与重生贵己,以生为美。道学的诸多要义均直接或间接与生命观发生联系。云南民间流传的经籍中大多是科仪本,而这些科仪本中均流露出道家文化的核心内核——道教生命观。道学科仪涵盖了生命的各个节点,如出生、成人、婚丧、延寿等具体的法事,无不体现出道家文化对于生命的关注。同时,民间经籍中有大量的劝善书,看似是对行为的规范,是一种伦理教化,其实也是对于如何安身立命的现世指导,最终也是落脚在对生命的观照之上。

以目前收集到的经书为例,如《太上三元赐福赦罪解厄消灾延生保命妙经》《太上玄灵北斗本命延生真经》《太上太清天童护命妙经》《无上虚空地母玄化养生保命真经》《太上三清洞真洞玄洞神赐福宝忏》等经忏,皆以保命延寿为直接目的;如《太上洞渊辞瘟神咒妙经》《太上灵宝天尊说禳灾度厄真经》《玄帝报恩真经除罪法忏系列》《太上正一朝天三八谢罪法忏》《圣帝大解冤经》《五公解禳救劫妙经》《南斗护命卫生保胎妇科》等经忏,主要为消灾解厄用书,然其服务于生命的主题不变;又如《冥府十王妙经》《地司遣煞》《灵宝阴世开坛》《青玄救苦救亡七三会道坛(土伤)演仪科经》《指路鬼秘旨本》《清微灵宝十王开路科》《太上玄灵早晚开坛鸿科》等科仪本,均使用于阴事道坛,为丧葬度亡所用。在道家文化中,人死之后,生命以另一种形态存在,故而超度亡灵也是对生命的另一种形态上的观照。

总体而言,道学关注的是如何更好地生,如何超越对死亡的恐惧而更好地理解生命的延续。在有形的生命状态存续期间,如何珍爱生命,如何与其他生命体保持一种和谐的关系,这都是道学试图解决的重要课题。以生命观的角度去审视道学以及民间经籍,会发现这是道学文化中一以贯之的主体脉络,并且这种观念在文化的发展过程中,根植于中国传统文化,形成了独有的文化特质。

　　元初道教阶段,道教生命观已见其雏形。对于生命是从何而来的问题,各民族有很多相关的神话传说,如《太平御览》中《诗含神雾》中提到"大迹出雷泽,华青履之,生伏牺"①,华胥氏履雷神脚印而感应生子。这种感应天地而生物的思想,深深地影响了后来的道家思想。道家认为生命由道、气所创造。《黄帝内经》提道:"黄帝曰:何者为神? 岐伯曰:血气已和,营卫已通,五藏已成,神气舍心,魂魄毕具,乃成为人……百岁,五藏皆虚,神气皆去,形骸独居而终矣。"②作为元初道教阶段的代表作品,《黄帝内经》向我们展示了道家的生命观,形、神、气三者合一才构成完整的生命形态。《太平经》中有云:凡事人神者,皆受之于天气,天气者受之于元气。神者乘气而行,故人有气则有神,有神则有气,神去则气绝,气绝则神去。故无神亦死,无气亦死。人之生命体最初源自元气,神与气两者是相互依存、有着密切关系的统一体。

　　经典道教阶段的生命观,在老子处,被阐释为一种生命的整体状态。"道生之,德畜之,物形之,势成之。是以万物莫不尊道而贵德。道之尊,德之贵,夫莫之命而常自然。故道生之,德畜之,长之育之,成之熟之,养之覆之。生而不有,为而不恃,长而不宰,是谓玄德。"③人如果能尊道、体道,则能与天地为一,保持不朽的生命力。在庄子看来,生命被理解为外在形体与内在精神两个方面。养生的最好方式就是"得道"。一个人应该节欲守神,保持虚静的状态。《庄子·天道》说:"夫虚静恬淡寂漠无为者,天地之平而道德之至,故帝王圣人休焉。休则虚,虚则实,实者伦矣。虚则静,静则动,动则得矣。静则无为,无为也,则任事者责矣。无为则俞俞。

---

　　① 袁珂、周明编:《中国神话资料萃编》,四川省社会科学院出版社,1985年,第15页。

　　②《黄帝素问灵枢集注》,《道藏》第21册,文物出版社、上海书店、天津古籍出版社,1988年,第435页。

　　③ 朱谦之:《老子校释》,中华书局,2006年,第203—204页。

俞俞者忧患不能处,年寿长矣。"在动静、虚实之间,提出养生长世之道。

元初道教经典中凸显出的生命观,经历经典道教阶段的发挥,发展到制度道教阶段,随着外丹学、内丹学的产生,逐步演化为道教修炼理论的基本内容。魏晋时对外丹服食尤为推崇,唐代是外丹服食的顶峰时期。但由于在实践中出现过不少因服食外丹而中毒身亡的案例,故而道教开始将寻求长生的方法转向内丹修炼。后期,道教徒依然追寻大道合一的神仙状态,希望通过一系列的内丹功法、练养功夫,如心斋、坐忘、符咒、养生术、服气、辟谷、存思、导引等,达到羽化登仙的目的。葛洪在《抱朴子·地真》中说:"吾闻之师云,道术诸经,所思存念作,可以却恶防身者,乃有数千法。如含影藏形,及守形无生,九变十二化二十四生等,思见身中诸神,而内视令见之法,不可胜计,亦各有效也。"[1]道教徒通过存想,来治疗疾病,强身健体以至于长生。

当代詹石窗教授关于生命道教的提法中,再一次延续了道教思想之内核——生命观。詹教授提出,生命道教更应该转化体现在生活中,故而进一步提出"生活道教"之概念,将经典道教中老子提出的"和其光,同其尘"贯穿于生活中。道教的生命观,在完成最初生命诞生的理论构建后,继而还是阐明在生命的过程中,如何践行生命观。

总体来讲,道教的生命观从发展过程看,可以分为生命起源论和后期较为完整的生命观。早期的生命起源观点,可以在一些经籍中找到相关论述。《灵宝无量度人上品妙经》中的《保胎护命品》写道:

> 元始天尊说经一遍,诸天圣母同时称善,是时一国仙妃神女忆悟往因,见道本元信,知天地未生,元气肇始,神精吸粹,阴阳定胎,九十亿劫,三气混沦;九十大劫,三华始分,五老保胎,三元育魂,七窍洞

①《道藏》第870册,文物出版社、上海书店、天津古籍出版社,1988年,第243页。

开,大块乃坼,二仪出胎,始建寰海。说经二遍,胎卵湿生,毛鳞介蠃,无不备成。说经三遍,喙鸣口语,呼应调顺,真协天律。说经四遍,肤革坚完,金真散灵,刚风宛转。说经五遍,道出英妙,才韵秀爽。说经六遍,至巧功成,曲遂天德。说经七遍,育婴端就,善慧滋身。说经八遍,妇人怀娠,鸟兽含胎,已生未生,皆得生成。说经九遍,胎脏发泄,内宝露形,说经十遍,道用神化,自然成人。是时一国,是男是女,莫不倾心,保胎护命,咸得长生。①

从经籍中可见道教的生命观。生命的产生是在元始天尊连续不断的"说经"过程中,元气肇始,天地初分,自然运化,万物赋形,生命孕育。语言文字本身是道的一个载体,是彰显道的一种可感知的形式。道经又云:"人之生,亦类是也。父母精血相包,自己本有,而成性命。人初结胎,在母腹中,精血未凝,飞潜不定,如珠似露。凝结之后,生形三瓣,头与四肢,男子先生左肾,次生右命门,女则反是。本性继种于两肾之间,次则上生两瞳神水,以至化生五藏六腑,凭母呼吸,气足而生。"②《太上老君内观经》记载:"承其宿业,分灵道一,父母和合,人受其生。始一月为胞,精血凝也;二月成胎,形兆胚也;三月阳神为三魂,动而生也;四月阴灵为七魄,静镇形也;五月五行分五藏,以安神也;六月六律定六腑,用滋灵也;七月七精开窍,通光明也;八月八景神具,降真灵也;九月宫室罗布,以定精也;十月气足,万象成也。"③从上述道经的记载不难发现,道教的生命观是一个不断发展完善的过程。早期的元始天尊读经孕育生命到后期的母体胎内孕育生命,道教理论家们在不断地丰富和发展着道教生命学说。随着历史的不断发展,道教形成了完整的生命观。

① 《道藏》第67册,文物出版社、上海书店、天津古籍出版社,1988年,第286—287页。
② 《道藏》第11册,文物出版社、上海书店、天津古籍出版社,1988年,第354页。
③ 《道藏》第342册,文物出版社、上海书店、天津古籍出版社,1988年,第396页。

以上我们可以清晰地看到,道学从发生之初到后期的发展过程中,是如何不断丰富和完善自己的生命观理论的。同时,在制度道教的后期,这种生命观的内核也通过道教的科仪得以形式上的外化而进一步传播。

道教追求长生的态度贯穿在了民间经籍当中。民间的延生、祈福、度亡等科仪本中所表达出的宗教文化内核即道教的生命观。民间经籍中展示的某些科仪,要求法师进行存想,通过存想在斋醮中使符咒等串联起来发生作用。这种要诀其实体现了经籍中的一种生命观内核。法师在仪式过程中的内在体验,通过存想达到了神、人、鬼的沟通。除关注个体外,道教科仪中还体现了道教思想中无量度人的普世性。一方面,道教出于对个人生命的重视,在科仪法事中体现了对个人生命中诸多节点的关注。另一方面,在具体的法事环节中我们可以看出道教对于与个人相关的家庭、民族、社会的关注。诸如祈福消灾、国泰民安的诉求,恰恰从多个维度诠释了道教重个人生命、社会现实,重济世利人的文化内核。以生为人之乐事,以现世为乐土,对个体生命的尊重,对社会生活的热爱,使得道教的生命观栩栩如生,有着旺盛的穿透力。不仅从时间维度上,从东汉传到现在社会,更是从空间维度上,从中国传到东南亚乃至欧美。

道教生命观在理论上表现为一个系统的发展过程,我们在上文中已做过简要论述。道教生命观在外在实践上的表现主要体现在一系列的道教斋醮活动中。道教中的很大一部分斋醮仪式都是为了帮助生命超越死亡的环境而设置。

道教生命观从理论层面可以剖析为以下三个层面:

第一层面,在有型生命体的过程中,处理好人与自然的关系,倡导人与自然的和谐相处。《太平经》有言:"人乃甚无状,共穿凿地,大兴起土功,不用道理,其深者下著黄泉,浅者数丈。母内独愁患,诸子大不谨孝,常苦忿忿悒悒,而无从得通其言。古者圣人时运未得及其道之,遂使人民妄为,谓地不疾痛立也。地内独疾痛无訾,乃上感天,而人不得知之⋯⋯天地,人之父母也。子反共害其父母而喊伤病之,非小罪也。故天地最以不孝不顺为怨,不复赦之也。"①作为道教主要经典的《太平经》中,将自然环境视作人类之父母,人类对自然环境的过度开发被视作不肖之举,自然也必将有所惩戒。强调人与自然的和谐关系,反映了道教宏大的生命观,生命之本,在于其生存环境之稳定。

第二层面,即是在人与社会的关系上,保持和谐状态。《无上秘要》之《妙真经》中描述了道教一种理想的和谐状态:"夫道德治之于身,则心达志通,众神爱气,轻物贱名,思虑不惑,血气和平,肌肤润泽,面有光莹,精神专固,身体轻强,虚实相成,鬓发润光,佼好难终。治之于家,则父慈子孝,夫信妇贞,兄宜弟顺,九族和亲,耕桑时得,福实积殷,六畜繁广,事业修治,常有余矣。治之于乡,则动合中和,睹正纲纪,白黑分明,曲直异理,是非自得,奸邪不起,威严尊贤,奉上化下,公如父子,爱敬信向,上下亲喜,百姓和集,官无留负,职修名荣,没身不殆。治之于国,则主明臣忠,朝不隐贤,士不妒功,邪不蔽正,谗不害公,和睦顺从,上下无怨,百官皆乐,万事自然,远人怀慕,天下向风,国富民实,不伐而强,宗庙尊显,社稷永昌,阴阳和合,祸乱不生,万物丰熟,界内大宁,邻家托命,后世繁昌。道德有余,与天为常。"②稳定的社会环境,是个人在生命过程中能够健康存续的另一大环境保障。在道家思想文化体系中,人与自然、人与社会之间的关系是整个大的生命观中的两大重要纬度。一个健康完整的生命观绝不是单一的物理性生命体征的维持,而是更多地看中这个生命体在社会关系中如何维系自身的存在和发展,如何健康的生活。故而道教生命观的第二层面,使得其生命更加立体、完整、丰富。

第三层面,是个人的身与心的和谐,身心和谐,才能保证基本的健康。

---

① 王明:《太平经合校》,中华书局,1997年,第114—115页。

② 《道藏》第25册,文物出版社、上海书店、天津古籍出版社,1988年,第141页。

在道家文化体系中,一个完整的生命体必然是身心和谐统一的。唐代著名医学家孙思邈在其《存神炼气铭》中说:"夫身为神气之窟宅,神气若存,身康力健,神气若散,身乃死焉。"形神两者相互依存,不可分割。故而健康的生命体,必然注重身心的养练。保持身心的健康,其中一点在于防止后天被过多的欲望所纠缠。恰如《道德经》所讲的,五色令人目盲,五音令人耳聋,五味令人口爽,这些欲望会扰乱人的心神,对人体的各种脏器造成损害,使身心失去和谐,进而影响到人的健康状态,甚至会危及生命。一个人如果能遵循大道,去巧、去知,摒弃种种欲望,则能够保持身体的生命力,达到和谐的生命状态。正如《养性延命录》所说:"少思少念,少欲少事,少愁少乐,少喜少怒,少好少恶,行此十二少,乃养生之都契也。多思则神怠,多念则志散,多欲则损志,多事则形疲,多语则气争,多笑则伤藏,多愁则心慑,多乐则意溢,多喜则忘错昏乱,多怒则百脉不定,多好则专迷不治,多恶则憔煎无欢。此十二不除,丧命之本也。"①也就是说,生命的健康,不单单是生理上的,还有心理上的。这个观点从现在的医疗卫生角度看,似乎乏善可陈,然而放在历史的环境中,在千年前的制度道教时期就已经孕育健康生命观的视角下,道教生命观有着进步的意义。

二、伦理观

道教之主旨除了前文所述生命观外,还重视如何提升生命的质量,如何指导世人在有形生命阶段安身立命,因为只有善于自律而律他,才能更好地修炼自身的德行,进而达到修德以羽化之目的。故而在民间流传的诸多经籍中,有一大类是以劝善为内容的。如《太上感应篇》《五圣经》《太上洞玄灵宝度人妙经》《太上老君说常清静经》《文昌帝君阴骘文》《关圣帝君觉世真经》《目连大孝普光经》《灵宝元皇十种报恩讲科》《劝同人赶办内

---

① 守一子编纂:《养性延命录》,《道藏精华录》,浙江古籍出版社影印本,1990年,第183页。

功白话启》《醒迷要言》《孔子一转朝科全卷》等经籍,有大量关于行善、孝道、报恩的描述,对于规范信众行为、宣传伦理教化有着重要的意义。

道教认为伦理道教与养生长生关系密切。道教宣传以德养生,修仙之要在于修德。道教之伦理核心要义在于通过自修获得资源而非外求于他物。且道教之伦理,不单单是解决人与人之间的关系,更要处理人与神之关系。姜生教授将道教的伦理学说划分为生命伦理、社会伦理、神学伦理三个层面。其中神学伦理的提出,认为斋戒、道符、祈禳、法服均为信众沟通人神的媒介,具有独特的伦理功能。从道教的理论来源来看,道学建构之初就受到了先秦诸子理论等多种理论的影响,其伦理思想的形成也是吸收了早起多流派思想的结果。东汉末年,《太平经》《周易参同契》《老子想尔注》等经书先后问世;南北朝时期是道教力量完善和经籍涌现的一个时期,如葛洪的《抱朴子》内外篇、陆修静修订的《三洞经书目录》、陶弘景的《真诰》;北宋末出现了道教善书《太上感应篇》、张伯端的《悟真篇》,《太上洞渊神咒经》和《度人经》中的济世度人思想;明代《封神演义》、清代《绿野仙踪》等小说都包含着道教中的许多伦理思想。总体而言,道教的伦理思想主要体现在生态伦理和生活伦理两个层面。

作为中国传统文化源头活水的《周易》,提出"推天道以明人事"的原则。这一原则被儒、道两家继承发扬。其中道教将"天道"作为伦理的依据。道教所信奉的伦理观,与儒家思想最大的不同之处在于其神圣性。道教伦理的神学化,一定程度上有助于增加道教伦理的威慑性,使得其功能发挥最大化。葛洪《抱朴子》曰:"为道者以救人危使人免祸,人疾病,令不枉死,为上功也,欲求仙者,要当以忠孝和顺仁信为本,若德行不修,而但务方术,皆不得长生也。"①此处明确将忠孝仁义作为成仙得道的基础条件。《太上妙始经》中也强调行善无恶,功德备足,可白日升天,尸解成

---

① 〔东晋〕葛洪:《抱朴子内篇·对俗》,中华书局,1985年,第53页。

仙。《无上秘要》告诫人们："若见色利、荣华、艳彩，以戒掩目。若闻好恶之言、五音之属，以戒塞耳。若有八珍之馔、甘香之美，以戒杜口。若愿想财货七宝奇珍，放情极欲，以戒挫心。若忆奸淫、贪趣恶事，以戒折意。"①可见在经籍的伦理思想中，成仙的先决条件是为善。自我修养成为经籍中个人伦理道德的基本要求。

在人与社会的关系上，经籍的伦理观吸收了儒家的伦理思想，并将其进一步宗教神化。早期道教经典《太平经》有言："元气有三名，太阳、太阴、中和。形体有三名，天、地、人。天有三名，日、月、星，北极为中也。地有三名，为山、川、平土。人有三名，父、母、子。治有三名，君、臣、民。欲太平也，此三者常当腹心，不失铢分，使同一忧，合成一家，立致太平。"②其中，认为父母与君臣均为道德之门户，强调忠君事亲。后期发展到净明道时期，更以"忠、孝、廉、谨、宽、裕、容、忍"八字作为主要教义，可见其突出伦理的特色。这种伦理思想，一方面有助于个人修行，另一方面有助于人与人之间、人与社会之间的关系互动。其中孝文化，最初产生于祖先祭祀，早期功能更多表现在宗教范围内。随着人类社会的发展，宗法制度的产生，血亲关系的建立，孝开始展现出更多的伦理内涵。孝道的外化行为符号之一就是丧葬仪式，而丧葬仪式是人生礼俗中的重要一环。所谓生则养，死则葬，丧毕祭。丧葬之礼，不单为了逝者，也是为了生者。生者在这一系列繁复的礼节中表达了情感，重新审视了生命的意义。这些仪式行为是内在文化的一种象征性表达。

在如何处理人与人的关系问题上，民间经籍中有关于此的一些戒律。如《太上洞玄灵宝智慧根上品大戒经》中要求：与人君言，则惠于国；与人父言，则慈于子；与人师言，则爱于众；与人兄言，则悌于行；与人臣言，则

---

① 《无上秘要》卷46，引《升玄内教经》卷第七。
② 王明：《太平经合校》，中华书局，1960年，第19—20页。

忠于君;与人子言,则孝于亲;与人友言,则信于交;与人妇言,则贞于夫。可见,在经籍的传播过程中,融合了儒家的仁义礼智信等要求,在人的社会生活诸多层面规定了其行为伦理准则。

在人与自然的关系问题上,经籍中也充满着独特的伦理智慧。《阴符经》开篇就指出:"观天之道,执天之行,尽矣""天地,万物之盗;万物,人之盗;人,万物之盗。三盗既宜,三才既安。"强调天、地、人三才的和谐相处,人和自然的共融,是早期经籍中的一种生态伦理思想的直接反映。道教的生态伦理思想是一种独特的认知体系,胡孚琛先生认为,道教将整个宇宙视作一个生命体,地球是母亲,地球上的山林、树木犹如人的毛发,河流湖泊如同人的血管,日月如眼睛,万物生灵如同大地母亲的子女。也就是说,在道教的视野中,宇宙中的任何生命都是平等的,人类和万物生灵都应和平共处,人类应该善待天地万物,万物就如同自己的兄弟姐妹。这种观念在很大程度上决定了道家的生命伦理。詹石窗先生提出生命道教的观点,认为生命道教是以生命认知、生命养护、生命超越为内涵的一种教化理论。这是建立在道教本有的"大生命观"上的,即万物为一,遵循春生夏长秋收冬藏之大道。其次,具体到生活层面的行为环节,道教更立足于佑护生命平安,养护生命之本体,滋养生命之灵魂,最终实现生命之超越。

《物种起源》中,达尔文是这样描述生态的:"凝视树木交错的河岸,许多种类的无数植物覆盖其上,群鸟鸣于灌木丛中,各种飞虫飞来飞去,蚯蚓在湿土里爬过,并且默想一下,这些构造精巧的类型,彼此这样相异,并且以这样复杂的方式相互依存。而它们都是由于我们周围发生作用的法则产生出来的。"[①]民间经籍中所描述的生态伦理,与科学家描述的有一致性,都追求万物平等、和谐统一。在道教的生态伦理思想中,人和万物一样,得天地之气氤氲而生,都是自然当中的一环。尊重生命、尊重自然

---

① [英]达尔文:《物种起源》,周建人、叶笃庄、方宗熙译,商务印书馆,2005年,第556—557页。

界的规律,是人与自然和谐相处的首要法则。从这点看,道教伦理反对人类中心论,人应对自然存敬畏之心。这种生态伦理思想其实为解决我们当下社会的环境问题,提供了一个很好的思路。平等、戒杀才是应该践行的健康生态伦理观。而不是一味地夺取自然资源,这样只会造成种群灭绝,生物链失衡。

清代道教善书《石音夫功过格》记载有一段乞丐和道长的对话,乞丐问:"无论不杀生,方为万物之生,即如鸡鸭不杀,喂他何益? 牛马不杀,胶皮何取? 猪羊不杀,祭祀何有? 若论不杀生,竹木不宜砍,柴薪何来? 草木不宜伐,人宅无取。这真难也。"道长答:"极容易的。鸡鸭不损其卵,不伤其小,又不妄费。当用之时,取其大者杀之,何得为杀? 马有扶朝之功,牛有养人之德,临老自死,何必在杀? 何至无取? 竹木草苗方长不折,相时方伐,何得无用?"乞儿说:"据道长所说,这等看起来,凡物当生旺之时杀之,方才为杀;至休囚衰弱之时杀之,不足为杀。可见生旺时,乃天地发生万物之情,不可违背天意。至垂天地收藏之时而取之,则用无穷也。"①该书中的这段描述,可以看出道家弱人类中心论的伦理思想。

道家倡导将慈心于物,不可乱开杀戮。《太平经》有云:天下皆好生恶杀。《太上十二上品飞天法轮劝戒妙经》教导:"不得屠业为杀……如是种杀,皆不可为之……杀害之人,六种罪报……"道教对于杀害动植物的行为一样视作恶行,认为会有相应的报应惩罚。对于天地,自然环境,民间经籍中也有大量文字训诫,认为人类应该善待大地母亲,善待山河,不可肆意开凿,破坏自然环境。《洞真太上八素真经三五行化妙诀》中讲,慈爱一切,木草壤灰,皆如己身。如果伤害到自然万物,则可能会惊扰神灵。如在《太上感应篇》中,就有提到,有圣人托生其中,不可妄动。诚然,对道教这种万物有神的观点我们持保留态度,但是其背后训导的万物平等,弱

①《藏外经籍》,巴蜀书社,1992年,第88页。

人类中心论的基调是值得颂扬和践行的。对待生命,我们应该有敬畏心,如伦理学者史怀哲先生所言,伦理与人对存在于他范围之内的生命行为有关。只有当人有敬畏心地对所有一切生命予以尊重,才是真正的伦理的开始。善的本质,是对生命的态度,对生命的尊重。这正是道教生命伦理之根本。

　　道经中宣扬的生命伦理,除上文中强调的不杀戮之外,还要尊重其他生灵的生存状态,如对于鸟兽,《太上感应篇》中提到,不要惊扰在休憩中的鸟兽,如"劝君莫打三春鸟,子在巢中望母归"。这种对万物的同理心、怜悯心可见一斑。又如《放生文》中描述面对垂死之鹿、猿的哀嚎垂泪,捕猎者何以忍心杀戮,以此来唤起人心的共情、良知。当然,道教讲的不乱杀戮,不是绝对不杀,而是因时循道而发。如春天乃万物生发之时节,如此时杀戮捕猎,则与上天生生之德相违背。妄自过分捕猎,攫取自然资源,必然受到自然的报复。以生命为中心的道家伦理思想,最终体现的是对人生命价值的尊重。通过经书中的故事、戒律重塑人们的生命价值观,通过慈心、贵生、守道来践行生命伦理。《化书》中提到,道的本质是无为,对道的贯彻就是德,能生养万物的是仁慈,民间经籍中对于道德的理解,在后期转变为与儒家的伦理思想一致。在众多的民间经籍中,均有对于儒家礼乐文化的融合与流传。这种伦理不仅是针对信众,同时也是对神仙的约束。在经籍的记载中,很多人物成仙的过程都是伦理升华的过程。很多历史人物如关羽等被追为神仙供奉,也是因为其理想人格被世人尊敬,其某些品质符合伦理的要求。民间流传甚广的《关圣帝君觉世经》《武帝正心宝诰》《伏魔帝君圣诰》《超生度人减罪宝忏》《三界伏魔大帝关圣帝君忠义真经》《太上忠武关圣帝君护国保民宝忏》等经籍都是以关羽之名。经籍中不断强化关羽因忠肝义胆的品质而成仙,同时以这种模式来固化道教的伦理意义,在经书传播的过程中同时起到了伦理教化的良好社会作用。

道学的伦理思想,还表现在道教经典中规范的各种戒律。在经籍的伦理戒律中体现着一种主体性的伦理自持。通过持戒,践行了善恶、助人、孝道、忠义。出于受戒进而成仙的需求,道学文化的践行者们却也是从另一个层面强化了其伦理思想的传播。如《太平经》中强调:夫天地至慈,唯不孝大逆,天地不赦。可见,不孝是连有好生之德的天地都无法包容的。《抱朴子内篇》中也讲:欲求仙者,要当以忠孝和顺仁信为本。若德行不修,而但务方书,皆不得长生也。也就是说,道教认为求仙必先做人,必须在德行上做到忠孝仁信,才有得道成仙的可能。道教宣扬孝道的民间经籍很多,如各种报恩经,其中都是大量关于感激父母养育之恩,教化世人遵行孝道之语。《关圣帝君觉世真经》直接指出:"若不尽忠孝节义等事,身虽在世,其心已死,是谓偷生。"①

劝善书,是一种特殊的道德教化书籍,《太上感应篇》标志着劝善书正式成型。劝善书主要是以因果报应主导的宣传伦理道德的书籍,多为宗教性的训俗小册子。劝善书在民间广为流传,在传播的过程中,不同阶层的民众,不同类型的宗教信仰都不断附着于这个流动的体系中,不断丰富和完善着劝善书的思想。道教劝善书多以神仙之口来训示世人,教人向善修仙之道。劝善书有相对较为理性的说明伦理意义的书,如《太上感应篇》《文昌帝君阴骘文》等,也有通过具体的神仙故事来展现伦理训诫的,如《梓潼帝君化书》《除欲就本》等。在劝善书中,惩恶与扬善并举。通过惩罚的警示作用进一步警醒世人,作恶会遭到报应,死后会在地狱经受煎熬。而行善会增加德行,会更靠近神灵。劝善书可谓是民间经籍中的一个重要部分,在宣扬道教伦理文化层面起到了中重要的作用。如道教善书中提道:"欲念既起,猛不可遏。当思《感应篇》所言。司过之神在旁,三台北斗在上,三尸神在身,灶神在户,三光在天。照临者有之,怒目者

---

① 唐大潮等注译:《劝善书注译》,中国社会科学出版社,2004年,第119页。

有之，记录者有之，我又何能瞒耶。"可见，道教有自己独特的监督机制，认为天、地、人三才中均有监督个人行为之神灵，在这样密集的监督体制下，其伦理道德指向性和完成性更加明确和具体。

道教善书之首《太上感应篇》虽篇幅不长，但全篇统摄伦理教化，善恶有报，有关于个人道德、家庭伦理、社会公序良俗等多方面的规定。书中提到，死有余责，殃及子孙。这种善恶有报的循环论思想，是道教伦理承负说的反映，将人的命运与行为善恶连接起来，并神圣化。这种模式让道教劝善书具有了不同于儒家的伦理道教思想。如善书中，劝人先行忠孝方能成仙，且书中还强调要兄友弟恭、夫妻和睦，如家庭不睦，则认为有违宗教伦理，不可得道成仙。可见，以《太上感应篇》为首的道教劝善书，是在世俗伦理基础上拔高的一种宗教道德伦理的宣示。故而这种经书的传播，在一定程度上是信仰与伦理的互证。

与《太上感应篇》并称为三大善书的还有《文昌帝君阴骘文》《关圣帝君觉世真经》。这三部经书中都有大量关于伦理道德的劝善之词。其中关于人与人和谐相处的问题，三部书都有涉及。《太上感应篇》中明确指出挑唆他人争讼是恶行；《文昌帝君阴骘文》中也警示世人，切勿教唆他人争讼；《关圣帝君觉世真经》中教导世人要和睦宗族，和睦相邻，避免争讼。这种在世俗生活行为关系上的具体行为指导，是劝善书的特色之一，恰恰也是民间经籍在传播过程中发挥其伦理指导意义的最佳注解。《太上感应篇》中对于解决冲突，还有一些民间俗语的劝解歌谣："百万黄金总是虚，富翁何复较锱铢。贪财最足招尤怨，结讼徒然饱吏胥。若待终凶倾产业，空来晚悔丧形躯。君今欲种儿孙福，步步当留地有余……唆讼之人最不良，往来暗地使刀枪。当官硬证伤天理，害众深谋夸己长。公道难容神鬼恨，幽冥定与子孙殃。曾闻起灭包词讼，拔舌阴刑有剖肠。"[①]民间经籍中

---

① 袁啸波编：《民间劝善书》，上海古籍出版社，1995年，第4—6页。

的这种劝善思想,在人们的日常生活中起到了调和矛盾、润滑社会关系的作用。有了神仙加持的这种劝解,又更具神圣性,在践行中更具影响力。

以《孔子朝圣科》为例,其书认为诵读《大学》,以此仪式践行儒家精神,儒道互融。这是教育功能的体现,文化传承的工具。儒家更加民间化,仪式反映的是一种儒家的礼,礼的作用在于淳化民风,升起敬意。主敬,仪式增加参与性。经文提到了道家众多神仙的一部分,如神农、尧、舜、禹、周文王、周武王等中国历史上的国家领袖,也介绍了儒家学派颜回、孟子等杰出的哲学家,还提到了七曲文星、梓潼帝君等掌管文化、教育的道教神祇,最后着重介绍孔子及其成就。涉及的神祇主要掌管文化、教育方面,这也就奠定了此经文主要从文化、教育这个大的方向来对孔子进行朝拜和祈祷。

孔子作为受到崇拜的对象,其本质是人。人们将其教育的功能放大,不仅仅是教育人民获得知识,更将教育放大到整个社会,人们所遭受的劫难、瘟疫、水灾等都可以通过教化人心来获得避免。而邪说横行、世道衰微、人心陷落、劫运干戈、饥荒瘟疫等灾难的出现也都是因为没有知识、不懂礼数造成的。教育的作用在此处得到最大化的展现。具体的教化体现在,传道心、定礼正乐、删诗书、授心法、立学校、教人伦仁义等,从外在到内在,提升人们对"礼"的认识,并以此为准则,作为行为处事的规范。起到一定的律法作用。在此篇经文中,孔子的各种成就自有其功效。"大学之道,实外王内圣之经纶;忠孝两经,乃治国安邦之极至;由中庸而尽性知命。"熟读《大学》,能对外称王,对内贤圣,是最高统治者应当学习的经典;忠孝两经,是臣子应当掌握的知识,对君上忠诚,对父母尽孝,有利于国家的稳固;中庸之道是民众应该悉知的知识,懂得事物的生灭变化在于上天决定。这种根据等级来教化的观念,正是儒家思想的体现,君臣、父子都有明确的定位,都有各自的职能。

彝族的《劝善经》反映了彝族文化中的伦理道德思想,该经书是在道教经典劝善书之一《太上感应篇》基础上改编而成。在内容上,该书体现了彝族特有的宗教礼俗文化,并且进一步结合彝族的社会形态、风俗习惯,劝人行善戒恶。该经书在作用上,起到了和《太上感应篇》同样的稳定社会、促进人们身心健康的积极作用。

自古以来,瑶族文化中就极其重视自我道德修养。瑶族道教度戒仪式中有十条戒律,如不得杀生、不得偷抢、不得邪淫、不得妄语等,在挂灯的牒上写有孝顺父母、要懂家事的礼律。这些对度戒和挂灯者提出的道德要求,是瑶族挂灯仪式中的一大特色。而这也是经籍传播中伦理教化作用的表现。在这样的仪式中,涵盖的是瑶族人对于道德的重视,认为个人在生的道德修养对于往生后的生命状态有重要的作用。瑶族人对于自己世俗生活的控制与约束,是对神圣生命的一种提前练习。只有践行伦理才有可能成为家先。因而民间经籍在瑶族社会中的传播,是不断强化道德自律的过程。恪守戒律才是得到神灵保佑的前提。在这种统一的社会意识下,人们将个人命运与家庭祸福都由道德联系在一起,故而大家在一个共同建构的社交关系网中践行同一种行为准则。修善成德成为延续生命的一种决定因素,在这种生命逻辑的统一影响下,个人行为被社会化、制度化。

总体而言,民间经籍中的道德伦理教化,是整体上的教育功能的实现。首先,这种伦理培养是从人格上的培养,经籍中对道的尊崇,贯彻到个人品德修养上,是一种对人性淡泊名利的培养。这一方面是人格上的规范,一方面也是对人性的一种潜移默化,培养一种寡欲的心态。道教这种寡欲的心态培养,对于缓解人生的各种矛盾有很好的心理疏导作用。同时,这种寡欲的心态,也有助于缓解人与自然的关系,有助于可循环可持续的健康的天人关系发展。当今社会面临的各种环境污染、生态失衡等问题,实则是一种人类的贪婪,而道家的这种淡泊思想是一种调节剂。其次,民间经籍中的伦理劝善思想还有更高的家国情怀,对国家、对社会也要求有责任感。济世利人是道学的一种社会道德,是在社会层面对人行为的一种规范。对万事万物有一颗慈爱之心,也是一种情怀。

在如何处理人与人的关系问题上,民间经籍中有关于此的一些戒律。如《太上洞玄灵宝智慧根上品大戒经》中要求:与人君言,则惠于国;与人父言,则慈于子;与人师言,则爱于众;与人兄言,则悌于行;与人臣言,则忠于君;与人子言,则孝于亲;与人友言,则信于交;与人妇言,则贞于夫。可见,在道书的传播过程中,融合了儒家的仁义礼智信等要求,在人的社会生活的诸多层面规定了其行为伦理准则。

第二节　功能主义视阈下云南民间经籍的分类

《道藏》是按三洞、四辅、十二类进行分类的,三洞即洞真、洞玄、洞神。洞真部以《上清经》为主,洞玄部以《灵宝经》为主,洞神部以《三皇经》为主。但基于经籍内容繁杂,三洞并不足以满足分类需求,故三洞后有了四辅:太清部、太平部、太玄部、正一部。其中,太玄辅之于洞真,太平辅之于洞玄,太清辅之于洞神,正一则总辅上述六部。十二类则详细扩展为本书类、神符类、玉诀类、灵图类、谱录类、戒律类、威仪类、方法类、众术类、记传类、赞颂类、章表类。《藏外经籍》直接将经籍分为十二类:古佚经籍、经典、教义教理、摄养、戒律、仪范、神仙记传、宫观地志、文艺及目录、补遗类。

陈撄宁先生对于经籍的分类则更加简明扼要,其根据功用将经籍分成十四类:道家、道通、道功、道术、道斋、道余、道史、道集、道教、道经、道诚、道法、道仪、道总。任继愈先生把《道藏》经籍分九类:总类、道经、戒律科仪、道论、修炼、符道法、记传、子书、诗文集。丁培仁先生把经籍分为十类并两个附录。朱越利先生将道藏重新分为三十三类。历史上对于道藏的分类方法诸多,而本书所探讨研究的对象主要集中在笔者收集到的云南民间经籍上，故而针对现有书目，本书采取的是功能主义视角下的分类方法。如前文所述，本书所聚集的民间经籍是一种活态的文明载体，其活态性恰恰在于其实用性。正是由于民间经籍有着具体的功能性，故而可以在千年的文化传承中历久弥新。

　　笔者对所收集到的民间经籍进行整理后，发现社会功能性是民间经籍得以流传的根本。在对目前收集到的民间经籍进行分类整理研究的基础上，本书中试图用现象学的分类方法将云南民间经籍划分为两大类，一种是自然，对于时空年岁月令的划分（如拜斗）；一种是生命人伦，包括人的生老病死等。对于第一类，主要是考虑到在农业社会的模式下，道家思想文化的产生与发展传播都是依附于其信众的生活模式。也就是说，活态的经书传播必然是建立在其实用性之上的。道学专注于天文立法等重要的节气科仪，恰恰是为了满足人事之需求，服务于农业社会的生产发展需要，比如拜斗、祈雨、禳灾等。本书的主旨是研究经籍所承载的文化内核在传播过程中和民族文化元素相结合并不断发展，是以一种"丹田"模式不断外延的过程，最终以"文化动力"的形成体不断地在人类发展进程中存续。在这个核心观点下，去进行经籍的分类研究，更重要的是要看到这种分类不是单纯的图书内容的分类，而是一种服务于文化内核，呈现文化动力的结构性分类。这种分类更多地呈现出一种活态，即运动性，而非传统意义上的单纯书目分类。

　　这个分类的过程中，笔者希望彰显的是一种实践性与时间性并存的分类效果。经籍的分类，是在这种核心观点下的分类，是在文化内核下进行的时空人伦的划分，而不是简单的经忏科仪的划分。中国人的社会生活是建立在这样一种时间节点中的。道教的仪式也是对于这种时空的模拟。如道教中的太岁其实是对古代历法的一种模拟再现。经籍的传播依靠人——道教组织，经籍承载的是天、地、人的文化内核，这个核心是一种文化序列，是日月星辰德行的整体，是一种对于时空的把握，经籍的传播不同于具体的历史时间序列的传播，经籍的传播不是一个时间的线形传播，是一种结构传播。在具体的祭祀民俗活动中，民众参与到宗教活动中，从而践行了道教的核心文化观。经籍或者道教的传播是一种整体的结构传播，非时间线形，这种传播是一种整体的文化复制。当传播者认同这种文化模式后，就会复制这种模式，建立一个新的传播组织，沟通人神。

综合上述因素，在本书的研究过程中，对于民间经籍的分类标准，采取功能性准则，主要分为祈福延寿、消灾解厄、拜斗安龙、丧葬度亡、劝善规范五大类。这种分类恰也顺承了上一节中对于民间经籍内容的解读。祈福消灾也好、拜斗度亡也罢，其实都是围绕着道教文化的核心内容：生命观和伦理观。民间经籍具体分类目录如下：

一、祈福延寿

1. 太上玄灵北斗本命延生真经(注)(洞神部玉诀类，五卷)①
2. 雷霆玉枢宝经②：九天应元雷声普化天尊玉枢宝经(洞真部本书类，一卷)

①见《道藏》太上玄灵北斗本命延生真经，洞神部本书类，一卷。民间经书有两版本，该书在云南地区较为常见，与云南拜斗信仰盛行有关。北斗七星君乃造化之枢机，人神之主宰，有回生注死之功，消灾度厄之力。凡人性命五体，悉属本命星官主掌。因而要人于本命生辰及诸斋日，清净身心，焚香诵经，叩拜本命所属星君，广陈供养，自可消除罪业，福寿臻身，远离诸祸。也是道教斋醮科仪"顺星拜太岁"的必诵经书。民间版本中有开经演奥文字，《道藏》版没有。同音朗诵；拈香行叩。经文中有夷狄蛮戎之别；大圣北斗七元君的各种神通，能解厄；北辰星宿；北斗各个星君(对应所生年之人)；民间版后有五六页是《道藏》版没有的内容：三才之道，九五之数，周易内容。天竺国大智光中真空妙相法；亨利贞字词；1985年手抄，巍山县。后附抄书上表者信息，祈愿。

②见《道藏》九天应元雷声普化天尊玉枢宝经，洞真部本书类，一卷。从内容看，该书与《道藏》版大致相同，只是民间版书前多了香赞、神咒等。内容上为故事性的说法讲经，阐述解厄的方法。笔者在建水地区先后收到两本，分别为1998年抄和庚寅年李天润抄。不同之处在于其中一本最后多了"采桥写用圣位"各种名号。

3.玄门北斗宝忏书①：太上玄灵北斗本命延生真经（洞神部本书类，一卷）

4.太上玉清无极总真文昌大洞仙经（上中下）②

5.太上太清天童护命妙经③

6三清经④

7.清微灵宝功课科⑤

8.无上虚空地母玄化养生保命真经⑥

9.地母经⑦

---

① 与《道藏》中大体相同，同样前面多了部分内容，且文中念诵"家有北斗经"可消除的灾祸内容顺利有所颠倒。后有太上玄灵北斗本命延生真经。1997年李天润抄。该书后附有雷霆宝忏科书。

②③ 见《道藏》太上无极总真文昌大洞真经，洞真部本书类，五卷。所收民间版内容在排序上有所不同：祈福、安鬼、祖先、除瘟、治病、解冤、减妖。消灾延寿大法王开示、消罪、劝喻、供养、回奉、收经偈。

④ 全名应为《玄门礼请三宝清静经》，清微灵宝开坛科，文中出现诸神号，有净心、净口、安土、中山神咒、金光、灵卫、开经玄蕴咒。该版本中附有《太上老君常清静经》《太上元始天尊说禳灾度厄真经》多部经书混合是在整理民间经籍过程中的常见现象。且经书中内容驳杂，比如该本中出现中天竺国大智光中真空妙相法王师，提到《洪范》，从这点可以看出，经书本身具有的知识载体的价值。

⑤ 收集到两个不同民间版本，但内容上均有上座、起鼓、奏乐、施食孤魂、拔罪等流程。提到二十八星宿、丰都、九幽拔罪，是典型的民间经籍内容。

⑥ 光绪二十七年手抄本。应该与其他版本地母经类似。另一版本：抄于庚寅年，书首交代为光绪二十七年降笔于南漳仙女山之地母庙无上虚空地母养生保命真经。内容：天地生成，万物化生；三皇五帝、佛祖；地母的地位功用，书中使用排比对仗，口语化表述。手上有两本，一本最后书有：九月初二天下诸佛朝拜地母，十月十八地母生期圣诞。

⑦ 该经书内容中涉及中国哲学中的阴阳二气、八卦、宇宙生成论。

10.高上玉皇普度尊经①

11.太上三清洞真洞玄洞神赐福宝忏②

12.无名③

13.九天玉枢雷祖宝经④

14.太上三元三品三官妙经⑤

15.无上皇极万法归源三会龙华传世妙经⑥

16.三界伏魔关帝护国翊运真经⑦

---

① 2004年5月20日招思和抄。收集到另一版本书名无"高上"二字。书中记叙有关羽假托上神降世,人间历劫之过程。关公因忠烈之精神而被封神,对于强化儒家的忠孝有伦理教化作用。书中从君子之"非礼勿视非礼勿言""常养浩然之气"到妃嫔仙姬的记叙再到妯娌伦常,描述了很多中国社会古已有之的公序良俗,有教化和惊醒世人之作用。同时,宣扬的报应、忏悔等机制,又是一种对于行为劝解的补充。"得天竺国加持""莲花""金丹""璎珞""仙乐"等艺术性描写;"明德新民以止善""齐家治国以正心""九六同携手……三才之妙道""与天地合其德与日月合其明"等儒家思想;"九幽六道四生""娑婆"等佛教用语,均具有明显的三教融合痕迹。启请格式与佛经香赞类似:交代故事(背景)—启请—开幽赞—净心神咒—净口神咒—净身神咒—天地神咒—金光神咒"三界 视之不见 听之不闻"道德经(身心灵的递进 仪式感和发展进路)—香赞后有落款"大中国云南省某县某地居住下民某"—仰请诸神(儒释道等)"法轮常转 佛日增辉 一念慈悲度生民……菩萨摩诃萨""上清、紫薇、瑶台、昆仑、黄庭内景"等道教术语—志心皈命礼"佛法而判阴阳演君臣父子三纲五常,菩提真言捐除冥司严刑"—玄蕴咒"云篆"—伏以"大中国云南省某某阖村祈福"—"皈依三宝"—发愿二十四愿—奉(对神仙形象的具体描述,服饰神容,艺术形象)—完璧赞(该经流行于关帝信仰地区,明代已出现于云南地区。可做版本学梳理)。

② 收集到该书有上中下三部此为上部,中部为《太上洞玄上清禳灾延寿宝忏》;下部为《太上洞神太清拔罪升天宝忏》。

③ 此为几部经书的合成本,有《太上洞玄灵宝升玄消灾护命秒经》《无上玉皇心经》的部分内容,又在民间流传中添加来其他部分。

④ 该版本与《道藏》洞真部本书类,一卷的《九天应元雷声普化天尊玉枢宝经》名称相近,但内容排序前后不同。该版本前面开经偈,后面有称赞,经香花灯,十供念,体量上多了三页。

⑤ 与《续道藏》,一卷《太上三元赐福赦罪解厄消灾延生保命妙经》大体相同。内容格式上为:开经玄蕴咒、三官颂、上元天官宝诰、下元水官宝诰、志心皈命礼。

⑥ 该书全集共八卷,相对成体系,不似常见民间经籍。书中内容也较驳杂,有瑶池、金母、三洞、西方古佛、四皇上帝、天龙八部、尧、舜、禹等用词;从结构上亦有开经、收经、偈子等;书中附有神像、符咒等图文。

⑦ 民国十四年手抄本。经书行文的叙事性明显,关圣帝自述历史:黄巾作乱、赤壁之战、单刀赴会等。经书后续涉及天地形成、气数、世道、配育、功名、修建、游行、符讼、疾病、命运、摄生、瘟疫、大璞、欲界、雨阳、生人、业报等十九章。最后为宝诰。与收集到的另一本《伏魔关圣护国真经》内容一致。

17.道教斋醮仪式汇编（上下）①

18.南斗一转朝科②

19.青罗一转朝科③

20.无名④

21.建水民间祭祀神祇⑤

22.灵宝大乘参符科书⑥

23.八卦小书⑦

二、消灾解厄

1.九天应元雷声普化天尊玉枢宝经⑧

2.太上升玄消灾护命妙经（洞真部本书类，一卷）⑨

---

① 阳事开坛科仪汇编，流程包括：请水、安水、荡秽、扬幡挂榜、请圣、祀灶、净厨、朝幡、大送神科、小送神科、落幡、下榜、大回向科、普谢科、庆腊、天皇朝科等。

② 又名《南斗祝寿转经科》。

③ 民间道士在法事中常用科本，多种法事所通用。

④ 未有书名，从内容看为民间治病用经籍，内容驳杂，有观音水、封血、接骨、治犬咬等具体治疗方法。民间经籍的内容广杂，涉及生活诸多方面，民间经籍便于流传，也是建立在其功能性之上。

⑤ 诸多道教科仪中使用符箓图片集合。

⑥ 民间经籍命名，佛道杂糅。

⑦ 用八卦方位治病的民间医书。

⑧ 见《道藏》九天应元雷声普化天尊玉枢宝经集注，洞真部玉诀类，二卷。收集到的该经书与《道藏》中集注不同，出入较多，符合民间经书特征，在抄录流传过程中也诸多添加、遗漏等情况。该经书中有玄蕴咒、开经偈、志心皈命礼、收经赞等，结构较为完整。经文主要内容可以分为两节：第一节论述"至道"；第二节论"气数"。认为人之禀受不同谓之气，智愚清浊谓之数；数系乎命，气系乎天。学道之士若为气数所囿，天命所梏，则不得真道。经文又述消灾解厄之法。谓凡遇三灾九厄，可依法持诵经文，若默念普化天尊之号，即有诸神消灾解厄；若皈命此经，可以长生。书中描述有修丹道之法门、请诸神之法门、劝善庇佑惩戒之法；"清净心、大智慧、一念名号则得庇佑"等词语具有佛教韵味。

⑨ 元始天尊为无极众生所说，主要宣扬有无、色空之理。经文以双遣有无，不著空见，离边取中为宗旨。另名太上洞玄灵宝升玄消灾护命妙经，空色，有无。目前收集到的该名称的民间经书有三本，相较《道藏》版本，民间版前面多了礼请和净心等多个咒语。其中有一残本中是多个经书合成，没有具体书名。开经偈、净心、净口、净身、安群、净天地、五星、金光、玄蕴咒等均可见。与常清静经、玉皇心经等作为合集出现。

3.太上洞渊辞瘟神咒妙经(洞真部本书类,一卷)①

4.太上三元赐福赦罪解厄消灾延生保命妙经(续道藏,一卷)②

5.太上灵宝朝天谢罪法忏(洞真部威仪类,十卷)③

6.太上灵宝天尊说禳灾度厄真经④

7.血河经⑤

8.血河报恩宝忏⑥

9.玄帝报恩真经除罪法忏系列(上卷、中卷、下卷)⑦

10.灵宝施食正科⑧

---

11. 灵宝玉阳施食副科①

12. 三官赐福妙经科书：太上三元赐福消灾赦罪解厄延生保命妙经②

13. 龙王真经③

14. 真武经忏④

15. 玉皇宥罪锡福宝忏全部⑤

16. 太上正一朝天三八谢罪法忏⑥

17. 列曜神咒妙经⑦

18. 元始天尊说消灭虫蝗妙经⑧

19. 土皇宝忏全部⑨

---

① 2015年手抄，有李天润和陈正权两个版本，陈版最后多抄录了部分神咒内容。见《续道藏》灵宝施食法一卷，内容相似。该书为超度经，其中有关于东华上仙等仙界情况描述，且有杀人放火入地狱后受罚状况的描述，是民间经籍的典型风格，在一定程度上起到了劝善的道德教化作用。此外，消罪、仪式、念咒等与其他科仪本无异。科仪本的本质是轮回说，报应论，经书的这种内核与整体的中国传统文化形态的形成有密切关系。

② 不同版本名字略有差别，另有《太上玄灵三元赐福赦罪解厄消灾延生保命》《玄门三官赐福赦罪经》《三官赐福妙经科》等。个别版本中出现经书杂糅，如建水1988手抄版本中，经后接财门经。2001年李天润版无财门经（书封面名字不全，大概出于版面限制原因，名字缩写在民间经籍中很常见）。该版本与《道藏》中《太上三元赐福赦罪解厄消灾延生保命妙经》及《续道藏》一卷中《太上三元赐福赦罪解厄消灾延生保命妙经》内容大体一致，只是民间版本多了前面的开经偈、志心皈命礼、玄蕴咒。后面附有"太上元始天尊说三官宝号"等，且有其他经书混合。民间版本经多增加部分内容，但还是与《道藏》中大同小异，属于《道藏》经书民间化的普遍差异类型。

③ 见《道藏》太上元始天尊说大雨龙王经；文中出现龙王摩诃萨的说法；请龙王、金龙火龙黄、白、青龙；中含有玉皇降诰，玉皇指令龙王降雨；民间经籍中的诸神杂糅痕迹明显。

④ 道藏中大量真武经忏，名字不一而足，从内容看，该版本应为《道藏》中《真武灵应护世消灾灭罪宝忏》，民间版本出现大量神咒、佛号。

⑤ 见《道藏》玉皇宥罪锡福宝忏，洞真部威仪类，一卷，原题雷霆猛吏都督辛汉臣著。民间本比《道藏》中开篇多了几句偈子：从心起将心忏，心若忘时罪亦无，忘心无罪两皆空，此法是名真忏悔。内容上为发愿消除各种罪、消除各种灾、发愿、回向。

⑥ 见《道藏》太上正一朝天三八谢罪法忏，洞神部威仪类，一卷。

⑦ 见《道藏》元始天尊说十一曜大消灾神咒经，洞真部本书类，一卷。书中出现各种神咒，内复含有《元始天尊说金光明经》，洞真部本书类，一卷。

⑧ 见《道藏》太上元始天尊说消珍虫蝗经，洞真部本书类，一卷。该民间版本后附有《元始天尊说青苗妙经》。内容很短，典型道教应用型特色产生的实用性针对性经籍。

⑨ 全名疑为《太上元始天尊说土皇九消灾赦罪集福宝忏》。

20.雷忏消劫宝忏①

21.圣帝大解冤经②

22.五公解禳救劫妙经③

23.斗金敕赦宝忏④

24.忏悔过表⑤

25.太乙天尊消劫救苦度世真经全卷⑥

26.和释科经忏诰灯⑦

27.鳌神救劫经⑧

28.拜桥经⑨

29.大阴尊经⑩

30.阳元集福消灾法忏⑪

---

① 该书中涉及雷法、劝善等内容。

② 慈光慧佛普净禅师讲说大解冤经琅函全集。内容格式上包括有净口、净心、解秽咒、无上消冤劫菩萨摩诃萨、回向。出现"斗母元君""元亨利贞"等用词,体现民间经籍内容混杂的特点。

③ 此经三教互融痕迹明显,为庚子年手抄。书中净口真言为佛教咒语,念诵诸多佛号;并记叙有蟠桃会、玉皇赦罪大天尊等言辞;同时有大量道符咒字符。

④ 2008年手抄版。该书中强调对于父母恩的感激,重孝悌;书中有对救苦救难大士的描述、斗母摩利文天心印经的记载,再次说明民间经籍的杂糅性;对于斗母等女仙容貌的描述,一定程度上可以看出道教女性观;文中祝福帝王国祚,说明民间经籍的实用性与政治性(祈福的目的性明确,有助于经书在民间的广泛传播);从总体看,该经书一方面是对于信徒行为的规范指导,另一方面也涉及宇宙生成、阴阳混沌的哲学思想。

⑤ 该书是科仪中的忏表,有大量念唱内容,在仪式中常用到。

⑥ 该书从格式上看,由请神、开经偈、诸神赞、诗曰(四平腔)、普光咒、不起妄心、赶洲歌、江洱水、收谈经、发愿、金光真人颂等部分组成。书中出现大量佛教词汇,为洞经用书。

⑦ 1955年手抄本。该本结构相对完整,书后附有个人情况的描述,有祈愿词。书中含有《太上洞渊辞瘟赦罪妙经》。

⑧ 又名《鳌光龙神显化真经》。该书为口语化劝善书。

⑨ 该书为民间经籍的集合版,其中含有《血河经》《普光经》《太阴尊经》《大圣北斗解厄》等。该书具有民间经籍的典型性:从实用角度出发而编抄的合集,内容驳杂。

⑩ 疑为佛教经书。

⑪ 该书作为科仪本,主要是在仪式中唱诵所用,全文主要讼诸多神仙名号,达到消灾祈福之目的。

31. 太上消劫灵章梓潼本愿真经①

32. 元始天尊九幽拔罪妙经②

33. 救劫玉历皇经③（1—4集）

34. 全真榜稿④

35. 辞瘟一转朝科⑤

36. 南斗护命卫生保胎妇科⑥

37. 三献辞谢二科⑦

38. 地□科太上百解⑧

39. 治病符咒用方⑨

三、拜斗安龙

1. 北斗经⑩

---

① 民国十四年抄本。该书具有明显儒家伦理教化之功用，强调人臣忠孝之要。该书分上下品；后有赞、志心皈命礼。与所收另一版本相较，少了玄蕴咒，多了志心皈命礼。

② 与《道藏》洞真部本书类，一卷《太上说九幽拔罪心印妙经》内容似而名称不符。该书为集合本：《元始天尊说升天得道真经》《太上洞玄灵宝升玄十方救苦往生妙经》《太上灵宝升玄曲赦血湖石妙经》《元始天尊说丰都灭罪真经》《太上救苦天尊说消愆灭罪真经》。

③ 分元亨利贞四集。元：《玉尊解罪锡福驱邪皇经》《玉尊三教文物救劫皇经》；亨：《玉皇保禾秀谷遣虫妙经》《王母消劫救世真经》《王母消劫救世真经功德品》《关帝济世心印妙经》《太乙天尊解厄救苦妙经原序》；利：《孔圣先师道德尊经三品》《大清圣主保国救民真经》《灵坛圣主救劫真经三品》《龟君报名祈福真经三品》；贞：《药王度厄增寿妙经十四章》《四官解厄消灾赐福真经》《桓侯大帝雷阙忠勇尊经》。

④ 书中含有《血湖榜稿》，与《血湖经》内容大致一样。

⑤ 道光二十年手抄本。该书体量较小，结构完整，主要为消灾用书。

⑥ 民间经籍中明确功能性用书，书中有诸佛、菩萨、地方神等名号；有佛教轮回胎生等思想；北斗解厄和南斗灯图。

⑦ 又名《灵宝谢圣三献科》。

⑧ 书封面破损，疑似《太上百解禳祭宫宸科》。该经书不似普通民间经籍，行文颇具文采，从内容看，有大量佛教用语，有关于星宿等天文历法信息，文后附有符箓图表。

⑨ 该书为民间经籍中具体功能性用书。

⑩ 见《道藏》中洞神部本书类，一卷《太上玄灵北斗本命真经》《太上玄灵北斗本命延生真经》。民间版本中开篇口语化诵经好处，开经玄蕴咒、志心朝礼、收经赞、落款有五方神。强调大圣北斗七元君能解一切厄运，最后提到老君传该经于世。《道藏》中有很多北斗经，具体名称详细。

2.南斗延寿妙经①

3.星主宝忏②

4.银河星法忏③

5.北斗经注解④

6.土府九垒⑤

7.圣诞表式⑥

8.顺正星辰⑦

9.太上迎请诸仙宝科⑧

10.太上饯驾诸圣宝科⑨

11.正乙祈禳顺星解结科⑩

12.太上镇(正)一禳星科真经⑪

---

① 见《道藏》太上说南斗六司延寿度人妙经,洞神部本书类,一卷,原题张道陵、王长、赵升同记述;拜斗在云南地区民间道士中十分流行,相关经书颇丰。书中后附有《太上正乙祈禳辞圣科》内容为消灾延寿,提到《华严经》、天龙八部、南无日光菩萨摩诃萨、《太阴经》等,可见民间经籍中文化的多元化。

② 民间经籍中专门讲星宿的经书较少,目前收集到三本。书中详论各个方位不同星主名号。对于研究道教的星斗崇拜有重要参考价值。

③ 同上。添加祭酒科。

④ 为民间经籍中较少的星宿集子。

⑤ 全名:太上无极洞灵土府至尊普化新经礼请。落款为祥云县某人开演。文中出现"天竺国大智光中真空妙相法王"等称谓,亦有阴阳五行等描述;与《道藏》洞真部本书类,一卷《太上安镇九垒龙神妙经》类似。

⑥ 开篇著有大中华国云南省滇西大理州祥云地方寓某某居住民等竭诚奉。书中附有多个请神拜表。

⑦ 民间经籍中少见的星宿解读科仪本。内容主要为正一派五星百解全科,涉及星斗崇拜、图式、步虚、符咒等多方面。

⑧ 经书出现"云南省某村民"字样,民间经籍传抄特色。

⑨ 该经书有浓重儒家化道经特征,文中有关于太极、阴阳之本体思想,又有大量关于君臣之位的描述。

⑩ 1998年手抄本。该书具有浓重的佛教思想痕迹,如九重天、举、香、花、灯、水、果、茶、食、宝、珠、衣供养等描述。经书后附抄录者之心得体会。

⑪ 拜斗科仪本,内容中有详细的科仪指导:步虚、吟唱、祭酒、符箓、祈福等。

13. 朝真礼斗①

14. 安龙谢土墓宅一科②(一部、二部)

15. 祭夯科③

16. 清微灵宝请送圣科④

17. 清微灵宝庆诞朝元(接驾)科⑤

18. 太上星主覃恩宝忏⑥

19. 玄门安龙奠土科仪全卷⑦

20. 清微灵宝正乙奠土科⑧

21. 北斗诞生□科⑨

22. 清微灵宝安镇献彩科仪⑩

23. 清默□北方太上无极⑪

24. 太上静斗垂宪宝科⑫

25. 太上正一阳土科⑬

---

① 壬申年云南大理洱源铁甲村居士手抄本。文中大量摩利支等佛教词语,且有佛经香赞、诸仙名号等。从内容看,主要是六月拜南斗之科仪本。
② 文山富宁林汪小组黄道真手抄本;与《道藏》中洞神部本书类,一卷《太上老君说安宅八阳经》不同,除涉及安宅外,还有"元亨利贞""四方神""放公鸡度送句"等地方特色描叙。
③ 1993年手抄本。开篇有科仪表述,如送亡、举、八叩、超度等,后面内容多为叙事性话语,为具有教育意义的故事,具有劝善书的意义。
④ 三教神灵共同请送,包括皇后圣母元君、南无大悲灵感观世音菩萨、文殊普贤菩萨、斗姆、老君、天地水火、二十八宿等。
⑤ 太上正乙盟威经录抄本。
⑥ 民间经籍中关于星宿、星君名号的详细描述。
⑦ 1999年手抄安龙科仪本。请诸佛、金仙、菩萨、孔圣、土地、镇宅安宅太岁、城隍、四方将军神等;念经、步罡、酌水、献花、回向等步骤。
⑧ 与上述安龙科仪类似,有长礼、九叩、步虚、念水巽魔宫、水偈、洒净、香偈、请神等步骤,有符箓、神咒、八卦等图式。
⑨ 拜斗科仪,在云南地区诸多民族的民间道士中常见,流布较广。
⑩ 与前几本安龙镇宅科仪本类似,安镇强调从方位入手,东南西北中不同方位的请诸神描述。
⑪ 该书中提到"四方神"的请送。
⑫ 落款"光绪五年云南省某街某人",手抄本。书中附有神咒念法、图样。
⑬《太上正乙奠土科》(名称差异应为民间抄录时简化及手误),该书中夹杂佛经。

58

26.净坛玄科①

27.南斗胜会丹诚疏忱②

四、丧葬度亡

1.冥府十王妙经上中下卷③

2.救苦十王经合本④

3.丰都十宫宝忏⑤

4.太上洞玄灵宝十宫妙经⑥

5.彻阴景象⑦

6.地司遣煞⑧

7.文昌敬关皇法事四宫⑨

8.灵宝阴世开坛⑩

---

① 开坛科仪,书中涉及八卦、八门符、三坛牒、天皇咒等具体内容。

② 2014年韩理忠于北古城镇斗母阁。祈福破地狱。具体某场法事的全程记录,非普通民间经籍。

③ 太上慈悲救苦冥府十王除罪度幽秒经;供养冥府十王的方法及作用;佛前供明灯;婚姻等各方面劝善;地狱的惩罚;阿鼻地狱、东岳大帝;九幽除罪;壬戌年李富基手抄。铁围地狱;各种地狱描述;下卷甲子年抄。内容与《道藏》中地府十王拔度仪,洞真部威仪类,一卷,有类似部分。

④ 该书为1984年手抄本。含有:太上洞玄灵宝救苦拔罪秒经和十王经。(目前已收录多种十王相关经书,道藏中仅一部地府十王拔度仪)从内容看,十王经主要是对生死的审判。死后要在十殿阎王的流程中被综合审视,询问功过。表述地狱各情状,有震慑教育作用。

⑤ 又名《丰都十王慈悲灭罪宝忏》,与所收其他十王经内容大致相同,大量对十殿地狱的描写。

⑥ 该书文末有云南省总督城隍字样,为多部经书合集:《太上慈悲救苦冥府十宫妙经》《太上老君说五斗经(金)章》(《道藏》洞神部本书类,一卷《太上老君说五斗金章受生经》)、《太上道君说解怨拔罪妙经》。

⑦ 冥府十王序;一卷描述冥府情状;四卷讲述世俗伦理规范。

⑧ 科仪本,书中有大量符咒、具体描述法事流程,有关于星宿的图式。

⑨ 该本疑似名字有误,属民间经籍常见情况,从内容判断为《道藏》科仪本的杂合。

⑩ 2015年手抄本,为经书集合本:《太上老君说常清静经》《太上洞玄灵宝十方遵神拔罪救苦往生妙经》《元始灵书中篇》。收录的另一版本名为《玄门阴世开坛》,书中收入:《太上老君说常清静经》《太上洞玄灵宝升玄消灾护命妙经》《太上灵宝天尊说禳灾度厄真经》《玉皇心卯妙经》《元始灵书中篇》。

9.灵宝救苦科书①

10.解冤释劫科②

11.送圣圆满法事③

12.敬疏文法事④

13.丧事出白礼⑤

14.青玄救苦救亡七三会道坛(土伤)演仪科经⑥(上、中)

15.进文帝君关皇、四官表法事⑦

16.玉光三转开收科⑧

17.无名⑨

18.指路鬼秘旨本⑩

19.中元化衣⑪

---

① 2015年陈正权手抄本。内容为对冥府十殿的描述。结构上分上中下卷。书中提到东、南、西、北等各个方向的地狱,与地藏菩萨经描述有类似。

② 1962年手抄本。书中关于有有关于步虚、请神灵咒、奉请摩利支天大圣解冤释劫大天尊、星宿等信息。《道藏》中有不少解冤经,未见此本。

③ 乙卯年手抄本,文中提及大悲神咒,为经书在民间佛道混融之典型。

④ 庚申年云南大理洱源凤羽乡信士手抄本。文中融合了大量佛经内容。且后附有本主圣诰,为典型的道经与少数民族信仰相结合的代表。

⑤ 丧事的科仪本,其中主要环节有奏乐、请神、吊念礼、叩首行事。

⑥ 1993年手抄本。文中经名却为《太上洞玄灵宝救苦拔罪妙经》。内容上看属经书合集。涉及丧葬科仪:开经偈—各神咒—请神—奏乐—消罪—度亡—回向。

⑦ 铁甲村李富基手抄本。该书中附有单张上表,有"南无降祥云天尊"等佛号且有佛忏,是民间流传性的最好证明。

⑧ 民间道士常用科仪本,文中融合部分《高上玉皇本行集经》内容。

⑨ 昆明宜良民间道士所用经书,传为太上正乙盟威经箓。

⑩ 该本为文山壮族经籍,与汉族丧葬开路科内容有所不同。内容主要为生度亡灵指路妙法,文中涉及五方神及其作用的描述,包括制魔神咒、青叶神咒、十方引导天尊等。有大量道教符箓,融合周易命法。

⑪ 该书中含有《太上洞玄救苦拔罪妙经》《太上设救苦天尊灭罪宝忏》。民间经籍多见集合本,且经书内容有重复。该书中有中元摄诏科仪的描述,有"大圣常清常净天尊""茗茶普献天尊"等具有特色的神号。

20.救苦开启科①

21.享食杂咒口诵集奉②

22.开坛吉凶通用科③

23.脱孝□科④

24.救苦救亡封表密诣⑤

25.买山牒:滕遏桥法⑥

26.开路亡灵⑦(开路亡人)⑧

27.解三重丧道;选棺散花⑨

28.送孤魂施食⑩

29.号召灵幡⑪

30.早晚杂内⑫

---

① 1995年韦忠合手抄本。年该书结构完整,开经偈、请神(太乙救苦天尊、法身清静天尊、元始安镇天尊)、唱词(诸神名号)、步罡、送灵等。后附有内含《太上洞玄灵宝说请救苦拔罪妙经》《大圣光慈悲荐》《魂起升志心朝礼》《太上慈悲三元灭罪水忏法》《太上设慈悲灭罪宝忏》《太上慈悲朱陵度命宝忏》《丧场开启入俭科》《享食感礼用法》。内容驳杂,有大量符咒图表,出现佛教用语。

② 民国二十一年黄道荣誊抄《享食杂咒》。书中涉及四方、八卦、九宫、三官。

③ 该书收入于文山壮族民间道士。书中大量汉字音译壮语的文字记载,且有大量符箓表式。内容上看为择吉时之用书,有长生、沐浴、冠带等用词,疑为卦书。

④ 该书同上,应为壮族道士择吉用书。有批命择吉等描述,有大量符咒,具体引魂科仪的介绍。

⑤ 光绪三十二年罗氏誊抄本。该经书中有大量使用朱砂之处,出现大量符箓,书中提到请龙王之法,为文山壮族地区使用经书。

⑥ 文山富宁县林汪村抄本。记载文山道公收魂法、坎海法、五行图谱、五音唱法等相关20多种不同的法事。

⑦ 文山富宁林汪村黄罗手抄本。开路科,有详细描述:传马灵感法;灵符、剑图、方位、五行;遂亡命五行起;男女决罡;度见姻缘;度老人成寿等。书后有壮语汉字音译的记载。

⑧ 与上书同为开路科,不同于汉族经籍的是,壮族地区的开路科记载更为细碎:念袜子法、念鞋子法、穿道衣法、师公坐凳法、念上冠法、点灯头法等。封厚禁符;倒幡杆法;扬帆报答天地之恩(图示)(天地人三才之道的文化内核)。

⑨ 科仪本,大量符咒。状语汉字音译记载方式。书中大量口语化说唱词记载劝善故事。

⑩ 文山那旺村黄建堂手抄本。度送孤魂科仪:大事脱丧棺材出门念法、召拔亡魂地狱法、破狱。

⑪ 文山师公请魂科仪本。壮语音译文字。

⑫ 消灾科仪本。有追魂法、脱病法、祛瘟法等。

31.人死见笔①

32.蒙主爷降②

33.盘古天开③

34.天狗星④

35.吉时出丧安葬⑤

36.敕脱送⑥

37.启灵开路一科⑦

38.目录表⑧

39.奏大乐⑨

40.金子秘旨一科⑩

41.普度三代宗亲⑪

---

① 文山壮族地区民间丧葬仪式科仪本。

② 文山壮族地区师公用科仪本。内容中有开坛、护坛法、安坛法、安食念法等。各环节均有符咒图示,配五行、天干地支、八卦方位、命里术数等,内容驳杂。

③ 淋旺村黄道真手抄本。书中内容有涉及天地万物等宇宙生成模式的描写。主要科仪涉及安龙奠土科,内含《太上设安龙谢土法忏》一书。

④ 民间择吉用书。内容涉及婚丧嫁娶等多方面,如嫁娶的吉日选择,冲突原则,新婚祝词。该书中以天狗星作为用神,描写天狗星四季方向。书中很明显三教互融痕迹,有诸佛菩萨的描述,有天地君亲师的引入,也有地方性族谱内容。该书内容丰富,涉及民间生活方方面面,是民间经籍与民族文化生活密切相关的有力证明。

⑤ 黄建堂手抄本。书中涉及丧葬的吉时算法,有轮回托生的描述,度鸠坎海法。该书属于叙事风格经书,如有河伯的故事等。

⑥ 该书全文为汉字音译壮语的丧葬科仪本。

⑦ 光绪九年手抄本。内容为丧葬开路科仪。书中涉及三教神佛称号:肃清三业天尊;神水解晦天尊;大圣清水度魂天尊;演法度人天尊;香林说法天尊等。

⑧ 不同功能神的表格组合,由救苦、丰都、十王、土地弄、星主、三灾、官员、五龙、香火祖师表等百余个组成。

⑨ 该书为民间科仪本,主要涉及科仪中的道乐使用情况。书中描述具体科仪:奏乐、叩首、上香、贡品、丧用程牒、祭路章词、亡灵洗脸、请师神起油火退病等,附有大量符咒图。

⑩ 2007年手抄本。书中记叙有不同人物关系的不同超度方法,如子度父母、孙度祖母、姐夫度妹夫等。书中还涉及因病去世的不同科仪,如十二瘟病死法、度送瘟、朝亡破狱等。

⑪ 书中有"玉皇诏赦告下""大清国""太上玉皇敕下诏文"等用词,可见民间经籍中的社会政治因素。书中关于推落魂十二时死者用、推斗牛方、摇卦等记述,反映了壮族地区对于周易文化的吸收和应用。

42.沐浴科催召牒①

43.鱼长□竿书式②

44.催召牒③

45.四来塞鬼路掌④

46.请水崔召牒⑤

47.元皇报恩开收科⑥

48.灵宝大乘阳世开坛⑦

49.太上玄灵早晚开坛鸿科⑧

50.清微灵宝十王开路科⑨

51.东狱一转朝科⑩

五、劝善规范

1.北方真武妙经(道藏)⑪

---

① 收自文山壮族地区,从内容判断与汉族经籍类似。书中有帽牌流法、观音卦占病吉凶日共卷等。涉及占求财、占病人、占生死等。

② 文山壮族地区丧葬科仪本。书中前半部分有引路幡等大量符箓,后半部分为汉字音译壮语。

③ 文山壮族地区师公所用科仪本,说中有荡晦牒文;孤魂牒;扬帆牒;安厨牒;十面牒等多种牒文符箓。

④ 文山壮族地区师公所用科仪本,开路科。

⑤ 书中含有《请救太乙救苦天尊》。

⑥ 与《元皇十种报恩开收科》内容大致一样。一为建水地区收录,一为宜良地区收录,且同一人同一时间抄录,可见不同地区不同民族的经书具有一定共性。

⑦ 全名为《灵宝玄门阳世开坛科书》,与《玄门阳世开坛》(1997)内容一样,该书为2002年重抄,均建水李润天抄。开经赞扬三宝,各种神咒,后为《常清静说》《太上洞玄灵宝升玄消灾护命妙经》《太上灵宝天尊说禳灾度厄真经》《玉皇心妙经》,书末提到《道德经》部分内容。

⑧ 开坛科仪,适用于多种法事,其中有步虚、偈子、净口、安土地等神咒,有请颂大量佛号。

⑨ 常见丧葬仪式中开路科仪,内容涉及轮回果报论,有大量关于地狱、罪状的表述,有警示作用。

⑩ 有明显佛教痕迹,经书中出现"诸法如常"等常见佛教用语。

⑪ 见《道藏》元始天尊说北方真武妙经,洞真部本书类,一卷。真武说法,劝善规范行为。后附有奉礼神咒,志心皈命礼,报恩圣诰。后有5页内容为《道藏》中没有:志心皈命礼和收经偈。另一版本《元始天尊说北方镇天真武妙经》中有开经偈、太阳、太阴、五星星君咒,较《道藏》版增加早转献斋、斗母赞。

63

2.太上洞玄灵宝高上玉皇本行集经(礼请上中下)①

3.高上玉皇心印妙经②

4.五圣经(上卷、中卷、下卷)、五圣佛魔灵经请礼③

5.太上感应篇④

6.太上洞玄灵宝度人妙经⑤

7.皇经注解上中下⑥

8.诸圣合刊⑦

9.太上老君说常清静经⑧

---

① 道家经典,内容叙述元始天尊在玉皇宫殿内对诸神祇宣说灵宝清净真一,不二法门,阐述善恶凶吉,罪福因缘。上卷中,道藏中没有开经偈和唱诵。(民间具有唱诵实际操作性)卷后有四句话警示作用。 经中对色彩服饰场面的描述具有艺术层面的价值;对仙界人物仪仗场景的详细描述;香道;皇后、子嗣问题、胎梦、梦中得道君送子,后舍弃王位度化世人(似释迦牟尼)历经三年、数劫,而成仙,号清净,自觉王如来。本卷主要为玉帝与诸仙对话教导。卷二讲解读诵该经的作用,可以消除诸多灾祸。卷三,持经者得到玉皇大帝派诸方神仙护持。其中有划分如报恩神验品。卷二、卷三开篇比《道藏》版增加了"无上至尊三宝",为 2007年手抄版。

② 见《道藏》高上玉皇心印经,洞真部本书类,一卷。是道士每日功课必诵经典,是修道之径路,是"命功"修炼功法。

③ 本系列经卷将儒家的五圣,当作天上的神仙,因世间遭受劫运,为了众生,下界传道化劫。并且主讲儒家的思想(五圣)在治国、治民、为人、为政中如何运用。见《道藏》大慧静慈妙乐天尊说福德五圣经,正一部,一卷。《道藏》中未提"五圣"伏魔。甲子年洱源县玉河村李富基手抄,周善坛刻。除礼请、诏曰、神咒外,记叙有公孙杵、文天祥等历史故事;传播具有教育意义。且内容上,儒家痕迹明显。内容均为劝善理身治国之道理。

④ 见《道藏》太上感应篇,太清部,三十篇,李昌龄注郑清之赞。内容上主要强调人的行为受神监管,死后会受到清算,折算功过,以此警醒世人,劝善教化。

⑤ 见《道藏》太上洞玄灵宝无量度人上品妙经法,洞真部玉诀类,五卷,陈椿荣集注。道藏中收录的是注释版,该书为经文。开经玄蕴咒;天尊开示;度人圣号;四方各八天。有大量佛教混入的痕迹。

⑥ 见《续道藏》十卷,周玄真集注。书名同而内容迥异。民间版本中书内附有大量神仙画像(李真);清光绪戊子年清和社等人作序。后有西方佛祖序;至圣先师序;玉皇本行集经注解序文,文中出现康熙丙午年题于龙虎山字样。有浓重的儒家思想痕迹。

⑦ 集合中分别有:《太上老君说常清静经》《玉皇心印妙经》《摩诃般若波罗蜜多心经》《观音梦受经》《指玄篇一十六首吕纯阳祖师著》《率性阐微玄洲老人素阳子著西江月十六首》。

⑧ 是道教炼养术重要资料之一。经文不讲有为的修养方法,而是要人从心地下手,以"清静"法门去澄心遣欲,去参悟大道。经以发挥"清静"两字为主,简明地叙述了道家修心养性的基本原则。有版本名字为太上道祖清静经。见《道藏》太上老君说常清静妙经,洞神部本书类,一卷。该经多个手抄本中都有,很多合集中的一部分。

10.文昌帝君阴骘文①

11.关圣帝君觉世真经②

12.目连大孝普光经③

13.地藏王救母真经④

14.朱夫子玉皇心印妙经真解⑤

15.太上感应注解皇经卷六⑥

16.太上感应注解皇经(酉集⑦、忏冬集⑧、礼请⑨)

17.还元金丹⑩卷二

18.三教同源⑪

19.生化金丹⑫

20.修真景象⑬

21.灵宝参符科书⑭

---

① 民间版本较多,流传甚广,道教劝善书。内容上主要为拜佛念经,报答四恩。

② 内容上多为劝善、训诫。可以理解为经籍中对信徒的行为规范。

③ 佛教痕迹较重的一本民间经书,篇幅较短小。

④ 光绪己丑年抄本。该书收自昆明宜良民间道士,为在用民间经书。但从内容看为佛经,奉请八菩萨,内含《目连救母血河经忏》,后附有图。

⑤ 为民间经籍的典型,在经典经书之上加以解读。

⑥ 顺治刊印群臣,光绪戊子岁。该书为叙事性民间本。描述有汉昭烈帝演说、武侯夫子演说、水镜仙师演说等,涉及见赵四将军、马超将军等事迹。六经之褒贬,善恶彰显。借名人口演说伦理教化之理。

⑦ 卷十:复圣颜子演说压良为贱章,儒家道德教化。

⑧ 卷四:属于民间经籍科仪本。

⑨ 三教杂糅:玉帝天尊钦定奖赏条程;三界大师释迦牟尼;南无功德尊者跋。

⑩ 故事性记叙文,有西方佛祖序、钟离祖师序、文昌帝君序。

⑪ 书中有符咒表文、八卦干支,具体科仪操作。玉皇科开篇疑似少数民族音译汉字。卷九中除各种常见符咒外,出现观音救苦灵符,孔子家传催生灵符。

⑫ 为多卷本,其中卷二主忠信,内录有诗歌;卷三主礼仪;卷四主廉耻。

⑬ 三教仙佛图序,诸多序言;关圣帝君新降、三教圣人新降、瑶池金童领路诗、南天门都土地训……色、财、气等内容;

⑭ 2007年李天润手抄本。经前有唱诵"臣闻罪福、酒行亚献"等语言,可见民间经籍中的社会性因素。劝善教育言辞,强调尊圣敬畏,感谢父母恩。经书末尾有拜谢,上表意味。这种民间经籍在抄传过程中是一种人神沟通的表现。

22.朝元学谈经谱①

23.谈经礼请②

24.灵宝元皇十种报恩讲科③

25.清微灵宝报恩正朝科④

26.救苦急忏送圣三献科⑤

27.劝同人赶办内功白话启⑥

28.诸真⑦

29.诸圣合编⑧

30.无名⑨

31.醒迷要言⑩

32.孔子一转朝科全卷⑪

33.太平景象卷⑫

---

① 该书收集到两个版本,一本落款庚寅年录,刻有名章;另一个落款民国二十年抄录。书中有唱诵句读符号等标记,为洞经弹唱本,有经赞、开坛科仪等描述。

② 洞经谈经用书,书中有各种神咒及唱腔。

③ 民国癸未年李祥手抄本。典型民间劝善经籍,口语化记述,内容主要为报天地父母恩。

④ 又名"元皇十种报恩正朝科",上本为劝善经文,该本为科仪。该书中对于报恩科有具体的描述。三清、四御、九宸、诸佛、孔圣、关圣、天圣等名号同时出现,有宿命赞、下令、入讲科、雷祖经、消禳灾经、真武经、三官经等诸多内容。

⑤ 忏书,有民间劝善书的价值。

⑥ 此本经书包含三个小本,一本以白话的形式劝人学到(劝同人赶办白话启)有孔孟之言达摩事迹;一本是佛教经书,以白话的形式呈现,因果报应,投生(弥勒佛破人迷诀);另一本以文言的形式表述,内容琐碎,不成系统。

⑦ 内容为各路神仙真诰,发心发愿,功能文表。

⑧ 诸经书合集:《太上感应篇》《阴骘文》《关圣帝君觉世真经》《观音大士宝诰》《后续诸神宝诰》。

⑨ 未有书名,非科仪本,内容上看,为民间劝善书。

⑩ 民国丁卯年重印,道光三十年录写。内容上多为儒家礼法孝亲劝诫。

⑪ 民国二十年手抄本;孔子朝圣科,引有《大学》,用具体仪式践行儒家精神,儒道互融,民间经籍教育功能的体现。

⑫ 书中大量历史故事记载,如关圣帝君、文昌帝君、王天君、马天君、刘关张三人结义等,还有本主的描述,从功能上看,主要还是劝善警世。

34.了然集①(1-5)

35.宣化集表式②

36.新刻黄掌纶先生评定神仙鉴首集卷之一③

37.仙真衍派卷七第七节④

38.阴隲文图注卷上⑤

39.淑世金丹⑥

40.万法归一⑦

41.千秋宝鉴⑧(1、2、3)

42.韩仙宝传⑨(1、2)

43.露葵集⑩(中元下元岁月圣诞货表启祝卷二):明心子郭晾琮敬录。

44.复命舟⑪(卷三)

---

① 同治本。借关圣帝君实则讲述知识道德劝善。关帝诗曰后有文帝、吕帝等的评价。

② 书匣图式;文壳式样;贺表首节赞扬。其中有玉清无极大罗元始上帝无量度人万法天尊、上清上极禹余灵宝上帝无量度人大法天尊、大成至圣先师孔子无量洞空天帝与儒盛世天尊、西天教主释迦如来阿弥陀佛至尊慈悲度世天尊等三教神号。

③ 该书疑非经籍,是具有道教文化元素的民间经书。

④ 书中有大量历史典故与历史神仙人物简述。

⑤ 似以儒家伦理道德思想来解释阴隲文内容。

⑥ 同治五年刊印本。书中有关圣帝君降序、文昌帝君降序、孚佑帝君降序、观音菩萨降诗等。

⑦ 结构不完整,不知具体名称。从残本内容看有关于礼法的诸多说明。书中三教神灵共存,有龙王、王天君、马天君、地藏王、土主等。

⑧ 民间神话故事书,有教化作用,浓重道教色彩。

⑨ 吕祖降叙等神仙小说,书文中有浓重的佛道痕迹。

⑩ 文昌圣母、北极文衡府魁神、东极上宫救苦等各神仙表文。

⑪ 清代,欧阳永昌记。关圣帝君、观音菩萨、孚佑帝君、武侯祖、桂宫杨大仙等神仙传记。

第三章　云南民间经籍的传播情况分析

上文中，笔者就云南民间经籍的内容和分类做了基本的梳理，且基于本书的研究重点是建立在活态经书的基础上，所以经书的传播就成为我们接下来的研究重点。民间经籍的活态性也就是其传播性。故而本章从传播的角度入手，通过传播的主体、客体、场域来分析云南民间经籍的活态性。

第一节　传播学视角下的云南民间经籍

"传"字，《释名·释宫室》中说："传，传也，人所止息而去，后人复来，辗转相传无常主也。"① "播"，本指播种，《说文·手部》："播，种也。"② "传播"一词的合用，始见于《北史·突厥传》："传播天下，成使知闻。"③现代传播学认为，"传播"即"传授信息的行为"④。可见从定义上来看，传播本身的

---

① 〔汉〕刘熙：《释名》，中华书局，1985年，第237页。
② 〔汉〕许慎：《说文解字》，中华书局，1963年，第156页。
③ 〔唐〕李延寿：《北史》卷99，中华书局，1974年，第69页。
④ 张国良：《传播学原理》，复旦大学出版社，1995年，第8页。

重点就在于行为。这也恰恰是我们强调的活态。

民间经籍的传播看似是纸质的静态传播,但是其意义和价值是在于经书使用后的传播,也就是通过对经书的应用而进一步的传播。这就使得这种传播具有跨越时间和空间的可能性。道教教理、科仪一旦经过整理成为文字记载,就可以不受时间和空间的限制进行传播。经书的流传使得道家思想文化交流实现了共时传播和历时传播。在同一时间纬度中,经书的传播方便道教文化在不同的空间中传播。而在历史的时间纬度中,文字记载的经书可以通过世代之间进行传播。本书研究民间经籍的传播,恰是因为这种文献承载模式帮助道教文化的传播实现了在不同的时间、空间中的传播。

在本书研究过程中所搜集到的民间经籍大多为科仪本,其内容主要是道教的相关仪式。涂尔干认为,仪式是在神圣性的基础上得以存在的,仪式作为一种充满象征意义的规则性行为,具有诸多意义。仪式是连接个人和社会的工具。社会成员通过仪式强化了个体对群体的归属感,仪式起到了凝聚社会团结、强化集体力量的功能。因此强化个体对群体的认同感和归属感是民间经书传播的又一重要功能。仪式在传播的过程中是通过同一性行为来表征共同的信仰,且在这个过程中可以调和社会冲突,在同一的行为中弥合社会生活中的各种矛盾。民间经籍中所记载的多为婚丧嫁娶、安龙奠土等生活中常见仪式,此现象本身就说明了其可以在千百年来得以传播的根本原因。在跨时间和空间传播的过程中,其历史意蕴和文化价值以这种行为惯例的方式传承下来。这种行为模式承载的是一种集体的社会记忆和文化认同。人们在这种过程中加强了社会性,也是民间经籍本身起到的一种社会功能。实际上在仪式传播的过程中,是一个不断强化"神圣中心"的过程。涂尔干认为社会存在一个"神圣中心",社会事件、民俗仪式在一定程度上都在整合社会、维系中心。在民间经籍传播的过程中,仪式的意义、流程、仪轨被传播、践行,就是使传播者们不断的聚合向"神圣中心"的一个过程。而这个中心,笔者理解为是道家思想文化整合下的中华文明的基准,也就是本书所强调的文化之动力所在。

美国传播学家詹姆斯凯瑞认为,仪式是文化的最佳体现,人类的社会生活是在仪式的帮助下慢慢有序化的,所以仪式是人类社会生活发展历史中具有浓缩意义的符号表征。而传播是文化的根本属性,通过仪式可以更好地达到文化传播的本旨。传播主要看的要素是传播者、传播媒介、传播内容、传播受众。仪式强调的是在过程中表达的符号互动,传播和仪式本来都具有帮助社会有序化和稳定化的功能,故而从传播意义看,仪式传播具有更大的实际观察研究意义。传播的仪式观与宗教渊源颇深。从仪式的传播功能看,宗教仪式有着重要的社会作用。文化人类学认为仪式是一种习惯性、周期性的行为。传播是一种仪式,仪式也是一种传播,当仪式固化,就会对生活在这种社会中的个体起到潜移默化的作用。从某种意义上说,所有的文化,所有的传播,所有的仪式,本质上都是宗教。

民间经籍是一种传播的媒介,经书记载的仪式也是一种传播的载体,通过经书的传播继而将义理、仪轨传播地更广,其本旨是对于文化的传承。实际上,在笔者的田野考察中,这种经书的传播以及仪式的践行已经嵌入到了不同族群的日常生活中,最终传播的是背后的价值观,增加的是对同一文化内核的认同。经书的传播是一种微妙的符号互动过程,在这个过程中,真正传播的是文化元素。仪式在社会生活交往的过程中,是人际交往的一种渠道。民间经籍中记载的诸多仪式,可以看作是对日常生活的最高度的符号概括,将文化中的孝、礼等符号融入具体的仪式中,又通过规范化的行为抽象概括出一套具有象征意义的活动。象征和符号是仪式中必不可少的重要元素,在民间经籍传承的各种仪式中,如丧葬、嫁娶等,各个程序都充斥着丰富的符号,如在丧葬仪式中的纸扎、鼓乐、牌位等,都是一种文化符号的象征。仪式的传播最终目的是传播的一种横向和纵向的延伸,扩大受众及影响力。

在经书传播以及仪式传播的过程中,不可忽略的是主客体的变化多样性问题。在一场传播的个案中,原先的接受者因为共同参与了仪式,达到了认同,从而可能成为下一场传播的施行者。也就是说,主体和客体的角色并非一成不变的,是可以交叉发生的。且在传播的过程中,经书本身也发生了改变,由传播者吸收了当地文化元素,更加的多元化。纵观人类历史的发展史,精神层面的文化传播都是依托于外在的符号,赋予一定的行为组成仪式后而传承。例如在中国,在特殊的节庆有特殊的仪式、饮食,像中秋吃月饼、元宵吃汤圆都是赋予这文化意义的符号象征。食物本身并不重要,但是在特定的时空节点出现,则彰显了文化的力量。这种文化力量是文化的内核,是在长时间的人际交往中形成并不断固化的共同的记忆,形成的共同的信仰。正是基于此内核,社会关系才又进一步地稳定,社会继而相对稳定。所以仪式在传播的过程中,传播的是文化,起到了固定文化内核的作用。通过对同一仪式的参与,加深了对其文化的认同,同时也是一种基于文化认同之上的身份认同。

传播与文化的关系是一个双向的互动关系。一方面,传播的实质是一种文化信息的互动过程,是文化的传播。而在这个过程中,仪式、经书都是传播中的符号。另一方面,文化对传播有着很大程度的影响,不仅仅是表现在传播者、受播者上,还表现在传播的方式上。不同文化背景下的传播方式肯定是不同的。比如前文我们所说,在春节北方吃饺子,南方吃汤圆,这就说明传播是文化的传播,同时也收到文化的影响。总之,传播是文化的传播,文化需要靠传播才有意义。在这个传播的过程中,仪式的传播又是一个重要的传播方式。仪式是人类文化的一种积淀,是固化的、制度化的文化表征。仪式的传播作用更多地在于它的超越时空性。可以跨越时间、空间而进行广泛的传播。在一套具有象征意义的符号行为中,传播者与受播者达到了一种共享,继而将文化通过仪式传播下来。传播一方面是依靠族际的流通，一方面又促进了民族间的交融。

　　本书的主旨是研究经籍所承载的文化内核在传播过程中和民族文化元素相结合并不断发展，是以一种"丹田"模式不断外延的过程，最终以"文化动力"的形成体不断地在人类发展进程中存续。在这个核心观点下，去进行经籍的分类研究，更重要的是要看到这种分类不是单纯的图书内容的分类，而是一种服务于文化内核，呈现文化动力的结构性分类。这种分类更多地呈现出一种活态，即运动性，而非传统意义上的单纯书目分类。这个分类的过程中，笔者希望彰显的是一种实践性与时间性并存的分类效果。经籍的分类是在这种核心观点下的分类，是在文化内核下进行的时空人伦的划分，而不是简单的经忏科仪的划分。如本书进行的分类，科仪活动的特殊时间节点与月令相关。比如诺邓村的科仪活动，十一月份很多神仙圣诞，十一月是子月，一阳出生，所以道教活动是对原始月令的一种模拟。这是一种对宇宙天地的理解，是与道教核心文化密切相关的。

　　《洪范》《月令》所反映的是一种时空观，中国人的社会生活是建立在这样一种时间节点中的。道教的仪式也是对于这种时空的模拟。如道教中的太岁其实是对古代历法的一种模拟再现。经籍的传播依靠人——道教组织，经籍承载的是天地人的文化内核，这个核心是一种文化序列，是日月星辰德行的整体，是一种对于时空的把握。经籍的传播不同于具体的历史时间序列的传播，经籍的传播不是一个时间的线形传播，是一种结构传播，在具体的祭祀民俗活动中，民众参与到民俗活动中，从而践行了道家的核心文化观。经籍或者道教的传播是一种整体的结构传播，非时间线形，这种传播是一种整体的文化复制。当传播者认同这种文化模式后，就会复制这种模式，建立一个新的传播组织，沟通人神。道教的这种结构传播，是一种以丹田为中心向四周静脉辐射的过程。丹田可以理解为道教文化之内核，四肢静脉的辐射可以理解为民俗生活的方方面面。

符号可以起到提示表达的作用,并不一定能起到完全的准备输出的作用。所以需要强调指出的是,在这个表达的过程中,符号的成果表达也必须要建立在接受者对于文化内核理解和接受的基础上。

所以这种表达,是一种双向的互动。一方面,符号意义要通过内核的认同而实现,另一方面,在认同之后,符号又起到了增加表达效果的作用。两者不可分割。所以符号在表达中只能处于从属地位,符号存在的意义必须且只能服务于意义。且符号的表达作用在我们的一种习惯表达形成之后,可以独立于通用系统单独执行文化传播。比如,八卦图作为一个符号,在我们的文化传播过程中可以直接表达宗教意义。这就是文化内核意义之下的符号表达。一旦人们接受了符号背后的文化意义,那么这个符号就变成一个稳定意义的象征符号。比如在道观的建筑上出现的仙鹤、葫芦、如意等图案符号,其更多的是现实的一种道家文化内核下的吉祥意义。而随着这种符号与道家文化关系的绑定,这些符号即使出现在其他场所,也会使人联想到道教。这就是文化动力的意义所在。"斋醮科仪是道教的仪式化媒介形式。其特征表现出在场域化结构上:坛摆供、焚香、化符、念咒、上章、诵经、赞颂,辅助性媒介以灯烛、禹步、音乐等立体化构成。但是在仪式媒介的差异性演绎中,规约性各异:醮为祭祀法事,通过坛的场域构建,依据程序化逻辑,层次性地进行敞视演绎,坛场域不同媒介仪式富有差异性表达,其表达的复合型还在于历史之维中的元素聚集,在不同的历史朝代呈现不同的坛仪景观,不同的道家派别尊奉不同的醮坛仪范,形成文本斋仪传播实物达数百种。道教的媒介历史观亦是其文化得以实现的关键,道家媒介本身不是一种僵死的封闭的物质实体,而是一种具有'生命'特征的生机勃勃的开放系统。它通过自身的生命活力及其与社会大'生命'系统的信号和物质交流保持自己的生存、发展和相对的动态平衡,从而重建了人与自然、人与媒介、人与社会、媒介与社会之间的亲和关系。"①

　　文化不是锁定在人头脑中的固有之物,文化只有在公共的象征符号之中得以流转才具有意义和生命力。而这个象征符号,在本书中是仪式中我们抽象出的文化元素,如八卦、五行、经幡等。正是基于社会成员之间的相互交流和认可,这些带有民族文化印记的象征符号才具有活态的意义。从另一层面讲,符号是文化传播的元素,而将这些符号囊括在一个仪式当中进行传播,也就是仪式传播的文化功能所在。我们对于仪式的研究,是试图通过对表层象征符号的剖析而得以了解其备至的思维模式、文化内核。这种仪式对于文化的传播作用,其实是经历了一个分离又融合的过程。首先,仪式中将日常生活与神圣生活做出一个区分,日常生活中的物品,如鸡蛋、谷米、公鸡等,被作为神圣符号纳入仪式当中,而后在一个新创建的神圣场域中进行使用,最终包含了接受过分离过程的神圣物品的整个仪式,又以一个新的结构重新融入人们的日常生活中,也就是说,安龙奠土这个仪式成为人们的日常生活。这也是符号与仪式的一种关系。在一场社会生活的仪式中,人们暂时搁置矛盾,短暂地凝聚在一起,在这个仪式的一种剧场效应中,各自扮演应有的社会角色和功能。那么仪式的文化社会属性也就凸显出来:加强对于社会文化内核的认知和践行,弱化社会生活中的种种矛盾,甚至通过周期性的仪式举行可以达到建立新的社会秩序的结果。

　　言而总之,在传播视角下的民间经籍,已经不单单是一种文字形成的纸质经书,而是成为文化内核的一种载体,一种传播媒介,是一个有传播可能性和动力性的文化存在。

---

　　① 颜亮:《媒介生态环境视阈下的汉藏原生宗教传播史研究——以苯教和道教为例》,《西北民族大学学报(哲学社会科学版)》2017年第6期。

第二节　民间经籍传播方式

民间经籍的传播方式不是线性的,而是一个结构性的网络传播。在信仰共同体或者我们说文化共同体中,人们通过宗教组织、宗教场所组织起一个时空双重性的关系网。这种网络的存在,对于文化内核的传播起到了熵值裂变的作用。文化得以快速发展到各种社会阶层中。传播的主体过程中,不是精英化传播模式,不是政治模式化的垂直式传播,而是水平式的民众传播路线。在这个过程中,信众是参与者,是被传播者也是传播者。这是民间经籍传播的一个独特的方式。在这个过程中,经籍所承载的文化与其他文化纬度发生全方位的互融,之后双方各自丰富内涵后重新向不同的方向发展,成为更加全面健康的文化发展模式。整体而言,民间经籍的传播方式,大致可分为如下几种。

一、师徒传授

道家文化主要是通过语言媒介和非语言媒介来进行传播的。早期道学传播,基于当时的道教经典不多,主要依托于口头传播。通过信徒间、师徒间的口口相传而传播教义。而这种早期的口口相传模式,发展到后期,成为道教师徒间秘传的主要方式。尤其对于内炼口诀、道法道术、炼丹术中的火候要领。民间很多的经籍中对于丹法并没有系统的叙述,而是通过象征、隐喻等方式表达。故而掌握其秘诀,必须依托于师傅的口传心授,且不立文字。恰如魏伯阳《周易参同契》中描述的:"三五与一,天地至精;可以口诀,难以书传。"[1] 这种口传心授,还有一定的仪轨规范,《太上黄庭内景玉经》有言:"授者曰师受者盟,云锦凤罗金纽缠,以代割发肌

---

[1]《周易参同契》,《道藏》第20册,文物出版社、上海书店、天津古籍出版社,1988年。

肤全,携手登山歃液丹,金书玉景乃可宣。"①在传授过程中要求有明确的师徒关系,对天盟誓,且要有云锦等信物。从这种仪式的要求中可见,这种传播方式,本质上约定了传者与受者之间必须缔结一种牢固的关系,这种关系是良好传播的基本保证。与口头传播对应的,书面文字传播方式,即通过经典传播教义、教规。民间道学大致分为上天神授、教主口述、道士所作等种类。

师徒传授的方式,在道教的民间传播过程中,有一种有趣的变异现象,即大部分师徒同时也是父子或爷孙关系。在田野调查过程中,笔者访谈了昆明宜良地区的一位家传正一派道长韩理忠。访谈中,韩道长提到,21世纪以前,宜良正一道传承多属于家族内部的代际传承,父传子、子传孙,部分传予家族之外的人员。如外传,传授者则要细心挑选徒弟,既要有先天的优秀资质,更要踏实朴素。还有少数人是拜师学艺。这些人多是半路出道,且抱有急功近利心态,或学到一点皮毛,或学到一些仪式,很少有人能够学到其真正内涵。因正统正一道已经演变为民间道教,所以其授箓传度的体制就是传统的四师保举体制。现如今,正一道以及诸多打着正一道招牌的道士都有授箓文书。

改革开放后,随着我国九年义务教育制度的落实,部分家族式正一道子女开始走进学校。经过学校教育之后,他们多不愿意再跟随父辈学习道教。同时,老辈道士都知道自己文化水平较低,也就都希望在新时代里子女能够成为有文化的人,所以基本都努力让子女入学读书,而非教授他们道教经义。笔者的调查对象韩理忠道士,就是这样一个父辈。他希望子女好好读书,至少可以读到大学毕业,如此就能读懂经书的内在意义,方可接自己的班。但是他对孩子接班的态度比较开明,尊重个人选择。倘若是后继无人,他就会把毕生所学著书留后,交给有缘人。在多种因素

_____

① 《太上黄庭内景玉经》,《道藏》第5册,文物出版社、上海书店、天津古籍出版社,1988年。

的共同作用下，正一道传统的传承体制已经遭到破坏，而新的传承体制又没有形成。正如韩理忠道士所述："现在的年轻人比较急功近利，什么事都是觉得三两年就学会了，他们跟随我学习只不过是为了以后拿这门手艺出去赚钱，而没有理解真正为别人念经修道是为了什么。"韩道士现在四十出头，几乎有几百个弟子跟随其学习过，只有一两个是佼佼者，但是因为这些弟子都"不知禁忌"，因此韩道士都只是教会他们诵经拜忏，一些真正的玄门法事或者说修道养生的科仪都没有传授一人，怕这些人"受业"，最终会贻害他人。

本书研究的主体对象是云南民间经籍，以具体的案例来看，比如瑶族民间经籍的传播主要靠度戒后的师徒传授，弟子会跟随师父多年，学习各种道教礼仪、文书。弟子必须手抄师父的各类经书，如祈福咒语、青词黄表等。在跟随师父的过程中，学习主持仪式的正确方法。因为诸多道教科仪中需要的道士数量较多，需要徒弟协助，每个人因为道教身份的等级不同，在仪式中担负的作用也不尽相同。法事需要掌握的道术、经籍全部由师父逐步传授给徒弟，且这种传授是相对私密的，师徒与其他师徒间不会相互分享资料，不会进行文本的矫正。这也是为何在我们收集经籍的过程中发现不同版本的变异，大多由于误抄。这种师徒间传帮带的特殊关系决定了民间经籍的特色属性，民间经籍不可能通过印刷等方式流传，还是必然通过徒弟手抄而承袭。瑶族道教与汉族道教存在着一定的差别。究其原因，与经书传播过程中的误差以及文化的差异有关。如瑶族经籍将汉族经籍中的"间山"替换为"梅山"，认为自己的全部教义来自"梅山"。这种文化差异导致的教义上的差异在经书中体现了出来。从目的论讲，瑶族的道教仪式是出于洁身化罪，仪式执行人在这个过程中起到沟通人神媒介的作用，是帮助亡魂通向救赎的唯一途径，这点与汉族道教有所不同。瑶族道教希望所有的男子均被委以神职，换句话说，瑶族道教没有专职的神职人员，而汉族的道学践行者们中道士是一群人中的佼佼者胜任。两者的不同，还表现在不同的神仙信仰体系中。瑶族道教的神灵系统，除原有诸神外，还信仰本民族神祇，如山神、树神、谷娘等。瑶族祭祀中，三元占重要地位。瑶族道教使用的经文，除汉族传统经文外，还有结合民族情况而编写的具有民族特色的民间经籍，如《盘王歌》，经文使用汉字抄写，但发音似粤语。由此也可观之，瑶族的道学与广州地区闾山派有一定关系，亦可见民间经籍传播文化认同这一功能。

二、战争因素

霍布斯鲍姆认为人类靠战争理解世界。有了人类就有了战争，战争是古代社会最常见的一种人际交往形式。战争在人类历史的发展过程中，客观上起到了促进文化融合、加速文明扩散的作用。马克思在分析战争与历史的关系时指出，战争被看作是历史的动力，是新的社会结构建立的一种外力打破方式。蒂利认为战争创造了国家，换句话说，战争也重塑了族群。战争是历史上大规模人口流动并加速文化传播的重要方式。另一方面，战争从客观上加速了民族认同、国家认同，对于形成文化共同体有着客观意义上的积极作用。很多民族的神话式祖先都是战争中的英雄。而战争在一定程度上往往与宗教相伴而生。宗教在战乱时期往往处于萌芽和上升状态。战乱帮助宗教快速扩张，并且在战争的人口流动中加速了传播。如道教中的很多神灵，关公等，都是战争中的英雄人物。这种共同交织的结构，在一定程度上说明了战争与宗教的传播关系。

战争的传播功能与移民有一定的一致性。战争通常是大规模人口迁徙的一大诱因。而从另一层面讲，战争导致大量伤亡，在一定程度上为民间经籍的传播创造了一定的场域。如从个体上讲，发生死伤的家庭需要请道士做法事度亡；从整体上看，官方需要做法事祈福消灾。纵观道教发展史，其传播方式不仅仅依赖于语言，还有大规模的社会运动，如农民起义。历史上第一次成功的案例当属黄巾起义。张角在起义中以《太平经》

作为理论纲领,从传播学角度看,这是一次成功将口头传播与文字传播相结合的案例。笔者在第一章的传播背景中已经描述过数次因战争导致的大规模人口迁徙而造成的文化交融,这其中就包括了战争影响下的经书传播。

三、人口迁徙

历史上大规模人口迁徙的发生,大部分是由上文提到的战争所导致的。在大规模的战争之后,一部分是官方的全局管理,由于战争导致的部分地区人口锐减而移民,一部分是民众出于自己安全等原因考量,自主选择移民。同时还包括在自然灾害情况下的自主迁徙。以云南临沧地区为例,临沧南伞镇与缅甸接壤,清末或因移民,道士入缅甸,后形成果敢族群,尊普国恩为祖师。果敢族在身份认同问题上更加归属于汉族,依然信奉道教,且沿用了大部分道教法事。在这个过程中,民间经籍也由云南传播到了缅甸。在笔者的田野调查中,访谈对象告知,家传经籍数百册。两地边民出于生活需要,历来有所往来。这种交往在一定程度上起到了文化传播的作用。

当然,移民还包括历史上国内大范围的人口流动。如出于屯田等需要,官方要求的人口的大范围调动。如历史上的汉人入滇,就是道家思想文化在云南传播的一个重要的加速器。明洪武十四年(1381),明太祖朱元璋征讨云南后为促进云南发展,加强统治,采取了一系列屯田改制措施,并从南京征召了三批人员迁往云南。这一举措促进了汉族与少数民族之间的文化交流,在迁居的过程中,当然民间经籍也作为传播的一个载体得到了广泛的传播。

在道教传播的过程中,另一种传播方式是因为战争、灾异而导致的大规模人口迁徙而导致的传播。人口迁徙,除改变人口地理分布格局外,更重要的是改变迁入地区的经济、政治、文化等方面。文化层面的改变,包括该地区的宗教信仰。基于宗教信仰的稳定性,在人口迁徙过程中其必然会被迁徙主体族群保留并随之传入另一地区。故而人口迁徙成为道家思想文化传播的另一主要方式。

四、政治因素

和平时期,出于政治原因加速传播,如大理南诏时期,出于对中原政权的敬畏,大理皇族学习道经,是从政治层面传播的最好例证。《魏书·释老志》称:"张陵受道于鹤鸣,化金销玉,行符敕水,奇方妙术,万等千条。上云羽化飞天,次称消灾灭祸。""百姓翕然奉事之以为师,弟子户至数万。"[1]《三国志·魏书·张鲁传》注引《典略》云:"太平道者,以符水饮之,得病或日浅而愈者,则云此人信道;其或不愈,则为不信道。"结果是"符水咒说以疗病,病者颇愈,百姓信向之"[2]。从经籍中的记载可见,通过道术治病,满足了民众的基本要求,使得经籍成为一种实用性作品而得以传播并留存下来。

道家文化源远流长,教派众多,自道教创教以来,一直受到官方的扶持,西汉推崇黄老,魏晋时因为道教的长生炼丹而备受统治者尊崇,唐朝更奉道教为国教,直至宋元明,道教都繁荣发展且得到当局者支持。明后期,道教出现世俗化和民间化趋势,随着清政府对道教的抑制和打压,道教的发展开始转向民间。加之近现代的诸多原因,道教的发展在很长一段时间以民间传播为主,产生了一大批民间游走的道士。而这些道士在民间的行为,在一定程度上促成了民间经籍的进一步传播使用。

经籍的传播依赖于道教的大规模发展。道教的教团组织在各地区扩大道教的影响力,在这个过程中,经籍得以广泛传播。书商的贩卖,文物

---

① 〔东晋〕葛洪:《神仙传》,丛书集成初编本,上海商务印书馆影印,1937年。
② 〔南朝·宋〕范晔:《后汉书·张道陵》,中华书局,1962年。

的收藏等,也是民间经籍传播发展的一个重要途径。当然这种传播途径是一种传播的副产品,并非传播者有意而为之的主体行为。

道学在少数民族地区的传播必然需要依附于当地的特有文化元素。如道教在黎族的传播中,借助黎族万物有灵的自然崇拜、祖先崇拜与道家核心思想的共通性而传播。道士进入黎族后,将祭祀、驱邪的方法传播到黎族地区,将道教独有的祭祀器具带入黎族生活中,这种基于共同文化元素,依托于具体物质而传播的形式,是道教传播的另一重要的传播方式。当然在传播过程中,文化元素的互动都是双向的,道学传播到少数民族地区影响少数民族文化的同时,也被少数民族文化影响,出现了不同程度、不同类型的少数民族道学形态。

第三节　云南民间经籍的周边地缘外播

东南亚各地常见的原始信仰中普遍存在巫术、咒符等宗教元素,究其本旨,这些鬼巫信仰均与道学中的巫术信仰来源相似。如符箓派五斗米道最先传入越南,该派系崇拜鬼神,擅长画符念咒,驱鬼降妖,祈福禳灾。而五斗米道在当地的快速传播恰是由于其最能与当地原始信仰与习俗相适应。据葛洪《神仙传》等古籍记载,多有汉人因避战乱而迁居交趾(越南北部),并传播"神仙辟谷长生之术"。至隋唐时期,道家文化传入真腊(柬埔寨)。《隋书·真腊记》记载:"其丧葬……僧尼、道士、亲故皆来聚会。"可见,历史上道学传入东南亚地区由来已久。而其传播的途径之一就是从云南进入缅甸、越南等地。本节将以与云南接壤的越南、缅甸为例,揭示民间经籍在道学传播过程中如何与地缘民族文化发生关联。

一、越南

越南在秦汉、唐朝时期曾是中国的一部分,之后虽从中国分离作为独立政权,但仍长期作为藩属国。因此在信仰以及文化方面,越南和中国始终有长期的联系。值得一提的是,越南许多民间信仰仍然保持着汉文化的原初风貌,一些在当今中国社会发展过程中业已消失的古老中国传统文化,反而在越南民间较好地保留了下来。如越南民族的源头"百越"等族在中国民族融合的大潮中从历史中隐去,越南却鲜明地留下了他们的痕迹。本小节对经籍向越南的传播梳理,从历史到现在,旨在说明经籍的传播只是道家文化内核乃至中华文明内核的传播,书的"魂"在于其内在动力,而非外在形式。

(一)从历史上看道教在越南传播的诸多可能性

越南作为和中国山水相连的邻邦,在地理和历史上与中国有着千丝万缕的联系,这为道教的传播和在越南的发展提供了独特的条件。越南主体民族是越族,相关研究表明越族的先人乃是中国古越族南散、远徙的支属,即先秦由中国迁徙到越南中北部红河三角洲地区的瓯雒越人。古越国约于公元前10世纪至公元前9世纪立国,至越王勾践灭吴称霸江东,后越王无疆时"楚威王兴兵伐之,大败越","而越以此散,诸族子争立,或为王,或为君,滨于江南海上,服朝于楚"。①越人失国后,通过长期的迁徙形成了史书所言的"百越"。广西南部、越南北部一带的西瓯和雒越部落联盟成为越南民族的直接祖先。瓯雒越部与当时活跃于岭南广袤地区的"百越",土壤相接,族脉相连,习俗相近,文化相通。北属之初,秦汉都曾在越地大量地驻兵屯守和移民谪戍,从而大大促进了越南与中原在文化和血统上的联系与交融。越南民族肇始的"龙子仙孙"传说,亦富含有道教神仙信仰和符箓方术的内涵。总之,密切的血统交融、共源的巴蜀文化和契合的仙道传说等,都为越南接受道家思想文化提供了难得的历史

---

① 〔汉〕司马迁:《史记》,中华书局,2014年,第1680—1681页。

文化机缘。

历史上曾经出现"瓯、雒相攻"的现象,后由蜀亡国贵族子泮入越统一,兼并文郎国,建立瓯雒国,号安阳王。由此也可窥见蜀越之间的密切关联。就地缘关系来看,蜀与百越之间自古相连,同属长江流域,交流频繁。由于特殊的地缘优势成就了先进的巴蜀文化,有较高的物质文明和精神文明,在文明向外由高到低的扩散中,越南地区自然成为蜀文化的流入地。而支配中国西南的巴蜀信仰文化又是中国道学的主要来源和基础,这对越南吸收道家思想文化有着重要的意义。

道教是中华文明造就的唯一本土宗教,是最能体现中华文明的特点、最能满足广大民众信仰文化需求的中国传统信仰。东汉末年,张陵入蜀创立天师道。《后汉书·刘焉传》提到,张陵"顺帝时客于蜀,学道鹤鸣山中,造作符书,以惑百姓。受其道者辄出米五斗,故谓之'米贼'。陵传子衡,衡传于鲁,鲁自号'师君'。其来学者,初名"鬼卒",后号'祭酒'。祭酒各领部众,众多者名曰'理头'。皆校以诚信,不听欺妄。有病,但令首过而已"①。对于道教,蒙文通认为"五斗米道"是西南巴蜀本有信仰,王承文指出天师道的早期发展与古代西南少数民族的关系密切,原为西南少数民族之宗教。也就是说,早期道教就是汉文化吸收融汇西南巴蜀地区少数民族信仰文化形成的全新的中国宗教。由地缘和道教产生的情况来看,越南具有接受道家思想文化的先天优势。

就越南本土来讲,其独特的地理环境和丰富的传统信仰也和道学颇具机缘。越南多山地高原又广临滨海,国土两头宽大,中间狭长,山海资源丰富,自古以来就是求仙访道的好去处。"山无大小,皆有神灵,山大则神大,山小即神小也。""凡小山皆无正神为主,多是木石之精,千岁老物……是以古之道士,合作神药,必入名山,不止凡山之中,正为此

---

① 〔南朝·宋〕范晔:《后汉书》,中华书局,1965年,第2435页。

也。"①《史记·秦始皇本纪》记载："海中有三神山,名曰蓬莱、方丈、瀛洲,仙人居之。"丰富的山海资源不仅使越南天然地具有仙道信仰的优越环境,丹砂草药更是不胜枚举,吸引众多有识之士到此求仙访道。越南丹砂自古闻名天下,作为炼丹圣品的黄金在此更有"南金"的美称。据考察,越地还有龙膏、玉、珍珠、玳瑁、风生兽、桂等与道教服食炼养有关的多种灵丹妙药。《太清金液神丹经》卷下记载了葛洪目睹越地富含仙丹灵药:"朱砂、硫黄、曾青、石精之所出,诸导仙服食之药、长生所保之石,实无求不有,不能复缕其别名也。称丹砂如东偶之瓦石,履流丹若甄陶之灰壤,触地比目,不可称量。"也难怪他"咸和初,司徒王导召补州主簿,转司徒掾,迁咨议参军。"干宝又荐为散骑常侍,领大著作,"洪皆固辞不就……及闻交趾出丹,求为句漏令……遂将子侄俱行"。越南此种环境与道学产生和发展的另一区域,中国环渤海地区也有着非常相似之处。

另外,越族自古信尚鬼神。越南先民继承了古越族崇信鬼神的遗风。越南人勇之向汉武帝讲述了越南人信奉鬼神长寿的风俗,并把越人建立在鬼神信仰基础上的鸡卜习俗传向中原。《史记·封禅书》提道:"越人勇之乃言:'越人俗信鬼,而其祠皆见鬼,数有效。昔东瓯王敬鬼,寿至百六十岁。后世怠慢,故衰耗。'乃令越巫立越祝祠,安台无坛,亦祠天神上帝百鬼,而以鸡卜。上信之,越祠鸡卜始用。"②也就是说越南的鬼神信仰传统,和道学系统中的鬼神信仰符水咒术等契合,这为道家思想文化传入越南提供了天然的信仰基础。

再者,古代越南作为典型的农业社会,女性崇拜具有举足轻重的地位。越南女神崇拜最初表现为原始自然崇拜,随后又发展演变为人神崇拜。越南所信奉的四大女神分别是瓯姬、媚娘、蛮娘和柳杏。道学文化体

---

① 王明:《抱朴子内篇校释(增订本)》,中华书局,1985年,第299页。
② 〔汉〕司马迁:《史记》,中华书局,2014年,第2112页。

系中被后世尊为太上老君的老子,作为陈国人受月亮崇拜的影响,月亮崇拜所代表的女性崇拜成为其思想的核心内容之一。其《道德经》中"道"生万物的思想是典型的女性崇拜的体现。《老子》第二十五章说:"有物混成,先天地生。寂兮寥兮,独立而不改,周行而不殆,可以为天地母。吾不知其名,强字之曰道,强为之名曰大。"第六章:"谷神不死,是谓玄牝。玄牝之门,是谓天地根。绵绵若存,用之不勤。"有学者指出老子的哲学就是一种女性的哲学。张道陵在《五斗米经》中将主水属阴的北斗星奉为众星之母,与《老子》中尚水贵柔、尊母重牝的思想完全一致。

由此可见,无论从民族构成、地缘优势、信仰构成还是经济基础上来看,中国道家思想文化和越南有着诸多的默契相通之处,为后世道学顺利传播越南以及越人对道家思想的主动接纳,都打下了良好的基础,提供了诸多的便利。

(二)道教在越南的传播途径与发展历史梳理

"丝绸之路"通常指由西汉张骞出使西域而开辟的从西安经新疆至西亚的陆上通道。此外还有一条著名的"海上丝绸之路",是一条古老的海上航线,从东南沿海出发经太平洋、印度洋、波斯湾至欧洲。近期有学者提出"山地丝绸之路",指从西南地区(云南、广西)经安南至东南亚再经海路至欧洲。这是一条中外文化、经济交流的古老山路。在这种交通提供的可能性基础上,文化也在物品传播的过程中被传播。随着这条通道的开拓,在这个过程中,东南亚一带逐步形成了汉字文化圈。汉字在越南地区的推广经历了漫长的历史。越南河内的孔庙和国子监就是汉字历史传播痕迹的证明。越南被法国殖民时期,曾试图用拉丁文代替汉字,收效甚微。1945年之前,汉字一直是越南政府和民间使用的文字。越南大部分古籍文献均为汉字撰写和印刷。汉字的广泛使用也是民间经籍传播至越南地区并得以广泛应用的重要条件之一。宗教信仰在这个过程中也随着物品的传输而传播。从传播的途径上看,道教以及经籍向东南亚方向的传播主要是通过这一路径,丝绸之路也可谓是一条信仰传播之路。而越南是东南亚国家中道家文化输出的第一国。从历史文献记载来看,云南到越南的路径大致分为东、西两条,西线是昆明—安宁—晋宁—元江—建水—红河;东线是昆明—弥勒—蒙自—河口—红河,从红河进入越南老街—安沛—越池—河内。

从历史发展过程看,道家文化向越南的输出也是一个悠久的过程。公元前214年,秦始皇平服百越,将处于瓯雒原始部落联盟的越南纳入中国版图,及至东汉,道教随着大一统便利的历史环境不断向越南传播。道教南传越南的确考史料始于东汉时期。据越南史书《大越史记全书》:"及汉帝遣张津为刺史,津守任在汉建安六年。津好鬼神事,常著绛帕头巾,鼓琴烧香,读经籍,云可以助化。"①"张津在交州,好鬼神事……用以愚惑群众,其行径颇与黄巾及张鲁近似。"②除官方对道学的推崇外,东汉末年黄巾起义以及五斗米道的失败也使交州地区成为信徒避难的好去处。

进入六朝时期,士燮(137—226)及其家族在几代人的经营下对交州进行了有效的控制。士燮体器宽厚,谦虚下士,吸引众多名人雅士南下避难。士燮交游中不乏道士,有力推动了道学在交州的传播发展。黄信阳在《越南道教》中提道:"张津之后任交趾太守的士燮,治理交趾达四十余年,他曾广招天下名士,许多中原人士前去投奔,其中不乏道家术士。他们传道说教,使道教传播进一步扩大。"被陶弘景列入道教信徒世系之中的许靖曾游历交趾,受到士燮的厚待。后来镇守交州的陶氏乃南朝著名道士陶弘景的先祖,亦为六朝时期声名显赫的奉道世家。

东晋末年,交州刺史杜慧度也崇尚老庄,《宋书·杜慧度传》曰:"杜慧

---

① 陈荆和编校:《大越史记全书》,日本东京大学东洋文化研究所,1984年,第132页。
② 吕士朋:《北属时期的越南》,华世出版社,1977年,第54页。

度布衣蔬食,俭约质素,能弹琴,颇好《庄》《老》。禁断淫祀,崇修学校。岁荒民饥,则以私禄赈给。为政纤密,有如治家,由是威惠沾洽,奸恶不起,乃至城门不夜闭,道不拾遗。"此外,高道虞翻、葛洪等都入越访道,寻仙问药,具有道学色彩的孙泰、孙恩、卢循、李脱等民间起义的失败及流入越南,也加深了越南与汉地的道家思想文化交流。

进入隋唐时期,越南隶属于安南都护府。越南道学也随着中原王朝对道学的推崇及其自身的发展完善而逐渐进入鼎盛的态势。越南考古工作者在清化省发现了越南最早的石碑,记载有隋朝大业年间九真太守黎谷崇道事迹。隋末,黎谷割据九真,在铜铺附近的长春村修建道场、崇道修教。黎谷的事迹后来被传颂为神迹,他被当地人视为福神加以祭祀。

唐朝立国之后,对道教进行了大肆扶持,越南道教也因此得到进一步发展。入越道教广修道观,普度道士。唐穆宗(820—824)时,安南都护李元嘉因逆水现象所呈现的不详风水而奏移府治,说明道教的风水、符箓等方术已经开始深入越南地区社会。咸通七年(866),擅长方术的高骈任静海节度使,镇守安南。高骈因风水地理而大肆修筑大罗城,正是对李元嘉依照道教风水所修建小城的扩建和改造,而且通过道教雷法疏通水道,开凿海港,用道教符咒压胜安南王气。孙亦平教授指出,高骈领治安南期间,"号神仙之术,重用道士吕用之、张守一等。……高骈曾日夕斋醮,拜神弄鬼,炼金烧丹,费用以巨万计,实践道教法术……促进了符箓道教在越南的传播"[1]。于是道家思想在鼎盛中逐渐与越南本土信仰融合,成为越南化道教。王彦指出:"道教中的某些信仰,特别是符箓派道教中,由古代巫术演化而来的鬼神崇拜、画符念咒、驱鬼降妖、祈福禳灾等,与当地人的原始信仰有相似之处,故能一拍即合。"[2]

---

① 孙亦平:《论道教在越南的传播方式》,载郑筱筠主编:《东南亚宗教与社会发展研究》,中国社会科学出版社,2013年,第187页。

② 王彦:《越南历史上的道教初探》,载《北大亚太研究》,北京大学出版社,1993年,第229页。

进入五代十国时期,安南也进入动荡时期。从905年安南静海节度使独孤损被贬流芳交州,到地方豪强各自割据的"十二使君之乱",安南一直处于混乱与分裂之中。直到968年,丁部领平定各地,建国"大瞿越",越南结束北属时期进入相对自主的发展时期。道教也进入自主传播、自我发展的历史新阶段,即越南道教时期。

由于越南与中国文化及地域的共通之处,越南的道教与中国道教兴衰和发展有着许多相似之处。丁朝(968—980)短暂,丁黎朝(980—1009)越南进入自主时期,立国之初国家百废待兴、人才匮乏,具有较高文化素养的宗教人士受到统治阶级的青睐,佛道教成为重要的治国理政和稳定社会的力量,越南道教因此被纳入国家规范管理体系当中,成为社会和文化主流。丁先皇太平二年(971),"初定文武僧道阶品。……僧统吴真流赐号匡越大师,张麻尼为僧录,道士邓玄光授真威仪"①。黎朝开国者黎桓建国后,承袭前朝籍教辅治的政策,曾向法顺禅师咨询国运及治国之道,法顺便以道家、道教的"太平理想""无为而治""息战休兵"等义理,予以告诫。黎桓本人也崇信仙道,曾经大兴宫室,建造百宝千岁殿于大云山,左边的宫殿就是模仿神仙生活的"蓬莱殿";史料还记载他曾欲召见华山道士陈抟。

李朝(1010—1225)是越南独立后国家开始强盛的时期,道教也不断发展兴盛。李公蕴就曾因僧道佑助而立国,李太祖通晓道教风水,认为前朝国祚不长正是因其都城风水欠佳,通过借鉴商周迁都的历史经验,下诏迁都大罗成(今河内),说明道教风水对李朝的影响之深。其后除了厚待僧道,广修道观,李朝还将道学内容列为明经取士的重要内容。越南道教由此获得与儒家一样参与政府管理和正常文化活动的平等权利和机会。陈朝(1225—1400)皇帝对道教非常崇敬,出现将道袍作为黄袍的现象,甚

① 陈荆和编校:《大越史记全书》,日本东京大学东洋文化研究所,1984年,第181页。

至还出现帝王出家为道士的情况,越南道教至此发展至巅峰。陈太宗不仅延续了李朝"试三教"的科举制度,而且利用道教为皇家设醮祈嗣。陈艺宗(1321—1395)时,明太祖多次派道士阎原复来越南祭祀伞山泸水之神。王卡指出:"伞圆山是越南北部著名的圣山,白鹤江亦称泸江(即今红河),是养育北越的大江,也是越南历朝抗御北来之敌,保卫首都的主要防线。因此伞山泸水是越人祭祀山川的主要场所,越南道教也在此投简沉璧,祭祀伞山泸水之神。"①陈顺宗(1378—1399)时,随着大一统国家的稳定与强盛,儒士阶层发展壮大。越南开始了对佛道的严格限制,开始裁汰僧道,勒令年未及五十以上者还俗。越南道教在此之后逐渐呈现式微衰退之势。胡朝(1400—1407)对道教术士的活动进行了区分和限制,对治病救人的方士予以肯定,对旁门左道害人犯法的方术进行了严厉的惩治。属明之后,黎朝(1428—1789)对道教一方面使用,一方面控制和打击,"虽然后黎朝连国王诏书也往往引用经籍"②,但尊儒抑道始终是主流。黎纯宗龙德二年(1733),"禁天下营造寺观佛像",越南道教更加衰落。越南历史上最后一个封建王朝阮朝(1802—1945)同样是皇家崇信道教而依旧践行崇儒抑道的国策,加上西方殖民文化的入侵,道学不断被主流社会抛弃而融入民间。

(三)民间经籍传播下的越南道教信仰特点

越南地区流传的民间经籍较多,大致上按照本课题分类标准,目前可见的有如下几种:一是常见民间经籍,《太上老君清净经》《妙武真经》《玉皇本行经》《高上玉皇普度尊经》《黄庭真经》《玉枢宝经》《玉皇经》《龙王经》。二是具有伦理教化用途的劝善书,《太上感应篇》《文昌帝君阴骘文》《地母经》《大报父母恩重经》《太上老君说法父母恩重经》《关帝明圣经》

① 王卡:《越南访道研究报告》,载《道教经史论丛》,巴蜀书社,2007年,第446页。
② 陈益源:《越南女神柳杏公主汉喃文献考察》,中华文史论丛第2辑,2007年,第220页。

《关圣帝君觉世真言》。三是特殊用途的科仪经书,《消灾延寿命经》《南北斗经》《南斗延寿度人妙经》《太上玄灵北斗本命延生真经》是关于消灾延寿的经书;《水陆全集》《水陆科略解》《蒙山宝台谢过水陆诸科》《八关斋法》《慈悲道场血盆法忏》等是关于度亡法事的经书。①从这些经书内容来看,越南地区的民间经籍传播以及其带动的文化传播具有不同于汉地的特点。

越南民间的信仰常常佛、道、儒三教不分。"佛道儒三教合流是所谓的'殊途同归'……达到真、善、美的统一。很多年来,在越南人的信仰中,在寺庙皆有三道祖师:释迦牟尼在中间,老子在左边,孔子在右边。这是越南三道精神'三为一'实质的体现。"②法国学者古莱在其《印度支那安南的祭祀与宗教》一书中指出:"当你问一个越南人是否是佛教徒,他很少会不知道该马上回答说:'是,我是佛教徒,……而如果你问一个越南人是否是道教徒,那么他往往不明白;但是,如果你换一种方式,问他是否知道玉皇、南曹星、北斗星、十二天将,那他会急忙回答:'当然知道!'越南人信奉道教而不知道那就是道教。"③可以说,越南道教以一种润物无声的方式从鼎盛到近代的衰落逐渐融入越南民众的日常生活之中。而这种情况的产生,与汉字的流行下民间经籍的传播有着必然的联系。正是由于经籍的传播,在一定程度上加速了一个宗教在一个异域中的扎根和进一步发展。

16世纪时,南传越南的道教与越南本土母神信仰结合而衍生了越南道教新道派,即母道教。母道教是以柳杏圣母为最高神的越南女神信仰体系。不仅如此,后来越南的新兴宗教中也遍布着道教元素。充满道教

① 参见[日]增尾伸一郎:《伪经和善书在越南的流传——以儒佛道三教与民间信仰的交涉为中心》,《民间文化论坛》2014年第3期。

② [越]乔氏云英:《从〈氏敬观音传〉看越南佛教文化的特点》,《世界宗教文化》2010年第4期。

③ 转引自王彦:《越南历史上的道教初探》,载《北大亚太研究》,北京大学出版社,1993年,第249—250页。

色彩的高台教由曾担任法国殖民政府越南河仙省富国岛知府的吴文钊于1926年创建。"高台教产生于越南抗法爱国运动不断遭到镇压、封建统治江河日下的社会背景中。传统的儒释道思想不能帮助广大南圻人民摆脱苦难，各种求乩降笔道术盛行，人们渴望新的、更大的超自然力量出现。"①高台教全称"高台三期普度大道"，高台神系、三期普度、三教同源与五道合一，以及万灵会等，是高台教的核心内容。高台天尊神像是一道圣符天眼。八卦台是高台教的供神台，被认为是高台教的"万神殿"及"道魂"之所在。八卦台除"天眼"外还分为上下四级。第一级居中的是释迦牟尼，左右分列老子和孔子；第二级居中的是观音菩萨，左右分列李太白和关圣公；第三级是以耶稣基督为代表的主神；第四级是以姜太公为代表的诸神。

高台神显然是类似于道教不可明说的"道"的化身。根据《交趾通志》："初九日为玉皇诞辰，皆往道观瞻拜礼供。"由此可知，高台天眼指的就是道教的玉皇大帝。"高台教将玉皇大帝的眼睛悬挂在最高处，称之为'天眼'。'天眼'作为其独特的宗教符号，象征着人间的任何事情都逃不脱高台神眼的审查。"②高台教神灵的谱系也颇似陶弘景的《真灵位业图》。戴康生指出，从高台教的"教义、供神、组织机构、礼仪形式、教服颜色、建筑风格等方面可以看出，它糅杂了许多东西方宗教的传统因素，但受在越南民间有广泛基础的中国道教的影响最大"③。由此可见，作为越南新兴宗教的高台教具有丰富的道教特质，是越南道教民间化发展，现代化转变过程中的突出代表。

总而言之，道家思想文化在越南的传播发展与在云南地区的模式有所不同，越南的道学传播是自上而下的，尤其是在北属时期，边疆大吏

---

① 孙衍峰等：《越南文化概论》，世界图书出版广东有限公司，2014年，第115—116页。
② 孙亦平：《东亚道教研究》，人民出版社，2014年，第584页。
③ 戴康生：《当代新兴宗教》，东方出版社，1999年，第183页。

的崇道机缘与当时的政治因素有密切关系。道教传入越南后,形成了当地母道教、高台教的新风格。同时,作为民间经籍的重要形式之一,劝善书在越南社会起到了非常重要的道德教化作用。究其根本,道家思想文化十分契合越南原有的传统文化因子,道教在传入越南后,即使是自上而下的发展,但在民间的发展比其他宗教有更好的文化基础,故而更加稳固而顺畅。与中国三教融合的儒家主导不同,越南的三教融合更多体现为道学的旨归。佛教依托道教法事传播以获得民众支持。对于儒教,越南人有排斥心理。而道学,因为庞杂,过于易于传播和被接受,只是存在一个问题,越人用而不自知。从越南道学发展的实例不难看出道教文化传播的形式、影响。恰恰说明道学传播与民族文化的关系,不仅仅是国内民族,出于同源性问题,可将越南民族视为国内民族的外延。越南民俗中的道学痕迹,对艺术作品中宗教思想的挖掘,《文昌帝君阴骘文》在越南广为流传,道教传入越南后,出现了本土化倾向,这本身也是促进民族文化发展的一个例证。如新道派、新神仙的纳入,使得这种文化的传播,具有鲜明的动力、生命力。

二、缅甸

据《后汉书·郡国五》记载:永昌郡治不韦县,下辖八城,其范围应包括今滇西大理、保山以及缅甸北部伊洛瓦底江上游地区。这使得中国文明在这一地区得到广泛传播,道家思想文化也得以传播到了缅甸,首先进入上缅甸(即缅北)。上缅甸各族虽然不信奉道教,但流行巫术,因此道家思想文化的传播是很容易的。云南省南伞镇与缅甸果敢相连,两地边民的交往互动有着悠久的历史。道学传入缅甸,南伞是一个重要渠道。

(一)道教传入缅甸的途径及可能性分析

临沧地区位于云南省西南部,是通往缅甸和东南亚的重要门户,其下辖的镇康县有着悠久的历史。南伞镇作为镇康县驻地,是全县政治、经济、文化和商贸中心。南伞东与木场乡相连,南与耿马县孟定镇接壤,西与缅甸掸邦第一特区果敢交界,北连凤尾镇、勐堆乡,国境线长达47.583千米,有国家二类口岸1个。基于南伞口岸的特殊地理位置,南伞、果敢的边民交往有着悠久的历史。早在东汉时期,果敢就隶属于东汉永昌郡。直至中、英签订《续议滇缅界务条约附款》,果敢地区才正式划归缅甸。果敢与南伞在空间上具有一致性,两地边民在长时期的生活中发掘出许多民间小路,这无疑为两地的交往提供了地缘上的优势。当然两地之间的密切交往,也离不开两国政策的支持。中缅两国关系虽出现过短暂波折,但整体关系保持了友好的往来。缅北冲突在一定程度上催化了中缅边民的情感交互,边民和谐相处、通婚。

果敢族主要为明代移民后裔,果敢现在的文化生态与云南镇康很相似。从宗教信仰角度看,果敢以道、佛、儒为主。南伞镇宗教生态呈多元化态势,有基督教、南传上座部佛教、汉地佛教、伊斯兰教和道教等多种宗教传播,信奉道教的主要是汉族和部分彝族。加之南伞镇多民族的特征,在三教信仰的同时还杂糅了少数民族特有的民间信仰。此外,果敢在民俗方面也保留着中国的文化传统,如春节、清明、端午、七月半、中秋节等。从文化心理共生性来看,果敢族与中国人民互动更多。果敢族与中国人民可谓同根同源。

两国边民的交往除上述历史、地理、文化、宗教等因素外,还有一个重要的沟通前提,即语言。南伞地区同果敢地区交流都使用临沧话(西南官话)。果敢地区使用的教材大多是由中国教材改编,因此在南伞和果敢地区教育内容基本一致。果敢南部的莱奠山地区,虽为缅甸掸人的聚居区,但莱莫土司、果敢(滚弄)土司均承袭了明清的祖制,汉掸文化交融在一起,至今果敢地区仍保有较完整的华人传统。该地区百姓在民族认同性上,仍以自己是华人为傲。

（二）民间经籍在交互地区的传播发展情况

南伞镇的宗教信仰呈多元化态势发展。该地区世居各民族民间信仰活动的主要类型有：自然崇拜、祖先崇拜、图腾崇拜、占卜、叫魂和禁忌。除上述民间信仰外，临沧现在还存有基督教、南传上座部佛教、汉传佛教、道教、伊斯兰教。其中，南传上座部佛教于14世纪明代由缅甸传入；汉地佛教是明末清初从大理地区传入的；基督教由传教士在20世纪初从缅甸和周边的大理、德宏传入；伊斯兰教为清末从大理传入。道教传入临沧相对较晚，在明代时随着汉族移民的迁入而传入。《凤庆县志》载：清道光初年，原在四川青羊宫出家的大姚道士高太明云游到凤庆，创建雪华观。可见，从临沧市道教传入并建有道观和道士活动，是在道光初年，至今达190多年。这些世界宗教传入之后，经过碰撞、交流和交融的历史过程，成为临沧市传统文化的组成部分，对各民族的社会、经济、文化、教育等发生不同程度的影响。在中国传统和文化的沁润下，加之功利性信仰的驱动，催动了临沧地区乃至中国地区信仰的多样性。

据史料记载，明朝时期大量汉人涌至云南，道家思想文化也随之传入。而道家思想文化的传播是伴随着经书的传入的。以笔者田野调查情况看，在边境地区广为流传的经籍有《老子道德经》《玉皇经》《九品经》《报恩经》《生神章》《度人经》《三十六部尊经》《万灵忏》《道品》《观音经》《大乘妙法莲花经》《诸品真经》《觉世经》《太阳经》《太阴经》《心经》《救善经》《三坛功课经》《北斗经》《雷祖经》等，其中杂有不少佛经。这种佛道杂糅同样也是南伞—缅甸宗教仪式的一大特点，这点在笔者田野调查过程中，得到了充分的体现。

根据南伞县志记载，南伞地区民众，尤其是汉族，在丧葬习俗上，会请道师先生"开咽喉"，择选吉日"开吊"、出殡。"开咽喉"的主要作用是为亡人指路。其中"开吊"因花费较高，需要扎纸人、纸马、金山、银山等送给亡人,故而很多家贫者只"开咽喉"。在"开咽喉""开吊"时,孝子孝女应披麻戴孝跪于灵柩两侧叩头,为亡者"赞灯""解冤结""绕棺",达到为亡者忏悔生前恩怨的目的。亡者的近亲者,要为亡者杀鸡献饭,同时亦要"赞灯""解冤结"。除后人和近亲外,其他前来吊唁的亲邻,要上三炷香,烧"钱纸",叩头或作揖,孝子需叩头答谢。吊唁仪式进行至凌晨鸡鸣时,女眷近亲要哭诉死别之情。出殡时,要"搭桥",即灵柩出堂屋时,孝子孝女至后辈要手持点燃的条香纵卧于路上,灵柩从人头上悬空而过。入葬后,还需将纸扎烧掉,称为"敬山神"。葬后三日,孝子要送饭,第一天送至墓地,第二天送到半路,第三天送至村外。至此,丧葬仪式结束。非正常死亡的,如凶死者,尸体不得抬入家中;难产而死之妇人,定要火葬;夭折者不"开咽喉",不垒坟。

笔者在对南伞镇红岩村一彝族人家丧葬仪式的调研中,发现其法事的流程与汉族基本相似。需要特别指出的是,被请来做法事的"先生",是果敢的华人。其法事所用经书为佛经、道经杂糅。从法事流程上看,颇具地方特色。法事流程与上文提到的汉族丧葬仪式类似:开咽喉(给亡者引路)—悬素(扎纸人)—施食—念经、关灯(到场所有人吃素;十王经、金刚经、报恩经、忏、灯、地母经)—供养(十供养:香、花、灯、水、果、茶、食、宝、珠、衣)—解结—夜祭(半夜鸡叫开始;鸡汤米稀饭;告别饭,儿子吃)—过案—开光(念经、纸人纸马眼睛点鸡血)—召灵、招魂—起棺(棺汤饭)—安灵(上亡牌)—安土/奠土。该村的丧葬仪式与传统彝族的丧葬也不尽相同。传统彝族都要请毕摩念经。很多地区的毕摩所念经文均靠记忆,毕摩世代相传,没有经书典籍。丧葬要请吹师班,要告知亲戚。孝子要请"躲依"来吊唁—后主验尸的—姑娘装棺—严盖—毕摩念经—次日吊孝—找灵位—念经指路—招灵—下葬。从服饰上看,"先生"们带唐僧帽,着黑色道服,与内地汉族道士不同,但是使用法器与内地汉族道教无异。且念诵的经书与汉族有相似部分。从访谈中笔者了解到,"先生"认为自己是佛教徒,林济派第十八代传人。当笔者质疑其使用经书为经籍,且仪式中很多程序与道教相似时,"先生"又称自己是佛道双修,受戒,不吃狗肉,不吃螺丝鳝鱼。法事分为丧葬、夭折、奠土(木匠做,不同于道教科仪)、祈福较少、消灾(三官)。但除法事外,不从事任何其他宗教活动,平常生活与常人无异。

对于南伞镇现在独特的"外来的和尚会念经"的情况,笔者对村民进行了深入访谈。结果表明,由于"文革"的影响,南伞目前传习法事的人越来越少,且很多流程不够传统。村民认为当地人做的法事不如果敢汉族做的标准,故而愿意请果敢人过境举行法事。在访谈一位杨姓村民时,笔者得到如下信息:清末或因移民,道士入缅甸,后形成果敢族群,尊普国恩为祖师。南伞当地居民大多信佛,但同样做法事,其实分不清楚,当地21个民族大多汉化。当地交界处居民出于生活需要,历来有所往来。这种交往,在一定程度上起到了文化传播的作用。当地还有从缅甸请来的汉人端公,早前有师娘,属于"壮族"道教变形。内容大致为上身请神,诉说给后人要求,并配合一定魔术性质的表演,如插刀入手臂见血。当地还供奉天地君亲师。当地村子"户育村"上边汉族,下边佤族,有当地的做法事人群,但是当地村民认为没有果敢做的正统,故而还是请人过来,从纸扎水平可以看出高低。丧事要择日子,与死者属相有关。当地人称"请先生";150元一天一人。先生需要写毛笔字,手抄经书,纸扎技术,唱念,这些在一定程度上是一种文化的潜在传承。法师要考试,有职称,果敢现有17人的大师傅。法事短则2天长则52天。

基于访谈人自我认知以及观察到的法事流程,不难看出,道学在缅甸果敢地区的发展良好,且保留了原有的道教科仪。造成这种情况的原因与历史发展有关,如多民族多种宗教信仰并存的现实。同时,这种信仰的多元和谐统一,也有其现实意义,能够帮助我们以此为蓝本,解决民族冲突、宗教信仰引起的矛盾。周燮藩先生说:"不了解中国宗教,就不可能真正了解中国的社会、政治、文化和历史。"在中国,宗教信仰与世界其他地区的信仰状况有所不同。民众对宗教的情感,体现出一种"唯灵是信"的色彩。这种特色决定了宗教在中国民间的传播相对容易,但是民众一方面易于接受的同时,一方面也表现出其信仰的不坚定性。这种不坚定性在一定程度上表现为制度化宗教与民间信仰的互融共生。本书所关注的南伞地区,历来是一个多民族聚居地,可谓民族文化资源的富矿。尤其是边地文化与民族文化在长期的撞击、交融中,形成了以汉族、彝族、佤族为主的生态民族文化圈。

(三) 经书传播的文化认同伴随的身份认同

宗教仪式是对宗教意义的行为层面的外化,使宗教从信仰层面转化为行为层面。德国学者托马斯·卢克曼认为:"个人要理解外部世界并对其做出行为,必须依赖于一个起码的意义系统。"宗教信仰需要通过周期性的宗教仪式来固化,从而为信徒建立起一种信仰体系,帮助其完善并稳固宗教心理建构,消解世俗世界中的冲突,宗教仪式在建构和维系宗教认同中起到了至关重要的作用。宗教信徒通过舞蹈、吟唱、演奏等活动形式和物件、场景等场域布置来表达对神明的虔诚,达到祈福的目的。这种规范化的特定行为沟通了人和神,这种范式化和周期化的仪式为信众带来一种心理上的身份认同。宗教仪式通过建构"神圣"与"世俗"的边界来确保宗教信仰传播的有效性和权威性。宗教仪式同时担负着传播民俗、承载族群文化的作用。同时,宗教仪式也是民间宗教信仰体系中有效的传播场域。

宗教仪式从传播学的角度来看,是在传送方与接收方之间建立起一个共同的关注焦点,在彼此信念共享的基础上,实现一种传播活动,其实质是人们互动交往的一种仪式,传播一种共同的信仰,其作用在于强化达成共识的符号,在这一互动活动中,在特定的时空界定中,实现社会关系的互动、融合、涵化，建立起一定的社会关系和社会秩序。詹姆斯·凯瑞认为："传播的起源及最高境界，并不是指智力信息的传递，而是建构并维系一个有秩序、有意义、能够用来支配和容纳人类行为的文化世界。"凯瑞认为，传播的本质不是单纯的位移，而是"一种以团体或共同的身份把人们吸引到一起的神圣典礼"，建立起一个文化场域，人们通过对共享符号的接收、解码，进而传播，最终形成信仰共同体。宗教仪式的妙处正是在于成功运用了各种符号，如道教科仪中的法器、歌曲、肢体动作，建构起一种传播体系，从而建构起信众的宗教情感。通过参与共同的仪式，人们可以获得共同的文化认同感。宗教仪式不仅呈现了信徒的行为，还包含着信徒的情感。宗教仪式在一定程度上激发了民族认同感。宗教行为的意义就是一种生活范式，如饮食、工作、教育、生活等。必须模仿神的行为，宗教行为才有意义。宗教徒对宗教的认知不是先天赋予的，或者说不能完全靠理念的灌输而成就，宗教徒真正意义上的身份认知，必须是建立在行为的范式化上。通过一群人在特定的时空当中共同做一个仪式，可以实现一种行为认知上的趋同，完成自我造就。

西方的宗教认同研究表明，基于基督教的范例，宗教认同是建立在家庭基础上的，即在生命过程中的初期阶段已经完成。这是一种群体性选择的宗教身份认同。而中国的基督教信仰没有这种相似的家庭土壤。与之相反的，道家思想恰恰有极其相似的家庭土壤。中国人自小诞生于一个道家文化浓郁的国度，在生命初期阶段，已经完成了这种文化的认同。与西方基督教不同的是，我们的这种宗教认同，更多地表现为一种宗教文化的潜移默化，而非宗教仪式的约束。边境地区人群的宗教信仰，更多地体现出一种弥散性或非制度性特征。

"认同"（Identity）这一范畴，最初属于哲学研究的范畴，意即"变化中的同态或同一问题"。最早使用"认同"一词的是弗洛伊德，"认同"在其心理防御机制理论（Psychological De—fense Mechanism）中是指"个人与他人、群体或模仿人物在感情上、心理上趋同的过程"。认同按照路向可看作是两个维度的,一种是被同化,一种是同化他人;按照主体可分为个体认同和群体认同。认同是一个人类在不断寻找共同性的过程。身份认同是一种主观认知,大体上可以按照程度分为三层:以血缘、种族为基准的天然本能认同;以社会政治组织为基准的情感认同;以全部社会关系为基准的理智认同。这种社会关系可能来自历史、地理、生产制度或宗教情感。身份认同可以从民族认同和国家认同、宗教认同等多维度来实现。民族认同是基于血缘关系基础上的,在共同的历史、民俗、信仰等文化元素的作用下,形成的共同认知和归属感。民族认同的内在即文化认同。安东尼·史密斯认为:"民族认同不仅指民族成员对民族国家的政治效忠,而且也指他们对民族共同体的文化依附。"质言之,国家认同是建立在民族认同基础上的一种文化认同的升华。文化认同与民族认同、国家认同可谓同心圆的关系,范围逐步递增。我们无需强调宗教认同、民族认同与国家认同的差异,只需看到,通过对宗教认同的进一步推进,有助于增进民族感情,加固国家认同。

"在宗教认同中,群体是一个重要的存在。一方面,宗教群体通过表达对'超越'的神圣存在的见识将自身从一个更大的、具有多重异质性的社会体中清晰地勾画出来,并且通过服饰、语言、生活方式等符号划分群体内外明确的界限以巩固群体内的身份认同。另一方面,各种宗教传统也都有通过对人类生活终极目标与日常行为之间关系的选择性解释,以融入生活的方式保持着与世俗社会秩序的密切联系。"汉斯·莫尔在他的《身份认同与宗教——国际跨文化研究路径》导言中提出,宗教认同不同于其他认同的功能,主要表现在宗教认同可以实现身份认同的神圣化。宗教认同可以为人们提供一种秩序,一种情感上的依赖,运用重复的行为、语言不断强化这种功能。最终通过神话,在理论认知上支撑宗教认同。

维特根斯坦认为,一种宗教就是一种生活方式及其自身的语言游戏。

文化在很大程度上决定了宗教的个性及其后来的发展趋势。宗教信仰与传统文化的这种关系，说明宗教是一种历史文化延续下来的集体表象，是一种文化认同。民族认同、宗教认同与国家认同的和谐关系是必须加以思考和回应的重大课题。在身份认同的问题上，我们应该看到，单一的身份认同会导致分裂，而多重身份认同是现实社会不可规避的问题。比如果敢的汉族，在国家认同层面，是缅甸人，在民族认同方面，是汉族，在宗教认同方面，是道教徒。中国各民族的宗教现象大部分呈现出这样两种体系：一种是自然人文环境中形成的"自然崇拜、祖先崇拜、鬼神崇拜、巫傩方术等原生性信仰系统；一种是形成于异文化环境并在文化传播和涵化过程中融入本土文化的，如佛教、基督宗教、伊斯兰教等被称为世界或民族宗教的次生性宗教系统"[1]。在中国复杂的民族宗教信仰情况下，身份差异与边界不可改变，但身份的认同则与社会建构有关。在多民族国家中，民族认同与国家认同的关系以不同程度的形态存在：在国家认同的基础上保有民族性；在与国家融合的过程中被同化而失去民族性；民族认同高于国家认同，产生民族情绪，更有甚至滋生民族分裂主义。

民族认同的根本是文化认同，国家认同的本质是政治利益，如何实现内化的文化认同是解决民族矛盾的最便捷途径。国家认同的本质应落脚于文化认同。而文化认同中，宗教情感认同又更为本质、直接。故而，通过宗教文化而建构一个认知共同体，有助于解决民族矛盾，有助于构建和谐社会。本书通过南伞地区跨境民族的宗教信仰情况，说明了民族的变迁其内在维系纽带为共同的文化内核和宗教情感。

宗教认同在中国传统文化的视阈下，其本质是对理或者道的认同。宗教仪式本身只是行为的外化，如果仅停留在参与宗教仪式，并不能真正

---

① 郭志合：《攀附与逃遁：民族信仰和谐共生——以藏传佛教与纳西族民族信仰为例》，《青海民族研究》2011年第4期。

地传承宗教文化,或者说不能真正地践行宗教精神。只有通过对宗教仪式的范式化及周期化的一步步内化过程,才能按照其精神去约束行为,才能实现仪式到认同的彻底转化。如,儒生对于儒家文化中理的践行,是通过修身、格物的具体行为来实现;道士对于道教文化中道的追寻,是通过修行、宗教仪式等行为上的恪守来实现。仪式形成秩序,仪式是心的外化,所以宗教仪式其实是从"礼"到"理"(道)的过程。

社会学家伯格曾用"飘荡的心灵"(homeless mind)来形容在现代社会中,随着人群的高速移动,人们产生的那种难以安身立命、无所依属的"疏离"与"飘荡"感,而宗教恰恰在一定范围内帮助人们达到了一种身份认同。这种对宗教文化的认同,加固了人们对身心的控制和协调能力。在一个多民族的国家中,民族认同与国家认同是维系多民族国家统一完整的要因。但通过宗教认同而建立起来的身份认同,更有助于维护社会稳定及族际和谐。

(四)经书传播基础上的文化圈意义

"文化圈"是德国格雷布内尔最先提出并使用的一个文化社会学概念。从格雷布内尔的出发点看,其对于文化圈的界定,首先是基于地理空间上的一个区分。其次是在文化内核上有共性的文化生态现象。从文化的表现形式来看,格雷布内尔还强调文化圈是具有独立性的一个文化形态,包括了宗教、艺术等社会文化。文化圈的概念有助于我们了解在地缘上相近的不同国家、族群之间的文化如何相互交融的问题。

文化圈是一个动态发展的概念,从时间上看,它有一定的延续性,从空间上看,有一定的扩展性。具体到我们所讲的民间经籍传播来说,正是基于一个地缘上的优势,云南与邻邦之间处于一个有限的较为独立的文化圈中。这种文化圈的关系,有助于民间经籍的传播,继而有助于文化内核的传播。当然文化圈有大小之分。在云南边境意义上来说,交界处的云南各地区与老挝、缅甸、越南等部分地区共同建构起来一个小的文化圈。这是我们所讨论的主体，是本书研究的主要对象。而从大的范围来讲，中国在东亚—东南亚这个大的文化圈中，故而，从理论上讲，中国文化的内核亦可在该文化圈内进行有效的传播。如中国文化、日本文化、韩国文化都是出于东方大文化圈中，有着共同的特性。文化圈是历史的、发展的、稳定的。文化圈随着时间的沉淀、空间的流变而慢慢稳定表现为一个具有特色的文化现象。这种文化圈是人类历史发展的产物，一旦形成，又反作用于人类的进一步发展。一个文化圈有着其自身的文化动力，同属一个文化圈的人在心理、性格、行为层面都有着一定的共性。

从人的社会性属性来看，文化的认同在人的心理层面起着非常重要的主导作用。帕森斯根据人的生物性将人的行为分为对心理的满足、对象征符号的兴趣、对有机环境的适应、对社会交往的需求。[①]这种社会交往的需求，在一定程度上制约着人的行为。也就是说，作为社会群体中的一个构成因子，每个人必须通过社会交往互动来完成其对于社会交往的需求，这种需求是由人的基本属性决定的。而在宗教生活当中，参与到宗教仪式当中，其实就是完成个人对于群体的一种交往互动，在这种行为中，人的集体认同得以满足。个人通过这种特殊的神圣生活，将神圣与世俗有效融合在一起，完成个人对于所属群体的同构。个体在这种特殊的活动形式中实现了社会化与文化合法化。宗教仪式在一定程度上起到了制度性文化的作用。这种制度性文化随着时间的积淀合法性愈高，而表现出的社会功能也就愈大，受到这种制度性文化影响的社会结构也愈发稳定。

传播，除去自然学科的应用以外，在文化社会学中，更多地是指不同文化圈之间的迁徙、互融、流布等现象。如果我们采取怀特的理论，认为文化是人类创造的具有象征意义的符号综合的话，那么文化是一种可以

---

① 参见司马允杰：《文化社会学》，中国社会科学出版社，2001年，第213页。

传播的符号系统。拉尔夫林顿把文化传播看作是一种社会过程,在这种认知中,人成为这个传播过程的主体,具有主导作用。文化传播的过程更多地体现的是在人的主观作用之下的一种个体心理认同。文化传播的实质是人的一种社会活动,是必须建立在一定的社会关系中的。所以讨论文化传播,不能在社会系统之外空谈。

文化传播的实现需有着必要的基础条件,首先就是对于文化的认同和理解。在民间经籍的传播过程中,之所以在不同的民族间能够顺利传播,是基于经籍内涵的文化内核是整个华夏民族所共享的一个文化内核。这是最基本的一个前提。而经籍在一定程度上讲,是文化传播这个过程中的传播中介。通过经籍这一载体,实现了文化在不同民族地区的广泛传播。而使用民间经籍的各种道教科仪,正是文化传播的不同方式。在不同内容的科仪中,不同侧重的文化重点得以传播,从而实现了从神圣到世俗的转化。

同时,我们应该注意到的是,在民间经籍传播的过程中,不是一个单一的文化认同和覆盖的过程。而是在这个过程中,汉族为主体的道家文化与不同少数民族的文化相互涵化,发生文化增殖。这个过程中衍生出来的新的文化元素,成为这个增殖的部分。比如在民间经籍传播到彝族的过程中,与彝族的打歌相融合,实现了文化的多样化。且我们还应该看到,这个文化增殖的过程涉及两个群体。一个是文化的传播者,一个是文化的接受者。基于人的主观能动性,传播与接受的双方在过程中都会对文化本身加以自身的理解,故而,文化传播不仅是一个动态的过程,且是一个不稳定的过程。更应该引起研究者注意的是,在这种主观能动性发挥的过程中,并不一定都是正向的,也会基于双方的个人知识限制而出现对于主体理解的差异,这就是传播过程中无法避免的理解误差。而往往因为这种理解上的差异,文化在传播过程中实现了她的多元化呈现方式。这种主观性与随意性,是文化传播过程中文化增殖的一个重要原因。

第四章　云南民间经籍传播与民族信仰

在上述篇章中,本书就云南民间经籍传播的背景、内容、分类作了说明。接下来的几章,将重点介绍云南民间经籍传播是如何与民族文化发生关系的。而对于民族文化的界定,如前言所述,主要从宗教、艺术、民俗等方面说明。对于民族的选取,本课题的研究主要侧重在云南地区的几个信仰道教的少数民族,主要以彝族、壮族、瑶族、白族为例。本章则重点说明云南少数民族的信仰中是因何可以与经籍传播发生关系,以及如何发生关系的,继而诠释经籍作为一种文化传播,是如何在介入当地文化后进而进入当地民众的生活,从而实现了两种文化的互融。

第一节　彝族毕摩

一、传播的可能性分析

著名历史学家马曜教授说:"中国西南地区向为道教之渊薮,与氐羌系民族鬼主崇尚巫术自易合流。"①杨学政在《云南宗教史》序中说："张道陵曾设二十四治教化治民。二十四治中有蒙秦治（越巂郡台登县）设在金沙江南岸包括滇东北和滇西的部分地区,稠粳治在犍为郡,大体包括今川南和滇东北地区。这些地区居住着氐羌后裔彝族、白族和纳西族先民。张道陵所创的早期道教,特重占星祭天、祀神驱鬼,俗称'鬼道',同彝族、白族、纳西族的原始宗教十分相似,道教的教仪融入他们的信仰是很自然的。"②彝族与道教有着一种天然的密切联系。

　　首先,彝族的自然崇拜为接受道教奠定了很好的思想基础,彝族的自然崇拜一直延续到现今社会,而且这种崇拜与农业、生态保护有关。其次,彝族与汉族融合度很高,这种融合度也为道教的进一步传播创造了有利条件。彝族的宗教信仰,从根源上看,是传承于古氐羌人,后受到外来宗教文化的影响,形成了彝族多元化的宗教信仰现状。比如彝族的宗教信仰与道教有着十分密切的关系。以"咒鬼经"为例,无论从渊源上看还是从流变上对比,无论从内容还是形式上,两者都相互融摄、相互影响。

　　从思想渊源上看,道教在东汉创立之初,就吸收了西南地区部分少数民族的宗教元素,其中就包括了彝族先民的原始崇拜。从传播历史看,143年,张道陵在四川鹤鸣山创立五斗米道,其中二十四治中的第七治蒙秦治,所管辖地区包括了云南省滇西部彝族地区。巍山处在当时的"南方丝绸之路"要道上,彝族先民是在这条要道上活动的主要民族之一。东汉末,随着民族大迁徙时代的到来,一部分蜀地的民众迁入巍山地区,同时将五斗米道带入到了巍山地区。《巍宝山志》中记载彝帅孟获的兄弟得异人长生、久视方药诸书,随处济人。可见道教追求的长生不老的仙术已在巍山彝区传播,并对彝族宗教信仰产生了很大影响。时至唐王朝,南诏王

---

① 巍山彝族回族自治县县志编委会办公室:《巍宝山志》,云南人民出版社,1989年。
② 杨学政:《云南宗教史》,云南人民出版社,1999年。

室出于政治因素大力推崇道教,得益于王公阶层的极力支持,道教在彝族地区的传播十分顺利,影响力进一步扩大。彝族的宗教信仰更是受到道教的诸多影响,比如对祖先的崇拜,与民族神崇拜结合越来越紧密。唐代开元二年建立的巡山殿,是最早的祭祀南诏王的土主庙,后被彝族奉为"巡山土主",成为整个彝族的土主庙。到元、明、清时期,道教已经成为彝族地区普遍流传的宗教形态之一,融入彝族社会各层面。

在其流变的过程中,作为土生土长的宗教,道教不断吸收和丰富其内核,在这个过程中,又对彝族宗教信仰产生了更为深入的积极影响,丰富了彝族宗教信仰的内容。彝族地区的道观与其他地方有些不同,最大差别是,许多宫观前身都是彝族的土主崇拜和自然崇拜。毕摩是彝族民族宗教中的代表身份,作为宗教职业者,他们主持的宗教仪式主要有安灵、送灵、禳灾、袯祟、祈福、驱鬼、治病、求育、招魂、占卜、盟誓、神明裁判等。从内容上不难看出,彝族毕摩信仰与道教信仰之间的共性。彝族的葫芦崇拜、尚黑贵左与道教的很多思想均源自古羌戎文化。彝族氏族社会时期的大祭司兼酋长,以及近代奴隶社会的女奴隶主"西嫫",恰是道家、道教所尊崇的"西王母"的原型。道家、道教尚黑尊左,彝族也然。彝语自称谓"纳苏""诺苏""乃苏"中"纳""诺""乃"都是"黑"的意思;新落成的房屋先熏黑方可迁居;刚满月的婴儿初次带出门须在脑门上涂一黑迹;结婚时媒人脸上要抹黑;等等。黑色在彝族文化中被视为吉祥尊贵的颜色。彝族妇女穿左襟衣;楚雄彝州跳"左脚舞";彝家招待客人时让出左边位置以示尊重。葫芦是道教的重要法器,道教八仙之一的张果老腰系一葫芦。彝族神话传说中提到人祖出自葫芦,死后魂归葫芦。彝族史诗《查姆》中记载提到葫芦里备有取不尽、用不完的粮、水和长生不老药。彝家门楣上悬挂一绘黑虎头的葫芦瓢以示祭祖或驱邪,彝族祭司亦将葫芦视为作法请神时必要的法器。可见无论道教还是彝族,均将葫芦视作降妖的法器与能生万物的宝贝。

道教中"三官"或"三元"之说,主要是对天、地、水三个礼拜对象的合称,而彝族原始宗教中对天、地、水三元素也十分崇拜。有学者们认为早期的道教咒语是彝族巫师咒语与道家方士咒语合成的。彝族民间文学中有很多关于方术和仙境的描写,如隐身、飞行、随心造物以及禁咒、占卜等。这无疑与道教思想的沁润有关。对于道教的产生受到彝族文化的影响,在杨甫旺《论道教在彝族社会中的传播和影响》一文中,有着详细的描述:

　　道教在创立不久便传入彝区,至唐以后逐渐推广,没有发生冲突,究其原因,关键在于道家、道教与彝族文化的关联性,即共性。归纳为:

　　1.崇虎。彝族以虎为原生图腾(瓦猫即代表着虎),道家和道教所推崇的"太一"是虎神。

　　2.道家的阴阳观和道教的重要法器阴阳太极图渊源于万物雌雄观。

　　3.彝族远古原始氏族社会的大祭司兼酋长以及近代奴隶社会的女奴隶主"西嬷",是道家庄子称为"真人",道教推崇为"女仙之宗""西王母"的原型。

　　4.道家、道教尚黑尊左,彝族也尚黑尊左。

　　5.尊崇葫芦。道家以葫芦为名号,如"壶子","壶"即葫芦;葫芦是道教的法器(三皇宫内正殿的伏羲大帝旁的两个小仙子各手捧一只葫芦),彝族洪水神话传说认为,人祖出自葫芦,死后魂归葫芦,故用葫芦做祖灵牌位,称祖灵葫芦。

　　6.崇拜天、地、水。道家对"天、地"常合称,"水"则单称,将宇宙分为"天、地、水"三界,认为"人从水出",道教将"天、地、水"分开礼敬而合称"三官"或"三元"。在彝族原始宗教信仰中,"天、地(山)、水"

三神也受特别崇拜,在彝族信仰观念中,天神是祖先神灵升到天空而产生的,是天体自然崇拜和祖先崇拜相结合的产物,位尊名赫,祭礼十分隆重。

7.神仙思想。庄子的著作里充满神仙思想,道教以神仙思想为精神支柱,成仙作为人生最高理想的归宿,当道士修炼就是为了成神仙。神仙思想的起源,与古羌戎族群火葬习俗有关。彝羌本同根同源,彝族传统葬俗是火葬,火葬的目的就是让灵魂从尸体释放出来,经毕摩做超度仪式,助祖灵升天成仙。[1]

可见从起源来讲,民间经籍在彝族地区的传播具有极好的思想基础,从历史发展情况来看,经籍在彝族地区的流传同时具备了良好的客观条件。从彝族信仰情况看,也受到了道教很多影响,而这种思想的传播必然是建立在经书传播的载体之上的。

二、传播现状梳理

云南很多地区的彝族信仰呈多元化趋势。随着道教在云南的传播,云南部分地区的彝族也吸收了道教的因子,形成了一种新的宗教信仰模式。如云南彝族的西波教、"喽低""耐姆"等。这些具有彝族独有特色的本土化道教的发生和发展,与民间经籍的关系十分密切。一个有力的范例是彝族撒梅人。撒梅人是受道教影响较深的一个彝族支系,在原有宗教信仰体系的基础上,撒梅人吸收道教思想,形成了一个新的宗教形态——西波教。西波教使用的经文,是在民间经籍基础上进行再整理、再吸收的结果。从内容来看,经书与道教经典有很多相似之处,也有少量未在《道藏》中收集。西波教的常用经书有《开场经》《打醋炭经》《洒净经》

---

① 杨甫旺:《论道教在彝族社会中的传播和影响》,《毕节学院学报》2008年第1期。

《领生经》《回熟经》《请神经》《送神经》《观音经》《上贡经》。此外还有一些在某些特定场合下使用的经书，如《太上老君咒》《火神经》《本命经》《五谷经》《五瘟经》《仇怨息火经》《安龙奠土经》《灶神经》《主师经》《龙皇科》《牛、马、猪王经》《百龙科》《报恩科》《祭虫经》。这些经书从内容上看，与民间经籍极为类似。由此观之，民间经籍在传播过程中起到了沟通不同民族文化的作用。经书之间的互融是一种文化交融的载体，而背后承载的是不同的宗教文化元素。这就是本书所论述的重点，文化动力之所在。

关于彝族的西波教，本书以云南昆明三瓦村为例加以说明。三瓦村的宗教信仰活动多在村内的三皇宫举行。其中三清圣诞是道教在彝族地区传播发展的力证。玉清元始天尊的诞辰冬至日、上清灵宝天尊的诞辰夏至日、太清道德天尊诞辰农历二月十五，这三日均有道场。在过程中，吟诵道经为重要环节。此外，在三元节也有固定的科仪。供奉天、地、水三官的三元节，是道教固有的节日。其中，在上元节即元宵节，三皇宫要举行点灯仪式；在中元节也是佛教盂兰盆节，三皇宫道场会祭祀祈福；下元节，水官解厄，三瓦村的村民在这一日，通常会提前沐浴，并且戒荤以示敬畏。财神会与地母会也是三瓦村的固定宗教节日。与其他地方不同的是，三皇宫会邀请村里的老年协会参加仪式。而对于彝族身份的三瓦村村民，其重大节日如火把节、虫王节，也随着道教的传入发生了一些互融。首先，这些民族节日的发生地一样选择在道教宫观三皇宫。其次，参加的信徒有佛教信徒、道教信徒以及西波教信徒。举行仪式时，村民们共同参与这一仪式，不会因为各自的宗教信仰差别而有行为冲突。

西波教就是彝族原始宗教糅合了道教的思想及教义所产生的，因此西波教的神祇除了原始宗教保留的一些神祇，大多是与当地道教的主要神祇所相似的。比如西波教的三皇五帝中的三皇，就与当地三皇宫所供奉的三皇相同；还有地母、雷部诸神、五谷太子、十二雷神，以及鸡首人身的九天应彦雷神普化。西波教中的《开场经》是在所有经文中最先念的经,内容是请西波教的诸神前来赴会的经文。在含义上与道教的请神是同样的意思。彝族的重大节日都以道教节日的形式来举行仪式,并且多种宗教信徒集体参与,都是源自道教和彝族原始宗教信仰之间密不可分的关系。事实上,在三瓦村,村民对道教和西波教区别并没有明确的界定,很多村民仅对名称的区别有所了解,也是道教和西波教之间区别的一种淡化。由此观之,彝族地区的宗教信仰与道教呈互融态势发展,共生共荣。

笔者在对三瓦村宗教信仰做调查时,通过与几位年纪偏长的村民交谈,也对三瓦村的宗教信仰历史做了一定的了解。三瓦村是一个彝族自然村,村里最早居住的居民都是彝族撒梅人,他们所信奉的西波教"是在彝族原始宗教的基础上,融合了道教的某些成分而形成的,其特点是已有了一套较完整的神灵系统和一些粗糙的经文和教义,产生了脱产和半脱产从事宗教活动的'西波'"[①]。由此可见三瓦村西波教与道教之间密不可分的关系,西波教受道教的影响很大,大概东汉时期道教就传入西南地区,并且盛行。道教宣扬"因果报应"的教义,"道教在较高的经济文化水平上宣扬劝善惩恶之说,较彝族原始宗教更具有欺骗性,因此能为深受封建专制统治的撒梅人所接受"[②]。这样看来,三瓦村彝族撒梅人的西波教与道教之间的关系必然是和谐的,西波教的发展很大程度上是得益于道教在当地的发展和传播的。

西波教的经文大多是由西波文所书,而且是手抄本,西波文是彝语的一种。其内容是在彝经的基础上吸收了道教的经书教义,因此在经书及内容上与道教有很多相同。例如《请神经》中的内容:"三请神号观岁秧,一句念消万千样,七宝令中朝上帝,五明功能理性惶,长辰百鹤游上帝,每

---

①② 邓立木:《撒梅人的西波教》,《云南民族大学学报(哲学社会科学版)》1985年第3期。

将请客片世安,长顶至心归命里,鸾公凤母将绕堂。"①《送神经》的内容:
"祭祀已经结束,希望诸神归位后仍保佑人们平安无事。"②还有《报恩科》
的内容主要为祈求神赐予有利于庄稼生长的自然条件,都与道教的经书
相同,内容也没有改变。

"喽低"本是彝族传统巫术,在与道教融合后,形成了现有的特有地域
性宗教仪式。当地道教场所内的神像供奉呈多元性,有老君、观音、大黑
天神、龙王、土主、虫王等,可谓巫、释、道合流。在五街镇彝族中,存在道
士和毕摩由同一家庭出任的现象。从这种现象我们可以看出,一方面,随
着外来文化的传入,当地原有的本土信仰开始发生变化,本土化式微;另
一方面,对于道教来说,传入新的文化土壤,境遇化的过程中,进一步增加
了道教的影响范围,加速了道教的传播。同时,从五街镇的范例可以看
出,民间信仰是一种典型的功利主义色彩的信仰模式。本土巫术的式微,
是因为在现代生活境遇下,原有的神祇已经不再承担具体的职能,故而逐
渐退出人们的视野。而土主、财神、观音、祖先等崇拜有进一步复兴之势。

三、文化融合

对于彝族宗教信仰问题的研究,应该放在更广泛的研究视野中。彝
族的宗教信仰是根植于其独特的文化背景之下的。在千百年的彝族社会
发展历程中,宗教扮演着至关重要的角色。彝族宗教思想渗透在彝族的
文学、医药、艺术等方方面面。彝族独有的毕摩信仰,也在历史发展的过
程中与道教相结合,进一步发挥着对于彝族的社会建构的重要作用。本
土化后的道教,作为彝族社会独有的一种文化资本,在彝族社会的经济、
文化、社会结构等方面都起到了积极作用。社会学家布迪厄认为社会中

---

① 刘婷:《云南道教与少数民族宗教》,《宗教与民族》2003年第7期。
② 邓立木、赵永勤:《官渡区阿拉乡彝族宗教调查》,《昆明民族民俗和宗教调查》2009年
第6期。

的竞争资本可以分为经济资本、文化资本、社会资本和象征资本四大类。从社会学研究角度,从资本的角度看彝族道教文化,会更加清晰地看到宗教在彝族社会中的积极意义。

从社会文化的进步角度看,民族化后的道教的传播是依据经书为载体的文化传播,有一定的文化教育意义,在一定程度上对彝族的文化教育起到了助推作用。在毕摩的文化体系中,毕摩依靠经书的传播来影响族人。同样的,当道教传入彝族后,在文化的融合自洽过程中,民间经籍的传播也起到了相同的作用。毕摩拥有卷帙浩繁的彝文宗教经书,如《诅咒经》《祀神经》《祭祖经》《招魂经》《驱鬼除邪经》《谱系经》《占卜经》等。这些经书首先是作为从事仪式活动的重要道具存在,而这些经书在与道教相融合后,形成了一批独具民族特色的民间经籍,这些经书背后承载着文化传播、伦理道德教化的教育意义。基于经书的神圣意义,经书的抄写、装帧、分类、流通和收藏有一定的制度和禁忌。

彝族宗教信仰在传播彝族文化方面起到了至关重要的作用,从此角度看,在彝族的宗教信仰范围内看,祭祀毕摩身份特殊,可谓是彝族文化的集大成者。毕摩首先是彝族文字的使用者和传承者,而毕摩在仪式中所使用的经书,更是彝族文化得以传播的重要媒介,是文化传播的重要载体。这些经书不单单是宗教仪式必需的器具,同时经书中记载着彝族的历史、天文、地理、医学等知识。如毕摩在丧葬仪式上为亡灵引路,这就要求毕摩熟知彝族地区的地理信息,家支迁徙的历史路线等,这样才能将亡灵送达到祖先居住地。借助经书和口口相传,彝族文化在一代又一代的毕摩师徒中传承下来。彝族毕摩经书的传承,如变得残破影响使用,则由毕摩重新誊抄。旧的经书会被送至高山密林中深藏。不同家支之间的经书传承,主要通过师徒、舅侄和翁婿间的传抄而实现。质言之,彝族毕摩经书是以家族世袭为主,姻亲传承和师徒传承为辅的方式进行传播的。而目前彝族社会中经书的传承已经出现很大危机。随着社会经济的发展和现代教育的推广，彝族年轻人走进课堂接受现代化教育，不再继续接受之前的家族传承模式。很多彝族存在当中，年轻毕摩与老毕摩出现断层。真正还在手抄经书，继承这种传承模式的毕摩少之又少。

彝族宗教信仰的现状，以大理巍山为例，作为最早接受道教文化的彝族代表区，该地区的彝族宗教信仰已经呈现出道教化倾向。随着彝族传统文化的弱势发展，毕摩信仰正在急速消亡，很多彝族青壮年已经不了解毕摩信仰，反而更容易接受道教信仰，或者在认知不甚明了之下被动接受道教文化。简言之，道教正在一定程度上填补因毕摩信仰式微而带来的信仰真空地带。从东汉至今，彝族宗教信仰与道教信仰持续合流，而这种合流从南诏时期的自上而下演变为现在的从民间底层自发进行。

仪式，特别是宗教仪式，在民间社会中起到了一定社会功能的作用。作为社会活动中的一个存在形式，宗教仪式是如何在社群单位中运行的，如何发挥社会作用？这是我们应该思考的一个问题。涂尔干认为仪式是一种规定，这种规定引导人们在神圣物质在场时的行为。宗教仪式活动具有特殊的神圣性，涂尔干认为宗教仪式活动的重要性高于宗教信仰本身。宗教仪式在一定程度上可以解决社会问题。我们的文化是一个动态的流体，不同族群间的文化在不断地相互交融中。宗教作为一种文化现象，自然也是一个动态流变的过程。不同地区、不同民族之间的不同宗教信仰在历史的族群迁徙过程中得到了自然的相互融合。以五街彝族为例，自南诏时期起就与道教有密切的接触，彝族的巫教与道教有诸多相通之处，相互汲取、融合是必然的，但这种必然中也有着碰撞和冲突，且是一个长期的过程。通过对现彝族"喽低"仪式的观察，我们依然能看到巫道冲突、互融的文化痕迹。道教的神灵进入彝族文化后已经成为彝族"土主"，已经彝族化了。从人类学角度看，彝族宗教与道教之间的互融，是一个涵化的过程。涵化是一种温和、渐近的文化传播模式，两种文化不存在压倒性的结果，而是共同发展相互吸收，形成一种新的文化模式。这恰恰是云南民族地区文化在道教文化传入后的状态。

第二节 壮族师公

壮族作为中国人口最多的一个少数民族,广泛分布于全国31个省、自治区、直辖市中。其中,在云南的壮族主要集中分布于文山壮族苗族自治州。本书所抽样研究的壮族主要是以文山富宁地区壮族为例,本课题调研中在富宁地区收集到了数十本民间经籍,其中有几部是以壮语音字来记录,很有代表意义。接下来本节将从传播背景、关系现状以及对其分析三方面来阐明云南民间经籍传播与壮族宗教信仰的关系。

一、传播的可能性

自原始社会始,壮族社会就有自然崇拜、图腾崇拜、祖先崇拜、巫术等不同形式。时至秦汉,壮族地区开始被纳入中央集权之中,伴随大型的人口迁徙活动,中原文化也传入到壮族地区。东汉之后,以道教为主体的宗教信仰也开始渗透到壮族人民的信仰体系之中。发展到唐宋时期,当权者出于政治需求加大了官方信仰在少数民族地区的传播,基于此,壮族地区的道教也在一定程度上得到了发展。从某种程度看,道教的传入成为壮族麽教形成的诱因。道教促进了壮族信仰从原始信仰转向成熟的原生性民间宗教麽教。麽教与道教进一步融合,形成了独具壮族特色的道教模式——师公(武)和道公(文)。从宗教信仰到从教人员,壮族也发生着一系列的变化。早期的壮族社会中,宗教神职人员多样,如巫、觋、师、道、僧等。而在壮族社会中,其宗教活动却不随宗教人员身份差别和宗教体系而不同。调查发现,其宗教活动内容都大同小异,以世俗化需求为导向,主要为求子、解命、驱邪、安宅、安墓、添粮、续命等。

壮族麽教,由壮族学者在近几年的研究中提出,是壮族原生性民族民间宗教，"以布麽为神职人员、以司麽为主要经典、以古麽为主要宗教活动的"①。壮族麽教吸收了佛、道两家思想。道教在壮族化的过程中，从一个追求长生久视、得道成仙的宗教变成了与社会生活相适应，世俗化而成为生活方式的一种宗教。并形成了壮族道教——师公教和道公教。

师公道又称武道，属于道教梅山派。壮族师公教中的信仰神祇、法事的内容与方法，法事使用的经幡、榜文，包括壮族师公教的舞蹈，都有明显的道教烙印。道公教又称文道，道公由受戒后的青壮年男子出任，一般多为兼职，平时务农。道公可成家婚配，平时无太多戒律，但忌食狗肉、牛肉，忌杀生。道公做的法事包括超度亡灵、安龙祭社、祈福求子、丰收酬神、祛病除魔等。常用经书有《太平经》《上清经》《灵宝经》《三皇经》《阴符经》《太上感应篇》等。壮族道公所使用的这些民间经籍，从内容上看，基本均是道藏中的汉文手抄本，其中夹杂了一些古壮字的歌谣，如孝悌歌、恩义歌等。同时，壮族民间经籍中还体现了三教合一的特色，除道教三清四御外，其神祇还涉及如来、观音、英雄人物、历史文化名人等。同时还有壮族土著神如布洛陀、米洛甲等。这种融合，还体现在神职人员的交融上。一些地方出现道公和师公兼做麽公的情况。有些地区的麽公家里会悬挂如来画像。

二、现状梳理

壮族受道教的影响，在平常的岁时月令、人生礼俗上都体现出来宗教情怀。下文从不同的宗教仪式及经书使用情况来分析民间经籍传播过程中与壮族宗教文化发生的诸多关系。无论是汉族还是壮族、彝族的道教，其使用的经书大同小异，但是使用传播的方式不同。比如请神方式、唱腔、法器、着装等会有差异。经书传播与民族文化的关系重在从传播角

---

① 时国轻：《道教与壮族麽教关系浅析》，《中国道教》2006年第2期。

度来理解。在使用过程中独特的时空场域,使用主体的不同体现了文化的差别。当不同文化圈碰撞之后,产生了新的文化体系,但是起文化内核不变,这就是文化动力之所在。

在壮族的传统习俗中,婴儿落地时分,其生辰八字已定,即可进行命格查询,继而根据五行属性取名字。如《买山牒》中描述了壮族道公按照生辰推算人的命格,从而制定不同的法事。并有五行五音五方的描述,记载了20余种法事。同时,新生儿的五行与所在村寨的风水有关,可以进行法事加以调节。

以文山多曼村为例,婴儿从出生到成年,每年都须举办一次法事。道士依据新生儿的五行推算其命中所遇灾劫,而后在正月为新生儿做法化灾。女婴长至21岁时要举行一次法事。道士首先会依据事主的生辰选取良辰吉日,而后择一风水宝地。如访谈中我们了解到,某女命里需在梨花树下做法事,则道士会选取一株梨树,举行相关仪式,祈求上天神仙保佑其平平安安。

恰如《解三重丧道》中提到,壮族师公在做法时会有念袜子法、念鞋子法等。这种对于当事人衣物的处理,也是一种天人感应文化的折射,认为人和物之间有一种联系。书中有大量口语化说唱词,陈述故事。这其实也是一种文化的传播过程。故而我们说,民间经籍的传播,不单单是一种宗教仪式,也是一种文化传承,是一种文化动力驱动之下的整体文化模式的传播。

所谓生死事大,民间经籍的主体内容即体现在生命观和伦理观上。丧葬仪式是典型的反映壮族文化与道教文化关系的仪式。以文山壮族为例,死者死后,其家人邀请道士到家中给死者进行超度。道士依据死者生辰择取下葬之地。壮民认为,如生辰与墓地不合,则死者不能安息,且死者魂魄会扰乱在世亲人,也即壮民所谓"鬼弄"之说。与汉族不同的是,壮族会在逝者三周年的清明,将尸骨(骨灰)取出,装入新坛(通常新坛十分贵重，且按照生辰由道士事先选择好）。如在此过程中操作不当，则也会出现"鬼弄"。故而在重新择坛入土过程中一定要有道士在场做法诵经。"鬼弄"之说为文山壮民深信不疑，丧葬仪式十分慎重。这无疑是受到了道教文化传播的影响。同时应该看出，在此过程中，诵经之经书是文化传播的重要载体。质言之，民间经籍在文山壮族地区的传播，在一定程度上加速了道教文化的传播，以经书为载体的道教科仪在这个过程中被壮民接受并使用。壮族的葬礼仪式，充分体现了道教的消灾解厄思想。壮族认为，通过丧葬仪式，可以将亡灵从地狱中解救出来引往天界。壮族将道公和师公主持葬礼的活动称为打斋。道场中要布置的神像，有十殿、三清，道、经、师宝，邓赵马关四大将军等。仪式中主要使用经书为《超度经》。壮族认为，如人生前行善、积德，则经过打斋的仪式，死后灵魂可升入天堂。夭折的儿童不打斋，壮族认为夭折的孩子未成年，不属于家里人，死后会托生他家。

丧葬仪式的用书最为丰富。《指路鬼秘旨本》中，主要描述了如何在送葬的过程中为亡灵指路，在这个过程中，五方神共同起作用，十方天尊引导。该书中还有大量符咒，且有关于五行生辰等算命内容。文山壮族地区使用的这本经籍，从文字表达上看，已经是壮族化后的民间经籍。该书的科仪与汉族民间经籍中的开路科相似，但是已经在开路科的基础上融入了壮族的民间信仰，同时夹杂了其他文化元素。这种新的特色的经书，是一种文化动力推动下的文化传播，是民间经籍传播过程中的一种文化传播例证。经籍中显示了作为中华传统文化核心动力的易学逻辑。《中元化衣》中含《太上洞玄救苦拔罪妙经》和《太上设救苦天尊灭宝忏》，该书是中元摄诏科，是道教常见科仪，经书内容大部分重复，但是其中出现的茗茶普献天尊，是经籍传播过程中的一个异化。《开路亡灵》中有大量道教字符，其中除开路科仪外，还设计姻缘速配等，且其中有大量壮语音译表达。以此书为例，可以看出文山壮族地区民间经籍的一大特色——杂糅且实用。出于使用和传播方便的需要,将很多道教咒语的壮语发音用汉字表达出来。这无疑是民间经籍传播过程中的一个实践性创造。出于实际需要的传播方式,为民间经籍的活态存在做出了贡献。其他丧葬用书还有诸如《送孤魂施食》《号召灵幡》《金子秘旨一科》《竿书式》等,记载不同的超度科仪。

其他诸如《救苦开启科》《丧场开启入殓科》《享食感礼用法》等书,在整体构架中,呈现完整的民间经籍模式,不同的是,书中杂糅了一些佛教元素,并且融入民间信仰元素。《享食杂咒》一书中出现四方、八卦、九宫、三官等词,可见民间经籍不单是一些道教科仪,同时承担着传承文化核心的根本。比如这其中的易学思维,是中国文化时空观的延续,是阴阳五行结构的传播。《开坛吉凶通用科》是壮语音译的民间经籍科仪本,同样的有大量易学元素融入。《脱孝科》中涉及命理之术,可谓是一部民间使用的批命卦书。《早晚杂内》中有大量天干地支图、吉秘、堂号,记载了祛病祛瘟之法。《蒙主爷降》护坛法,有八卦方位,命里术数。《天狗星》中有佛教词汇,亦有天地君亲师等儒家用语,还涉及婚丧嫁娶择选吉时的方法,内容丰富驳杂。《出丧安葬》与上书相似,根据属相生辰推算丧葬的日子。《沐浴科》占求财、占病人、占生死;危卦判曰;成卦判曰;收卦判曰;召凶沐浴科;无符咒图示,描述性语言,更似汉族经籍。

以安龙仪式为例,在这个“开道场”的法事中,以道公为核心,由一个十人左右的道公班子完成。从文山富民田野调研的观察来看,道公会使用一些具有壮族巫痕迹的舞步,且会悬挂一些壮族土主神像。法事中伴随着唱诵、有音声伴奏。道公一边做法事一边念唱或击鼓。通过田野对比研究发现,壮族的安龙仪式与汉族不同。壮族道教的安龙仪式从信仰体系到仪式音乐都自成体系,具有明显的民族特色。从这一角度看,壮族的宗教是多元存在的,师公教是壮化道教的一个产物。道教由汉族传入后,在壮族地区为了更好地生存发展,必须要不断吸收地区文化,并在长时间的交融过程中相互吸收养分，为当地民众所接受。在音乐形式上，师公道也体现了壮化道教的特色，音乐上借鉴了民间小调。这种差别，可谓是在壮族文化背景下的壮族道教的特色产物。《盘古开天》一书中有对安龙登科的详细描述。

三、交互关系

壮族道公认为其职责是传承黑衣壮的根底，即壮族独特的人生价值信仰，亦是传承于祖先的道教信仰。广西黑衣壮的某些道公认为，民族的自我认知主要来自信仰层面，而不是歌舞、服饰这些外化的表征。这种观点也恰是本书要说明的，文化的传承是依托于其文化内核，而民间经籍的传播在文化核心内涵——道教哲学的传播中起到了载体的作用。诸如歌舞、服饰、建筑等文化元素，依附于文化内核之上而得以传播。民族文化包括了物质和精神层面的文化内容，然而将各民族区别开来的不单单是语言、服饰、习俗，更多的是共同的自我认知、时空认知、宇宙认知。质言之，共同的精神生活更能区分不同的民族。而道教中的宇宙观、生命观、价值观在通过民间经籍传播的过程中，得以融入当地不同民族的文化中。这种文化动力的产生，影响深远。

文化形态的塑造是否是双向的？外来的研究者的结论是否会再一次加印在现有的民族文化形态上？政治权利的话语权对民族文化的影响因子？我们的民族文化认同问题，少数民族文化发展、社会变迁、族群认同等问题，必须与民间文化研究相结合，而不是站在精英文化阶层进行观察研究。质言之，我们对于民间经籍的研究，即试图将研究的视角转移至大众文化阶层，从民间经籍的使用、传播的过程中发掘道教文化内核如何作用于民族文化，以及如何在过程中不断发展、延续、融合、壮大。

从人类学者田野调查方法中我们不难发现，与被调查者的交流在反映真实社会和文化结构的同时，语言同时也决定着我们对现实的表达和理解。更深层次来讲，我们对于文化现象的研究，必然脱胎于我们的母文化。任何一个学者以观察者的角度对研究对象进行调研，都无法彻底摆脱母文化对其知识结构的塑造。

在早期人类学的研究中，将世界划分为西方文明和非西方文明，非西方文化往往被视为原始、落后。这种情况随着族群概念的提出得到了改变。本书无意于讨论人类学的研究视角，然而这种早期的偏见，在一定程度上恰恰与我们在对待少数民族文化的研究中所犯的错误相似。对于少数民族的研究，我们往往易于在站一个制高点来审视，认为少数民族的文化落后于汉族。我们对少数民族文化的研究也是出于文化保护的目的，期望能增加文化的多样性。族群的问题，现在的少数民族对于族群认知越来越模糊，汉化严重，造成这样的局面是很多层面的因素共同作用的结果，而在这些助力因素中，民间经籍传播中承载的道教文化内核起到了什么作用？或者起到了什么程度的作用？这是本书试图回答的问题。

根据黑衣壮人的讲述，古时黑衣壮与汉人一同赴印度学道。因壮族人勤快，在汉族人之前赶到祖师处习得道教。现在壮族道公穿两支袖的花衣且在做道场时端坐，皆因壮族人比汉族人早到，故而挑选了双袖花袍且坐到了前面的位置。所以汉人道公做法事站着且只有单边袖子有花纹。广西壮族道公认为只有汉族和壮族道教有经书，瑶族道教是没有经书的。壮族道公认为，其道教之道侧重强调道德之意，强调做好事，为人解决困难，而非为财。向信徒收取的米、肉等物品多为拜神而用。从这一道公的表述可以看到，经籍在壮族社会的传播，在一定意义上是传播一种伦理之教化。人们在践行宗教行为的过程中，其实是践行了一种核心价值观。这种对于"道"的独特理解，产生了行为模式上的一致性，这就是我们强调的文化之动力。宗教仪式与世俗之日常生活紧密结合起来，两者构成了一个广阔的现实世界，在这个复合的时空里，宗教仪式不单只是一个仪式，更多的是仪式背后传播的文化内核。通过这种仪式在代与代之间的继承与传播,文化也就保存了下来。

第三节 瑶族道教

瑶族作为中国最古老的民族之一,是古代"九黎"中的一支,广泛分布在亚、欧、美、澳等各个地区。在中国范围内,主要以广西为分布区域,在云南省内,瑶族主要分布在河口瑶族自治县、金平苗族瑶族傣族自治县。本节是以云南瑶族的信仰状况为研究对象,通过历史的和现实的两个纬度来共同说明云南瑶族的宗教信仰是如何与云南民间经籍传播发生关系的。

一、传播的可能性

追溯瑶族的源流,最晚在秦汉时期的史籍中已经有所载,东汉《风俗通义》《后汉书》等都对此有所描述。时史载其"居于现今中部地区洞庭湖一带的瑶族先民为'蛮夷',此后'蛮夷'集团的一部分逐渐演化为瑶族及其共同体,其中苗瑶畲是主要部分"[1]。在长期历史发展过程中,瑶族先民的足迹遍布中国的南部大范围地区,并且在如今东南亚地区部分扩散迁徙到越南、老挝、泰国这一广阔的区域,形成长期且重要的历史影响。作为一个游耕民族,瑶族在历史上几次大规模民族迁徙过程中表现出规模小、时间久、分散强的特点。然而这些都不能打破瑶族本身固有的民族意识。这种民族共同意识的形成,与其在长期迁移过程中保留原有文化并吸纳新的文化因子有很大关系。

从瑶族发展历史中我们可以看出,其原始的盘瓠信仰是其文化之核心。而在历史发展过程中,出于各种原因,瑶族不断丰富和完善其文化内

---

①李学钧、马建钊:《瑶族盘瓠神话与渡海神话的象征意义》,《广西民族学院学报(哲学社会科学版)》1996年第1期。

核,形成了新的文化形态。这种形态也是对中华固有文化的一种认可,一方面瑶族没有失去自己的文化核心,另一方面瑶族又通过认可和吸纳道教文化内核而融入整体的中华文化当中,诠释了文化动力之效应。瑶族历史悠久,唐以前称"莫徭",意为不受徭役。宋代开始,梅山瑶族开始接受汉文化,信仰从早起的盘王图腾转变为杂糅原始信仰与道教的新形态——新的神祇、仪轨、瑶经。这种文化的涵化,为中华民族整体文化的生命力注入了新的活力,同时也见证了中国文化的动力学传播原理。

瑶族的各种道教仪式多集中在春节后两月,其使用的经书也多与汉族民间经籍相同。日本学者白鸟芳郎在《瑶人文书》一书中记载了瑶族的宗教礼仪。斯特里克曼博士认为,瑶族的文书与北宋时期首次刊布的道教礼仪经典有关。道教在中国南部地区的大面积传播是随着南宋王朝的建立而产生的。政权的南移对于中原文化在南方的传播尤其是道教的传播,无疑是一大有力助推。对于道教文化的接受和践行,成为当时瑶族接受中原统治的一种行为标准,是当时的一种社会潮流,甚至可以说,是当时瑶族人选择的一种社交方式。通过对新的文化的接纳和使用继而传播,将自己不断融入正在发生变化的新的社会体制中。瑶族在南方少数民族中相对居住位置靠北,即从地缘看,更有利于接受道教即中原文化。张泽洪教授认为,道教在魏晋时期传入瑶族地区,道教对瑶族的影响不断增强。同时从功利主义信仰角度看,道教的一些特殊仪轨,如驱虫、祈禳、求雨等,满足了当时瑶族农业社会的根本需要,换言之,道教的传播有信仰共性,有现实需求,其中信仰的共性是最主要的原因。

盘王信仰是维持瑶族民族共同体稳定的重要原因。瑶族民众相信盘瓠神会对部族进行庇佑。盘王龙犬形象的定型与传播作为族群的标志和特征,被所有的小团体的瑶族等作为共同的象征。通过对盘瓠神的崇拜仪式和祭祀等宗教行为,维系族群来源的稳固性与神圣性,使得民族在流转迁徙的过程中保持其独特的稳定性。盘王信仰在瑶族群体中产生着巨大的向心力和凝聚力。涂尔干的宗教社会学理论认为,信仰具有统一的感情和价值观念,迫使人们遵守共同的行为准则。这种集体意识的产物会发挥着统一的约束作用。通过加强人与神的关系,从而加强了人与社会组织、个人与个人之间的关系。而且世代相传的潜移默化中,使族群的个体形成一种新的完整的习惯,从而来维护整个社会的凝聚力和稳定性。盘瓠传说的鲜明特性使得瑶族等民族形成了独一无二的民族特性,并展现出巨大的稳定性与生命力。而盘王信仰延伸出来的祖先崇拜,和道教人即神的神祇模式有一定的相似性。

瑶族道教的传播主要靠度戒后的师徒传授,弟子跟随师父学习各种道教礼仪、文书。经书的传播主要靠弟子手抄师父的,如祈福咒语、青词黄表等。这种师徒间的传承呈现一种私密性,传授的节奏、程度均有师傅把控,但是徒弟之间并不会相互分享材料。这就导致了一些问题,比如不同的人抄录的内容会出现差错,但由于彼此间并不会交流,故而在经书的流传过程中会出现很多不同的版本。很多不同民族使用的经籍与汉传经籍在内容上相同,但是具体表述及版本有差异,很大程度也是基于此。这种师徒间传帮带的特殊关系决定了民间经籍的特色属性,民间经籍不可能通过印刷等方式流传,还是必然通过徒弟手抄而承袭。当然除了手抄误差,造成这种差别的原因还有手抄者本身的文化特性。如瑶族道教将汉族道教中的"闾山"替换为"梅山",认为自己的全部教义来自"梅山"。文化差异导致了后期的教义差别。

另外,瑶族道教与汉族道教的不同点还表现在神职人员上。瑶族人认为道教仪式是为了洁身化罪,故而道士是帮助亡魂通向救赎的唯一途径。瑶族道教希望所有的男子均委以神职,换句话说,瑶族道教没有专职的神职人员,而汉族道教中道士是专职群体。瑶族道教与汉族道教的异同,还表现在不同的神仙信仰体系中。瑶族道教的神灵系统,除道教诸神外,还信仰本民族神祇,如山神、树神、谷娘等。瑶族祭祀中,三元占重要地位。瑶族道教使用的经文，除汉族道教的经文外，还有结合民族情况而编写的具有民族特色的民间经籍，如《盘王歌》，经文使用汉字抄写，但发音似粤语。由此也可证明，瑶族的道教与广州地区闾山派有一定关系。

瑶族道教中独有的"家先"信仰，是祖先崇拜与道教相结合的产物。所谓"家先"，是具备某些条件后被后世子孙供奉在"家先单"上的祖先称呼，并非所有已故祖先。以云南瑶族为例，每一个瑶族家庭都有一个"家先单"。在瑶族神仙信仰体系中，除"家先"外的都称为"鬼"。为了避免成为孤魂野鬼，瑶族人都会在生前通过做功德而为死后在神灵世界的地位提高做资格铺垫。瑶族的信仰体系决定了其宗教信仰在一定程度上有伦理规范的作用。基于这种"家先"思想的存在，瑶族更易于接受道教死后成仙的这种理论思想。且瑶族的神祇崇拜中没有排他性，故而道教传入后的神祇也自然被吸入到原有神仙体系中。瑶族民间经籍中表现出来的神灵谱系并无固定的顺序，诚然这与瑶族社会内部结构单一有关，这也成为瑶族经籍与汉族经籍不同的一个特点。瑶族道教的度戒和挂灯是瑶族人的入道仪式，是否举行过这两种仪式是他们死后能否成为家先的一个必要条件。值得注意的是，瑶族女性成为家先是依附于丈夫的，尤其过山瑶的女子，需同丈夫一起挂灯方可取得道教徒的资格。

而成为家先的另一个要素就是必须有后嗣。这种重视生育的思想与道教有着密切的联系。道教的生育观颇具特色。道教生育思想其实是道教哲学思想的反映，内核为生命哲学、符号象征。这种思想也反映在民间的各种经籍中，尤其是各种科仪，如《血湖经》。再如《文昌延嗣经》中有玉皇大天尊与张仙真人的对话。张仙真人是道教中的生育神仙，《道教大辞典》中对于张仙的描述是："世传为送子神，其像挟弹弓，作贵者装。"《续文献通考》说道："张远宵，眉山人。宋时游青城山，有四目老人，传以弓弹，谓能避疫；并授以度世之法。远宵奉而修之，旋常往来邛州挟仙楼，以挟弹为人家击散灾难，甚着神效，人因称为张仙，或呼张四郎，敬之如神，后民间多绘其像,悬以祀,谓能避邪,又可令人有子云。"

二、传播现状

瑶族以"家先"观念为核心的祖先崇拜与道教相结合后,形成了瑶族现有的特色的瑶族道教信仰系统,原有的"家先"信仰在道教传入后进一步升华完善成系统的神灵信仰体系。而与道教神仙崇拜不同的是,瑶族道教更注重通过德行修行而使自己可以成为家先,与道教通过心法炼丹得道成仙的修行方式有所不同。且道教的最高神在一定程度上拥有帮助瑶族民族修行而成为家先的能力。

从《连南瑶族自治县瑶族社会调查》中我们可以看到,瑶族人民的道教活动主要服务于日常,如婚丧嫁娶、祛灾治病、安龙奠土、求雨祈福等。在瑶族特色的集体宗教活动如"耍歌堂""打道篆"中,也有很多道教元素。活动中使用的"瑶经",如《催生经》《接花求子经》《安葬经》等,从内容看,基本沿用了道教神祇。瑶族道教在内容上与汉族道教中的正一派相似,重符箓禁咒斋醮。瑶族道教民间经书大多为道公使用的忏咒和师公使用的唱本。民间经籍多为手抄本,抄本后有符,这是瑶族经籍区别于很多汉族经籍,尤其是《道藏》中的经籍的最大特点。

云南地区的瑶族使用的经书与汉族民间经籍在名称上有所不同,如以文山、曲靖两地的瑶族使用的经书为例,有《鬼脚科》《功曹牒》《上中下元伸奏》《门外榜语》《阴阳二牒》《公元经》《救患经》《召龙经》《度戒经》《拜表经》等。这些民间经籍大多为师公在汉族道经的基础之上编纂而成,经书多为手抄本,且书写不规整,有缺页。目前可见的不少民间经籍为古瑶文书写,句式也多为瑶族歌谣的七言句式。瑶族道公所使用的经书,相对于师公经书来讲,更加规范,且大多用汉字抄写。经书有《完满科》《月内交陵科》《飞章科》《交龙科》《炼度科》《伸斗科》《安龙科》《设醮科》等。从经书的内容看,其中有部分神祇来自瑶族原始宗教崇拜和民族影响,如谢雨五郎、梅山十八郎、着衫九郎、助法四娘、唐少唐圣九娘等。且对于道教神祇的称呼,发生了一些本土化的变化,如对于道教三清,瑶族地区改称为"清微天宫玉清圣境大罗元始天尊""禹余天宫上清真境灵宝天尊""太乙天宫太清道德天尊"。瑶族民间经籍可谓民间经籍传播与民族宗教文化结合的典型范例,在传播的过程中融入了瑶族民族文化的元素,将更多的文化元素附着在经籍这一载体上,从而实现了文化的新结构,丰富了文化的动力。

如在云南金平县瑶族使用的民间经籍《请圣科文》中,被请的神祇呈多样化趋势,有民间信仰的神灵,也有佛教神灵。如在瑶族民间经籍的《救苦经文》中有明显佛教化的文字:"南无救苦救难观世音菩萨,百千万亿佛恒河沙数,佛无量功德。佛告阿难言,此经大乘能救狱困,能救重病,能救三灾八难苦。若人诵得一千遍,一身离苦难列。若诵得一万遍,阖家离苦难。南无佛力威,南无佛力佛,善人无恶心,令人得度。回光菩萨,回善菩萨,阿振大天五正殿菩萨。麼休清净此休官得散私事休诸大,诸大菩萨,五百阿罗汉救拥弟子身悉,皆离苦难。自然观世,然得解脱信受奉行,即念真言曰:金波金波谛,救和救和帝,阿罗弥帝弥陀罗谛真言偈谛,菩提娑婆诃。"①《完满科》中的"金光咒"也具佛教色彩:"山川道路多精辉,谁人念得我真言,恶鬼不能侵害躯。或过江或过海,手提波浪职牙齿,回头坐在碧潭中。点了化成佛,舍利子,舍利子,渔翁吞了尽生天,龙王赞叹生欢喜。龙王一百八十三,诸国灵祇二十五。护罗身,身离难,难内身,一切冤家离了我身形,龙华会,龙华三会再相逢。喳引南无僧金托解结坛阿之中,手提律令喳引哆 呢哆口罗娑婆呵。"②而这些被请的道教外神祇是受到道教大神管制的,也就是说,这种丰富了的瑶族化神祇系统,是以汉族原始道教主神为主导的新的神祇系统。这种传播过程中发生的变化,

---

①② 徐祖祥:《瑶传道教中的佛教与儒家因素》,《贵州民族研究》2002年第2期。

恰恰是文化动力影响下的文化多样性。瑶族人民在接受了汉族道教的文化内核后,在使用经籍的过程中,对原有的文化内核的再传播起到了创新的作用。添加了新元素后的这个文化内核更加完善,更具有文化动力。

三、关系分析

瑶族道教这个称呼在学界尚存在争议。然而本书认为,称谓并不改变这种信仰本身的文化属性。瑶族道教更多的是表现为瑶族人民在接受了道教文化后,对其吸收改造而后又进一步加以使用传播的一种生活方式。这种体统化后的生活方式,其实是对文化内核的一种全方位践行,而这个行为本身恰是对文化动力学的诠释。质言之,我们研究的民间经籍,作为一种文化载体,它不是一个个单一的文字样本的集合群,而是具有生命力的文化元素。其文化价值是在于民间经籍的传播。在传播过程中,有主体和客体,有时间和空间,在一个特定时空的场域中,一群特定的人群在对同一文化的认可基础上践行这一文化形态,这本身就是一种文化的传播。而贯穿整个行为始终的,促使这种文化行为模式不断地发生、发展、进化的,是文化之动力。

正如欧大年说的:"乡村宗教的组织任务是乡民惯常、应有的活动的一部分;这些是他们生活方式的一部分——把神圣与世俗结合在一起。世代相传的地方传统支持着这些责任和活动,而这些传统是遵循着明确的规则的……所以,祖先和神明崇拜,以及风水习惯,维持着乡村社区在时间和空间上的完整性,予人与神圣力量一个紧密联系的感觉。这就是中国地方宗教的制度化所在,这种如此深刻的方式,就使其他制度化的形式变得肤浅。"[1]美国学者霍默·巴尼特(Homer Bamett)指出:"涵化是指两个或多个独立的文化体系相接触所产生的文化变迁,这种文化变迁可

---

① 夏志前:《瑶族宗教——作为生活方式的宗教》,《中国民族报》2007年3月13日。

以是直接的文化传播的结果,也可以由非文化因素所引起,如由文化接触而产生的生态或人口方面的变化。它既可以是随着对外调整和模式的接受而出现的内部调适,也可以是对传统生活方式的反适应。"[1]

第四节　白族本主

白族是我国第十五大少数民族,主要分布于云南省大理白族自治州,川西南、黔西北、黔西等地也有少量分布。大理州有着优越的自然条件,大理历史上一度是云南的政治、经济、文化中心。不同区域的白族有不同的称呼,情况较为复杂,如纳西族称澜沧江边上的白族为"那马",大理和丽江的白族为"勒布"。1956年,结合该族人民意愿,经国务院批准,正式定名为白族。本节主要结合白族特有的本主崇拜,来探讨云南民间经籍传播过程中如何和本主崇拜发生联系,实现交融。

一、传播的可能性

白族的原始崇拜最早可追溯至新石器时代,当时的白族先民主要是从西北迁入云南的羌氐族群。这时期的原始崇拜主要表现为巨石崇拜,这种巨石崇拜与羌氐民族早期生活于高原山区相关。除巨石崇拜外,原始崇拜还包括早起的葫芦崇拜,如白族的创世神话中认为白族始祖从瓜中诞生,依靠葫芦逃过大洪水等自然灾害而得以存活。随着白族社会从新石器时代发展至氏族时期,宗教信仰也从巨石崇拜发展为图腾崇拜。不同的氏族部落以崇拜不同的动植物来作为身份区分的象征。鸡图腾崇拜是白族先民图腾崇拜的重要对象之一。到氏族阶段后期,图腾崇拜开始

---

[1] Bamett Home(1954): Acculturalion: An exploracorY formulalion. American Anthropologisr, 1954,56(6),1000—1002. 转引自赵巧艳:《空间实践与文化表征·侗族传统民居的象征人类学研究》,民族出版社,2014年,第471页。

发展演变为巫觋崇拜。巫觋文化的产生代表着白族宗教信仰开始进入到真正的宗教阶段。至此,原始宗教"朵兮薄"(白语,意为"灵魂的主宰")诞生。

《华阳国志》有言:"夷中有桀黠能言议屈服种人者,谓之'耆老',便为主。议论好譬喻物,谓之'夷经'……其俗徵巫鬼,好诅盟,投石结草,官常以盟诅要之。"①从记载中可以看出当时的宗教领袖是一种类似政教合一的存在,当时的宗教活动主要是占卜、典仪、祭祀等。随着后期佛、道、儒等汉族文化因子的传入,朵兮薄教吸收了多种宗教信仰,成为本主信仰的雏形。随着白族社会进入农耕文化,宗教上的需要相应发生改变,本主信仰代替朵兮薄成为白族的重要宗教形态。白族的本主信仰在一定程度上反映了白族的社会发展史,本主信仰实质上是以早期朵兮薄为原型的三教合一的宗教形式。

道教在云南的发展,主要鼎盛于明清时期。南诏前期,道教作为主流宗教信仰盛行于大理地区。《蛮书》记载:"贞元十年岁次甲戌正月乙亥朔,越五日己卯。云南诏异牟寻及清平官、大军将与剑南西川节度使巡官崔佐时谨诣(玷)点苍山北,上请天、地、水三宫,五岳四渎及管川谷诸神灵同请降临永为证据……其誓文一本请剑南节度使随表进献,一本藏于神室,一本投于西洱河,一本牟寻留诏城内府库,贻诚子孙。伏维山川神祇,同鉴诚恳。"②(苍山会盟)从仪式的描写上可以看出五斗米道的痕迹。元时,宗教政策相对宽容,道教在大理地区也维持着平稳发展的态势。明时,道教在巍山设巍宝山道教群,并出现苗道材、陶真人、李常在等高道。明清时期佛道在大理的发展呈均衡状态。

据民国《大理县志稿》所记:"境内道教有清虚、火居二种。清虚道云游方外,居处坛观,脱离家族社会之关系。火居道乃与常人无异,惟金铙

---

① 〔晋〕常璩:《华阳国志·南中志》,巴蜀书社,1984年,第364页。
② 何志魁:《白族母性文化的道德教育功能研究》,西南大学博士学位论文,2008年。

法鼓,讽诵经文,为人忏悔、攘祷、获资赡家而已。二者皆崇奉老子。""火居道分先天、龙门二派。先天派宗萨氏,行于城内及南乡;龙门派宗邱氏,行于东乡、北乡。各有薪传,能自述其师弟之系统。"①《巍宝山道教调查》一书中,对于大理巍山地区的情况做来如下描述:"现代大理巍山地区的道教宫观,可谓西南少数民族地区的道教万神殿。巍山23座道观供奉三清、四御、三官、三皇,上中下八洞神仙,还有日月北斗、五星五行、风雨雷电、五岳四渎、山川社稷、城隍土地等诸多神灵,神仙众多,职司齐备。长春洞的建筑雕刻艺术,侧重表现道教神仙题材,大殿八扇格了门雕刻中八洞八仙,雕工精细,形象逼真。长春洞天花板上绘五十幅彩色图画、有二皇图、三清图、四御图和群仙会宴图。"②可见,大理地区道教的传播发展为经籍的民间传播奠定了良好的基础。

二、传播现状

道教在大理地区历史悠久,已与当地民间信仰混溶,出现了独具地方特色的洞经会和莲池会。就洞经会而言,大理下关"感应社"历史最久,现在已经改为洞经音乐社,成员多为退休职工和农民。洞经会经文包含了《道德经》《觉世真经》《太乙经》和《太上感应篇》等道教经典。莲池会也是道教在白族地区发展传播的一大例证。莲池会经文数量众多,据统计有400多篇。其中有不少以道教为主的经文如《无上虚空地母养生保命真经》《南北斗经》《文昌经》《城隍经》和《灶君显应度世文经》等。尤其莲池会的朝斗仪式,是受道教影响的有力证据之一。朝斗分为南斗与北斗,"南斗朝生,北斗朝死",是莲池会最具影响力的大型道教祭祀活动。朝南斗是在农历六月初一至六月初六,朝北斗在农历九月初一至九月初九。

---

① 张培爵等修、周宗麟等纂:《大理县志稿》,台湾成文出版社,1974年,第590页。
② 薛琳:《云南巍山彝族社会历史调查》(巍宝山道教调查),云南人民出版社,1986年,第242页。

朝斗是白族对于道教文化接纳的一个行为例证,在朝斗的过程中,白族民族实现了神圣与世俗的结合,将宗教信仰贯彻到日常生活中,对于建立一个社会整体起到了很好的凝聚作用。在共同的固定社交活动中,大家通过参与仪式而实现了行为的统一,从而践行了道教文化的精神,对仪式背后的文化内核是一种接纳和传播。

目前,大理地区很多白族村落都还保留着浓重的道教信仰。以凤翔白族村落为例,该村内建有玉皇阁和文昌宫。每逢玉皇大帝和文昌帝君诞,村内莲池会的成员都会举行祭祀活动,念诵道教经文。千年白族古村诺邓的道教信仰更是久远。其道教信仰融入了当地特色的诗歌词曲,以洞经音乐的形式表达,且突出表现为多元一体,多主同奉。随着清末博士孙复兴的整理改革,诺邓的道教趋于成熟。如今,诺邓的很多习俗中还保留着道教元素。诺邓村曾有村里有"同善社"①,通过诵经来帮人祈福,其中有《关圣帝君桃园明圣经》。同时保留了开经、收经、拜忏等经法。道教的重要节日,同善社也会举行活动。在洱源县凤羽每年二月初一的迎本主仪式中,一些儿童会扮作八仙模样,与本主太子像一同巡游,道教神仙与本主共同参与到仪式庆典中。可见这种文化的涵化。道教庞杂的神仙信仰体系同时也对大理本主信仰产生了很大影响。如道教所祀奉的日、月、北斗、城隍、土地诸神几乎都成为白族本主庙中最常见的祀神。

此外,大理喜洲镇仁里邑村也保留着融合了当地民族文化特色的道教科仪活动。通过田野调查我们发现,仁里邑村的诵经活动很具特色,呈复杂多元态势,其诵读的经书有佛教经书如《西天佛祖经》《观音经》,有传统民间经籍如《开门经》《东岳大帝经》《十殿十王经》《地母经》《灶王经》《大圣玉文》《城隍经》《财神经》,有反映当地民族文化特色的民间经书如《红山本主经》《日光经》《月光经》《中央皇帝经》《国母经》《雪山太子经》

---

① 其源头是"罗祖教",尊菩提达摩为初祖,同时推崇《道德经》。

《金姑经》《驸马经》《清官老爷经》《五大将军经》《鳌光经》《山神经》《龙王经》《禹王经》《大黑龙王经》《老公公经》《子孙娘娘经》。从这些使用的经书我们可以明显看到,在大理地区的道教已经不是单纯的汉族道教,而是与当地民族文化相结合,使用的民间经籍独具文化特色,如本主、雪山太子、中央皇帝这些词语的出现,有力地证明了大理白族文化在接受了道教文化后的本土化能力。将道教的核心体系与民族信仰相结合,形成了一种新的文化形态,再一次体现了在中华文化传播过程中的文化核心动力的问题。

民间经籍在大理地区的广为传播是随着道教的传入而自然发生的。唐代随着道教被尊为国教,全国范围内奉行道教,南诏国仿效中央政权,派子弟到成都学习。同时,在这种大范围的文化学习过程中,抄经书、尚书法也蔚然成风。云南尊王羲之,而王羲之是天师道世家,其作品部分与道教相关,在一定程度上也加速了经籍在民间的传播。

《滇云历年传》记载:"真守景德元年(公元1004年),段素英敕文《传灯录》开科取士,定制以僧、道读儒者应举。"据《巍山彝族回族自治县民族宗教志》一书调查统计,手写道经有《牛王经》《龙王经》《地母经》等39部。[1] "巍山刻印的明清道经有《三教搭难救劫真经》《南斗午朝科》《吕祖度仙姑》等50余部,且以清代木刻本居多。而白族地域的道经中,有些未见收在明《正统道藏》及《万历续道藏》中,也未见收在清《道藏辑要》中,如《太上洞玄灵宝三清仙经》《太上雷霞三官北斗延生保命妙经全函》《太上金光救赦宝忏》《迎圣送圣科全卷》《三教同路迎亡送亡科》《南斗午朝科》《文昌帝君还乡宝卷》《暗室灯注解》《指迷金图》等,说明它们是产生于白族地域道教并得到流通。据《巍山彝族回族自治县民族宗教志》调查统计,巍宝山清以来现存的单本道经分洞经类、讽诵经类、超度经科类和善

---

[1] 参见薛琳:《巍山彝族回族自治县民族宗教志》,云南大学出版社,1992年。

书类,达81部。"①

以具体科仪来看,白族民间的丧葬仪式,有着突出的本主与道教互融的关系,且在这个过程中出现大批民间经籍。白族民间有一套祭祀神灵的仪程,主要是为了祭祀本主,后来也同样适用于其他的民间信仰中的神祇。祭祀仪程主要包括用香、祭祀兵马和牲祭酬神,而具体的祭仪则根据祭祀活动的不同有所区别。由于祭仪繁杂,一般是以家庭为单位来到庙中祭祀,家中没有会做素斋供食的需另请一位专业的厨师,还需一位主持祭仪的长者,通常是由民间的"看香人"、莲池会的老斋奶②、村中懂祭仪的长者或其他进行民间祭祀的主持者来担任,而进行祭祀的家庭则听从主持者的安排,在其领导辅助下完成祭仪。"仪式不是一种普遍的、跨文化的现象,而是观察和组织世界的一种特殊方式,借助人类学家(他或她)的参考框架,我们了解到被研究的民族及其行为方式的许多东西。"③白族民间的这套祭神仪式,正是大理白族地区宗教习俗和民间信仰的体现。我们可以从中看到白族人重生、乐生的人生观。尽管白族人相信灵魂不灭,人死后会在阴间生活,人有前世今生来世,但是他们最关注的还是现世。所以白族的宗教信仰具有极强的功利性和现实性。

宗教祭礼除了供奉祭品以外,还要诵念祭文。祭文分为口诵祭文和书面祭文两种,主持祭祀的人可以根据实际需要,因地制宜地选取合适的内容,向神明表达具体的来意和所祈之愿即可。书面祭文大多时候是白文祭文,也有汉字祭文。除了祭文之外,还有一种独特的祭祀文体,就是上文提到的表文,即"神疏"。"疏",本意为"疏通"。"神疏"是民间信仰中人与神沟通的介质,人们以疏文来表达所祈之事,通过焚烧疏文将心愿传达

---

① 何俊伟、汪德彪:《白族地域道教藏书的历史与特色》,《大理学院学报》2012年第11期。

② 大理市各个村落的莲池会会员,民间称老斋奶。

③ 薛艺兵:《神圣的娱乐——中国民间祭祀仪式及其音乐的人类学研究》,宗教出版社,2003年,173—174页。

给神明。不同的疏文有不同的用法,财神表就是求财源广进、生意兴隆,平安表就是求阖家清吉平安等。

甲马,又称"甲马纸""纸马",是中国民间祭祀时常常使用的物品,如祭祀财神、月神、灶神、寿星等民间神祇时。据《清稗类钞·物品类》"纸马"一节记载,甲马本来叫纸马,起源于唐朝,是手绘的彩色神像,因为上面的神像大多披甲骑马,所以又叫甲马。①到了宋朝,雕版印刷普及,甲马成了五色套印的彩色印刷品,历经元明清三代而不衰。如今甲马祭神的风俗在北方、河北地区、江浙一带、广州地区和云南还有留存。云南的甲马是由内地传入,相较于内地甲马,云南甲马形式更为丰富,民族特色鲜明。甲马在白族民间日常生活中使用十分广泛,每个白族人人生中的婚丧嫁娶、修屋建房、日常祈福等大事小情,无不见甲马的踪影。大理地区一般将甲马称为"甲马纸"或"纸火"。白族甲马在民间日常在大理北门东岳庙进行祭祀仪式也需要用到,主要是叫魂时使用的一套叫魂甲马,包括当生本命甲马、庖厨司命九灵灶君甲马、桥神路神甲马和水神甲马;祭祀五营兵马使用的五路畅兵甲马;用莲花灯救拔超度亡人时使用的接引西方往生神咒甲马。甲马使用仪式需要"开光",以叫魂甲马为例,叫魂甲马是制作叫魂香的必备品。

首先取三枝长约30厘米的红香,用折好的金银元宝将三根香包在一起,将当生本命甲马和庖厨司命九灵灶君甲马夹在香的中间,将几张金银纸折成三角形夹在香头,水神甲马、桥神路神甲马与折好的金银纸一同夹在香尾。将叫魂香插在放了三分之二米和一个生鸡蛋的碗里,接着进行牲祭酬谢仪式,以献祭的公鸡鲜血来为甲马"开光"。通过"开光",甲马才能"活起来",并"开始执行自己被赋予的神秘功能。在这里甲马不仅作为一种仪式媒介而存在,同时通过甲马使用的仪式,它已经成为甲马使用仪

---

① 参见〔清〕徐珂编撰:《清稗类钞》第12册,中华书局,1986年,第5998页。

式人神互通的'在场'的神灵。人间的意愿依靠甲马神灵的'在场'而得到传达，人间和'神灵'这两个在人们看来互不相通的空间由此而建立了某种神秘的联系，以此作用于人们的现实生活。通过甲马使用的仪式，甲马作为人神之间沟通的媒介达到了甲马使用者所期望的人神之间的互通"①。在大理民间，甲马和香都是人和神沟通的媒介，所以在各类祭祀中，它们通常都是同时使用的。

三、关系分析

按照结构人类学的理论观点，结构才是社会文化现象的本质，可以理解为，结构是文化之重要呈现。结构在一定程度上决定了某种社会文化现象的模式。人类学研究的重心是放在发掘生活中易于被人们忽视的东西，即通过深入观察而获取社会文化现象背后的"共时性"结构。宗教学的研究，是将视野集中在宗教行为上，进而进行其行为背后的理论解读。在对民间经籍传播与民族宗教文化关系的研究中，本书试图借用结构人类学的研究方法，从整体性出发来观察研究对象的社会生活，将宗教行为放在日常生活中来看待，将其还原为一个结构性整体。

拉得克利夫·布朗认为，任何文化都可以被看作是一个完整的系统。文化要素是各个相互关联的部分，这些要素是作为构成文化统一体的部分而存在。我们对于某一文化现象的研究，对于各种习俗、行为的考察必须是建立在结构中的考察，只有将这些文化元素放置于其文化整体中，我们才能真正明白这些现象、行为的真正意义，这些文化元素是如何在文化传播中起作用，并如何维护文化整体性而存在。质言之，这种视角有助于我们从功能主义角度出发而进一步理解结构的含义。结合本研究，甲马

---

① 张翠霞:《村落生活中的白族甲马——大理白族甲马的现存状态及文化阐释》,《重庆文理学院学报(社会科学版)》2010年第2期。

作为信仰的符号意义,作为整体文化中的功能作用,是本书的一个新视野。不局限于具体的宗教行为,而是将这些信仰行为放在文化的视阈下重新观照,继而看出文化动力学之意义。

社会学对结构问题的研究又与人类学的侧重点有所不同。社会学的研究视角是聚焦于一定结构形式下的社会诸要素或组成部分的功能问题,特别是社会整体的运行状态和功能的发挥。社会学理论认为结构是一种关系的总和,是结构中每个要素之间的存在方式,功能是通过结构而起作用。结构功能主义,即结构最终为功能服务,功能通过结构而起作用,结构中诸多要素的最终作用都要体现在功能上。

从20世纪40年代开始,美国著名社会学家帕森斯建立结构功能主义的系统性理论,成为结构功能分析学派的重要代表。他提出了著名的"AGIL"图式。其中,A(Adaptation)即所谓"适应"功能,主要指社会系统由其外部环境获得足够的资源或能力,以及这些资源或能力在该系统中的配置;G(Goalattainment)即所谓"目标实现"功能,主要指社会系统所具有的有助于确立其目标,并为实现这些目标而激发和调动该系统中之能力与能量的功能;I(Integration)即所谓"整合"功能,主要指社会系统的连贯性或一体化的维持问题,包括控制手段的建立、保持子系统的协调、防止系统发生严重混乱等;L(Latency)即所谓"潜护"功能,主要指能量储存并配置于系统的过程,包括相互联系的两个方面,一是模式维持,即符号、观念、趣味、评价等的文化供应,二是张力处置,即行动者内心紧张和张力的消除,由此而维持社会的共同价值观模式,并使其在社会系统内制度化。① 在民间经籍传播与白族本主信仰的融合过程中,我们看到了道教文化的"适应"功能,与白族特有的民风民俗相结合,满足当地民众的信仰需求,而这种适应,其实最终是为了满足自身的传播目标,通过与当地文

① 参见刘润忠:《试析结构功能主义及其社会理论》,《天津社会科学》2005年第5期。

化元素的结合等一系列行为,达到"整合"功能。

宗教神圣性功能是指宗教的超世俗方面对世俗社会的影响,"是由宗教信奉对象的意象和形象化解出来的"①。神圣性功能是指这些功能与宗教的神圣性有内在联系,并通过宗教的特殊方式来实现,主要包括社会整合功能、行为规范功能和心理消解功能等。神圣性功能的发挥不是一成不变的,而是一个动态的过程。在不同的历史条件、具体情况和社会制度下,各种功能所起的作用会因时因地发生改变,这些功能还具有双重性,会展现或积极或消极的作用。信仰在大理地区的社会生活里发挥着它的神圣性功能,它对信众起着强有力的认同和整合凝聚功能;也影响信众日常生活中的行为。"从功能的角度看,任何宗教总是在满足了特定人群的某些宗教需要的基础上形成一个宗教团体的(这不同于个人的宗教体验)。所以宗教的功能首先是对其信徒所产生的作用,是特定宗教内部要素的互动。但任何宗教都不是独来独往的,即使'完全'与社会隔离,它在发挥其宗教功能的同时,也形成并发挥着它的社会功能。"②

① 陈麟书、陈霞主编:《宗教学原理》,宗教文化出版社,2002年,第108页。
② 金泽:《宗教人类学学说史纲要》,中国社会科学出版社,2009年,第204页。

第五章　云南民间经籍传播与民俗

　　民俗,是民族文化的一个重要构成部分,主要是指某个民族在长期的社会生产、生活过程中形成且世代相传的文化事项。民俗文化本身具有流动性,一方面会在短时间内伴随着社会、经济的变化而转变;另一方面,从整体上看,民俗又具有相对的稳定性,世代传承。日常生活、传统节日、人生成长阶段的不同场景下,不同的民族都有各自独具特色的民俗文化。学界对于民俗的研究成果丰富,对于民俗的分类也相对繁杂。如山狄夫将民俗分为物质、精神、社会三大类别,班恩则分为精神、行为、语言三大领域,霍夫曼将民俗平列地分为十八种,乌丙安则将民俗分为经济、社会、信仰、游艺四大类。本章的研究中,对于云南不同民族的民俗分析则主要依据与云南民间经籍传播的关系来进行划分,通过民俗生活中人生礼俗、岁月时令、医药养生三方面,来揭示云南民间经籍在不同民族区域传播中产生的与民俗文化的关系:民俗本身就是经书传播内容的践行,是经书活态传播的最佳注解。

第一节　从云南民间经籍中看人生礼俗

"多民族传统宗教信仰的普同性与差异性兼具,正是其相互影响、相互交融的基础,形成了频繁互动的历史传统,并在宗教理解、仪式和活动,乃至在民俗多有体现。"①道家文化影响着世世代代的炎黄子孙,可是道家文化在每个民族的用途却远远不同,每个民族吸收道家文化的程度不一样,每个民族所传承的道家文化存在一定的差异。

在中国的传统文化中,人生礼俗划分为吉礼、凶礼、宾礼、车礼、嘉礼。彝族的原始信仰与道家文化同时注重吉礼和凶礼的仪式规范。对于吉礼,彝族撒尼支人的西波教会举行祭天、祭火、祭雷神、建房祭祀等重要的毕摩祭祀。而祭祀过程中所诵经书、所祭天神均与道教程序类似。设立法场,供元始天尊、太上老君、南方火德星君等,根据祭祀性质供不同性质的神尊。对于凶礼,道家认为人死后灵魂变鬼,而鬼区分善恶,正常死亡者变善,非正常死亡者变恶,祭祖就是祭祀善鬼,对恶鬼施法驱之;彝族原始信仰也认为发生非自然死亡的亡魂,例如雷击、他杀、自杀等意外事故的灵魂会变为游荡的凶鬼,所以必须做斋超度祖灵,即逢年过节或家人杀猪宰羊,请毕摩做法驱鬼。根据笔者田野调查所了解到的情况,目前在云南巍山地区已经极少看到毕摩,现今巍山坝区民众的婚丧嫁娶等人生礼俗均请道师做法事念经。少数彝族村寨有毕摩与道师同坊做法事的现象。

一、出生

在云南壮族的族群中,人的一生诸多仪式中,都与生辰八字密切相

---

① 高志英、熊胜祥:《藏彝走廊西部边缘多元宗教互动与宗教文化变迁研究》,《云南行政学院学报》2010年第6期。

关。出生一刻的时空点,决定了这个婴儿的一生。在壮族的家庭中,婴儿出生的第一天必须要请道士到家中为婴儿做法祈福,祈祷一生平安身体健康茁壮成长。在具体的科仪中,壮族的法事尤其重视法器与当事人命格的关系,命中五行与法器起到一个对应互补的关系。壮族民众在生活中对于八字的应用,其实是对道教信仰的一种接纳。换句话说,壮族人民一生的科仪都有道家文化交织在一起。在壮族的传统习俗中,婴儿落地时分其生辰八字已定,即可进行命格查询,继而根据五行属性取名字。同时,新生儿的五行与所在村寨的风水有关,可以进行法事加以调节。以文山多曼村为例,婴儿从出生到成年,每年都须举办一次法事。道士依据新生儿的五行推算其命中所遇灾劫,而后在正月为新生儿做法化灾。彝族八卦是作为中国传统文化中的一个主要文化符号,在道家文化体系中有着广泛的应用。八卦与彝族八方的观念有一定的关联。彝族的"四方八虎"常见于服饰、配饰等。八方的概念在彝族文化中还转化表现为八角图示,这种空间感上的一致性,可以看出两种文化的互融。

二、成人

文山壮族民俗中,女婴长至21岁时要举行一次法事。道士首先会依据事主的生辰选取良辰吉日,而后择一风水宝地。

云南瑶族通常在15岁左右要举行一次"度戒",与道家入道的童子传授"法箓"的意义大致相同。"度戒"需要取得法名,接受戒律,所受戒律也与道教的戒律基本相同,之后才能正式被承认为成年人,并编入瑶族族籍,列入族谱,否则不会被瑶族社会所承认。而道家的"法箓"通常对7岁至16岁的男生、女生授予"太上童子——将军箓",童子受箓后方可称为"正一箓生弟子",正式成为正一道的门徒。瑶族的"度戒"仪式与道教的"法箓"意义大约相同,且其来历很可能经由道教所传授。

"在云南各文化发展演化的过程中,互相往来,彼此通婚发挥了十分重要的作用。民族作为特定人群共同体的诞生,最初都由特定的宗教信仰作为核心价值而支撑的,所以通婚的过程既是民族融合的过程,也是宗教融合的过程。"①大理白族在民俗方面,比如在婚丧之时,白族人家通常会请道士择取下葬日子、婚配时辰。此外,民俗中的一些重要的少数民族节日也有道家文化融入的痕迹,如三元节。在白族传统婚礼中,新娘进门的时候要使用的喜神甲马纸有龙凤甲马、斗母娘娘、打路神、乐神、白虎、青牛、马鞍神、红鸾喜神等,也是融合了道教神祇在民俗生活中。

三、做寿

文山壮族对于做寿十分重视。以文山多曼村壮族为例。夫妻双方任意一方年龄到达49岁时,须做一次大寿,且此后每年需做寿。此处的做寿,是有道家文化元素参与的做寿仪式。首先,做寿家庭须请道士到家中。道士依据夫妻双方的生辰八字择定吉日并且制定适合的流程。如一对夫妻,男方戊申年出生为土猴,女方癸牛年出生为水牛。须备一猪头,一鸡,一鸭,双方平时各自穿的一件衣服。道士将双方生辰书于表文之上,之后燃香,贡猪头、鸡、鸭,然后开始念诵经文,为双方祈福。而后将二人的旧衣服拿到火边烤,意味烧去二人一年霉气。此后,每年双方都要做法事,直到61岁做第二次大寿,73岁做第三次大寿,85岁做第四次大寿,随着年龄的增长法事程序将会更加复杂。其中,61岁的大寿时,子孙必须都在场,每个子孙必须以跪拜的形式敬酒,为老人家祈福。

四、丧葬

向天坟是彝族墓葬中较为常见的一种形式。之所以取名为向天坟,是因为此类墓葬会留一个向天的凹口在墓顶,用于埋葬火化后的骨灰。

---

① 张桥贵:《云南多宗教和谐相处的主要原因》,《世界宗教研究》2010年第2期。

向天坟中央会堆砌向着紫微星的土堆。这种墓葬可以看出彝族对于紫微星的崇拜。这种星辰崇拜无疑是彝族与道家文化密切关系的例证。道教中星辰崇拜的科仪很多，相关的民间经籍更是不胜枚举。如《太上玄灵北斗本命延生真经》《太上说中斗大魁保命妙经》《太上玄灵北斗本命延生真经》等中，有大量对于北斗信仰的阐释。北斗崇拜一向是道教科仪中的重要内容，可以消灾、解难、渡厄等。在道教信仰体系中，北斗落死，南斗主生，彝族墓葬的向天坟反映了彝族先民的星辰崇拜，从墓葬习俗我们也可以看到道教星辰科仪的痕迹，尤其是北斗崇拜。

大理白族有着本族独特的传统信仰即本主崇拜。随着道家文化的传入，剑川白族保留了较为完整的祭祀北斗的仪式。作为民间信仰的对象，北斗信仰在白族地区尤为普遍，白族的朝北斗仪式渊源于中国古代先民对"北斗星"和"南斗星"的崇拜，这样的仪式在道教中称为礼斗科仪。剑川的礼斗科仪又被当地人被称为"朝斗会"，分为朝南斗和朝北斗。朝南斗的时间段为农历六月初一至初六，朝北斗的时间段为农历九月初一至初九，也有因农时改变时间的情况。道教和白族的本主崇拜都深信朝拜北斗可以祈福禳灾，转变年运，祛病除邪，甚至延长寿命。

白族的丧葬仪式中，请道士念经超度，同样进行诵经、开丧、悬素等仪式。以凤翔村丧葬仪式为例，村中的丧葬仪式多由德高望重之人主持，丧葬仪式由送终、守灵、出殡、安葬四个环节构成。与汉族相比，增加了一个接气仪式。且白族丧葬多请洞经。丧事活动中洞经演奏与斋醮法事流程相吻合。第一步为开坛、请圣，经师用洞经曲调《开坛腔》唱念经文《通用供表》，也称《幽斋礼记》；第二步用滚板念唱《三宝施食课》；第三步为表赞，唱念《供表法事》，既上地藏表、东岳北阴表、十王表三通；第四步送圣，唱念《圆满法事》。凤翔村丧葬中的洞经用书有上文提及的经文《幽斋礼记》《供表法事》《施食科仪》《送圣法事》，表文《报恩教主玄天上帝终去济苦天尊》《地藏表》《十王表文》《斛食牒文》。从白族丧葬仪式中的科仪、音乐我们可以看出道学文化体系的主体地位。如在请圣时,道教神位是被尊放在祖先堂的。可见白族已经将道教信仰融入生活之中。"大理丧葬风俗全受道教影响,如发丧的前夜走请道士'开咽喉',即给死者去阴间发放'通行证';入土时供山神土地、撒米、埋鸡蛋等。丧毕之后再做道场,以'超度亡灵'。做法事请道士,不请僧尼,说明道教在大理民间的影响大于佛教。"①

文山壮族苗族自治州是壮族和苗族人数颇多的地方,道教文化在这个地方更是盛行,几乎家家户户祖祖辈辈都信仰道教文化。壮族人民从一出生就离不开道教文化的熏陶,婴儿落地祈福祷告,祈求神灵保佑,举行斋醮科仪仪式,保佑一个人岁岁平安。人死后必须请道士到家中为死人进行超度,所谓的超度,是指道教道士通过诵经做法事帮助死者脱离三恶道的苦难,使之在阳间走得心安,在去往阴间的路途顺利,使死者不将阳间的苦痛带到阴间,在阴间能够不受阳间之苦而快乐地度过。

第二节　从云南民间经籍中看岁时节令

岁时节令,是民俗中除人生礼俗之外的又一反映集体性习俗的环节。岁时节令可以看出先民对于自然规律的把握,是对于天、地、人关系的一种思考。而道家文化之核心乃是处于天、地、人三才之关系。从其本旨来看,道家文化的核心以及关注的重点与岁时节令有着很大范围的重合。不同民族有着不同的特殊节日,其间的民俗活动反映出民族文化。本节将从天文、节庆两个层面出发,分析不同民族在天人关系方面的思考,从而展示经籍传播与民俗文化的关系。

---

① 吴棠:《道教在大理的传播和影响》,《民族文化》1985年第1期。

一、特殊节庆礼俗

大理白族地区"主要盛行'瘟、火、祈、荐'的地方仪式传统,其中'瘟'主要指驱除瘟疫的法事;'火'指火灾之后送火神的法事;'祈'指祈福的法会,包括神明诞生的法会、本主庆诞、朝斗会;'荐'指的是超度亡灵,主要以追荐亡人举办的法会为主。其中'祈''荐'两类法事在白族民间较为盛行。这类斋戒的举办,均以相应的科仪文本为行事的依据"①。祭祀本主作为白族民众宗教生活的重要组成部分,在每年的本主庆诞日均会举行大型的庆祝活动。每年的本主会在典型的白族村落中是非常重要的大型民俗生活活动。

本主庆诞会一般是以村子为主体进行筹办。每个村子因本主的诞辰日不同而举行庆祝法会的日期也有所差异。一般来讲,本主庆诞活动都集中在农历的正月、六月、八月。本主诞辰活动一方面是纪念,一方面是祈福,祈求全村居民安康平顺,五谷丰登。纵观白族人的生活,其信仰、生活、习俗无不流露出道家思想的痕迹。"大理白族人家的堂屋或正楼上,供奉的神祇多为太上老君、观音、天地君亲师位。三教互融显而易见。白族建新房时要做'谢六神'等活动,焚烧水神、火神、草木树神、土公地母等甲马纸,新房建好后在天井里烧小八卦、本主、城隍爷等甲马纸,表示向本主、城隍爷禀告。对于白族人来讲,大年初一的头一件事就是'请天地',并到龙潭、水边'请水',实际就是请'三官',这种习俗一直保持到现在。"② "请三官"是典型的道学思想痕迹。正月十六"送龙船"是白族吸收道教思想后的又一重要标志性活动。在传统的民俗中,"送龙船"环节需要专门布置三天道场,过程中多数由地方乡绅设坛备宴。"送龙船"仪式的

---

①② 段鹏:《道教仪式传统对白族本主庆贺仪式的影响——以大理剑川白族地区道教科仪为中心的考察》,《宗教学研究》2019年第1期。

当晚,要求村民家家燃松毛,彼时,满街雾气腾腾,直至子夜吉时送"龙船"。此外,还有七月半"烧包"接祖,做中元会、放河灯等,均是道家思想文化传入白族地区后,文化互融的产物。

道家思想文化对白族文化的影响还表现在语言使用中,尤其是日常生活中的俗语,如"八仙过海各显神通""脱胎换骨""神气"等词语,本身并非白族语言中原有之词语,而是随着道学因子的传入,逐步成为大理地区民众的方言。"神气"一词来源于《太平经》:"人有气即有神,气绝则神亡。""神气"一词同时被赋予了特有的白族用法,在大理地区,该词更多是用于形容人的健康状况,更类似汉语中的"精气神"。比如问"可有神气?""这几天神气不有"等。可见在语言方面,一方面受到道家文化影响,一方面又保有了独特的地方应用。

彝族每个村寨都种一丛金竹,不得砍伐或毁坏,在每年的农历四月二十四,彝族祭司会带领族人在丛林旁祭祀,祈佑族人安康兴旺。道学体系中的竹被认为是爆竹的制作原料,爆竹燃烧时发出"砰"的爆破声被认为可以驱逐恶鬼,故而在节庆及婚丧场合都要放爆竹以驱邪。彝族的神话传说中蕴涵着大量的宗教观念,特别是关于万物的起源和存在的传说,许多都蕴含浓烈的道教色彩。云南彝族认为宇宙万物都可被分出雌雄。在弥勒市的阿细人一带流传的神话《阿细的先基》中就把木、石、草、山分出了雌雄。彝族的十月太阳历也将木、火、土、铜、水分出雌雄,且雄为单月,雌为双月。可以说彝族的雌雄观与道教的阴阳两行说不谋而合,而且在南涧县的彝族村落中,男人们裤带前系的肚兜大多带有妇女刺绣出的"太极图"。

以昆明三瓦村彝族撒梅人为例,最隆重的节日要数每年农历六月二十四日的火把节和农历七月七日的虫王节。火把节是彝族的传统节日,在三瓦村,所有居民都要过火把节。在火把节和虫王节前几日,万寿宫会提前调派一些人手来三皇宫进行辅助工作,村里的老人也自愿来到三皇宫做一些简单的志愿工作,比如做饭、打扫卫生、折金银元宝的。而昆明万寿宫指派过来的师傅主要是在节日当天维持现场秩序,参与诵经等斋醮仪式。火把节为农历六月二十四日。当日,信徒们(主要以本地人居多)都聚集在三皇宫内祈福、敬香,听师傅诵经,参加斋醮仪式。而此时,在祭天广场,村民们已经开始举行祭天仪式。祭天广场坐落于祭虫山山顶,是一片空地,空地四周有一圈红色的柱子,在广场的正前方是一个大的祭台。火把节这天,村民们来到祭天广场后先对着祭台上的天炉敬香、磕头,然后观看广场上的节目。广场上的节目是由阿拉街道的各个村委会轮流举办。天黑以后,村民们手拿火把绕着村寨转,驱除厄运。广场上还会举办篝火晚会,祭天广场的中间燃着篝火,村民们围成一个大圈,围着篝火尽情地唱歌跳舞,这也是火把节这天最精彩的时刻。

虫王节为每年的农历七月初七。关于虫王节,根据笔者调查情况得到几个不同的版本,关于虫王娘娘的性别也无从考证,大部分村民都说虫王娘娘的原型为男性,但是我们所看到的虫王娘娘的雕像,上半身是女性特征,下半身是虫身。

关于虫王节的传说,笔者根据访谈的版本进行了整理:相传在很久以前,村里有一对老夫妻,他们育有十三个子女,其中最小的孩子是个女儿,到了嫁人的年纪,父母把她嫁到遥远的官渡,因此女儿出嫁以后,父母就没有再见过这个女儿。随着时间的流逝,父母渐渐老了,老母亲因为患病去世了,而老父亲也随着年纪的增长逐渐丧失了劳动力,因此附近的十二个子女商量好以后决定每个子女赡养父亲一个月,这样父亲在每个孩子家里住一个月以后,十二个子女刚好就是一年,每年如此,父亲就能得到很好的照顾。但是恰逢这年是闰年,多出一个月来,原本孩子们都愿意多抚养父亲一个月,但是父亲想到远嫁官渡的小女儿,非常牵挂她,于是就决定趁着这个月去官渡寻找她的小女儿,顺便去亲家那里居住几天。

经过长途跋涉,老父亲好不容易来到了亲家的家里,但是他没想到,原来他的女儿早已经不在人世了。原来因为女婿家是汉人，而女儿是撒梅人，由于语言和文化上的差异，导致女儿和婆家的沟通障碍，因此和婆家关系紧张，长时间的紧张气氛下，致使女儿寻了短见。女儿去世后，婆家非但没有立即通知女方家，反而认为这并不是什么紧要的事，因此一直隐瞒了下来。老父亲乍闻噩耗非常悲痛，与此同时，亲家也并没有热情招待老父亲，反而不理不睬，甚至将老父亲赶了出去。在返程的途中，老父亲因为心情悲痛，再加上天气寒冷，终于在走到祭虫山这个位置的时候体力不支，死在了山上。与此同时，老人的其中一个孩子，看到了时间老人还没有来，感到奇怪和不安，于是联系了老人的其余十一个孩子共同出发按照去往官渡的路线寻找老人。终于，他们在祭虫山上找到了老人的尸体。但是奇怪的是，老人的尸体上布满了各种各样的虫子，他们裹在老人身上，就像是在保护老人一样，拨开虫子，老人虽然已经去世多日，但是尸身完好无损，完全没有任何腐烂的迹象，非常神奇。孩子们认为，正是因为这些昆虫保护了父亲，让父亲的尸体没有遭到任何的毁坏，他们就在发现父亲尸体的这个地方将父亲埋葬，每年都来这祭奠父亲。

传说流传到了现在，人们在虫王节这天，都会手拿一个布袋，里面装上几只昆虫，带到三皇宫虫王娘娘的祭台前，将昆虫献祭给虫王娘娘，以便求虫王娘娘保佑来年庄家不要让虫吃了，得到好收成。据三皇宫的师傅说，现在还有很多村民拿着做熟的肉来祭拜虫王娘娘。虫王节这天，祭虫山上非常热闹，不光聚集了很多本地人，还有许多慕名而来的外地庄稼人，他们推着各式各样的小卖车来赶集，整个祭虫山上围满了村民。而三皇宫早在头天晚上过了十时之后，就聚满了想赶在七月七日烧头香的人们。

祭天神为农历正月十四。这一天几乎每一位三瓦村村民都要参加。由村主任把高约三十至四十厘米的铜制或木制的四位天神供于小庙，全村老幼轮流敬香跪拜，正月十五日把天神像取出，置于用纸篾扎成的两座小轿内，每轿供两神，由四个穿彩衣的小伙子抬轿，尾随一祭祀先生，唢呐高鸣锣鼓喧天,浩浩荡荡前往祭天山。到了祭天山,大家摘下松毛铺于周围平地上,跪拜于天台周围。十多名青年男女扮演出犁地、插秧的农忙场景,由西波教的巫师和定风寺的住持释真楷法师唱诵经文,感谢天神保佑,祈求来年风调雨顺、清洁平安、六畜兴旺。祈祷结束,大家在松毛地上聚餐,唱歌跳舞,太阳偏西才抬着轿子下山。晚饭后把"天灯"(即一个红色的纸灯笼)点亮,然后又抬着神像逐门逐户祭拜,全村拜完后把神像收好,放下天灯,祭天仪式完毕。

正如笔者之前所述,三瓦村的西波教和道教很多特征非常相似,不仅包括了教义上的某些内容、经书和所信奉的神祇,还包括了信仰方式及活动。三瓦村的西波教所庆祝的节日,除了上述的火把节、虫王节和祭天神,还有三瓦村三皇宫内道教参与的主要节日,在这些节日的当天,三瓦村的西波教信徒会和道教信徒一起,在三皇宫进行祭祀活动。可以说,在这些节日内,三瓦村的道教信徒和西波教信徒是融合在一起的,他们祭祀着共同的神祇,举行着共同的活动,庆祝着共同的节日。在庆祝仪式上,也完全没有区别。他们之间唯一的区别,就是他们的信徒身份。

昭通地区彝族的龙神崇拜非常具有代表性。以龙神崇拜为基础,结合了道家文化信仰体系和科仪模式,形成了独特的地方信仰。可以说,昭通地区的龙神崇拜是多民族文化跨地区交融的结果。《昭通县志》中有第一个道观的相关记载:雍正十年(1732),圆宝山建成,这是昭通第一个道观。圆宝山的建成,对于昭通道家文化发展史来讲具有标志性的意义,是道家文化在昭通发展的里程碑,道教在昭通地区的传播开始有了正式的场地。后至乾隆五年(1740),随着大龙洞道观的建成,二月八祭龙神的活动使得龙神崇拜得以进一步固化。大龙洞的建成,在一定程度上加速了道家文化在昭通地区的民间传播。道家思想文化在昭通民众日常生活中得以流传。

《昭通市大龙洞道观道教历史碑序》有载:"咸丰年间有龙门派第十八

代弟子永曜在此住持；光绪年间，道观又经过翻修扩建，由吴元正道长住持，之后有周永清、戴宗诚两位道长先后住持此观；道观道众为全真龙门正宗玄裔弟子，功课严谨，戒律严明，修持有序。大龙洞的龙神祠内供奉有张天师、真武大帝、吕洞宾、丘处机、药王、三官等神像，三清大殿供奉有三清祖师，另有转运殿、财神殿、慈航殿、灵官殿等。人们在前来祭拜龙神时，同样祭拜道教神祇。"①如长春真人的出关之日，民众会到庙里烧香叩头、祈福禳灾等。大龙洞道观每年冬至时有盛大的"朝元圣会"，在活动期间，道士会组织信众进行学习交流活动，其间会有传统科仪的内容，在一定程度上起到了文化传播的积极作用。特别是道家思想中关于个人修养，有劝人向善的教义，经卷中的《太上感应篇》《功过格》《文昌帝君阴骘文》等，主要教化人要行善立功，是一种伦理意义上的指导。"二月八耍龙洞"为主要祭祀活动的龙神崇拜，是道教信仰与彝族龙崇拜相结合的产物。二月八的祭龙互动，从场所到组织人员，再到具体流程、使用经书、法器，均体现了浓郁的道学色彩。也就是说，无论从内容还是形式，当地的龙崇拜已经道家化。

在相关节庆、人生礼仪以及重大事件等重要时段或场合，所进行的活动均体现了道家思想文化的色彩。如在当地的丧葬仪式中，充当"先生"身份的道士带领往生者的家属亲眷参与仪式的全部流程——敬龙、做道场、下葬等。此外，如治病驱邪，也会请道士到家里念经，或到道观做道场等。又如求财，过程中会"散花对花"。所谓"散花对花"，是采用幽默风趣的语言来讲述人生道理。从内容看，一方面是重在劝解请愿者，作为人神沟通的一种方式，另一方面，这种通俗的言语可以达到活跃气氛、舒缓情绪的目的，有助于整个仪式的顺利进行。

从上述梳理我们发现，从龙崇拜的道教化之后，人们的日常生活也全

---

① 周宇喆：《昭通龙神崇拜的文化特质分析》，云南大学硕士学位论文，2015年。

面道学化。究其本质，是当地人对道家思想文化核心的一种理解和认同。一旦接受了这种文化内核，也就是默许这种文化开始发挥动力学意义。人们的日常生活还是附着在这种文化内核上，一方面被影响，一方面丰富，加速其传播。

瑶族民众的宗教信仰是一个漫长的产生过程。宗教信仰不是天然存在于脑中的，尤其对于瑶族先民来讲，宗教信仰的产生是与生产、生活相伴而生的。瑶族最早的祭祀主体是单一的祖先神——盘王。"还盘王愿"现在又称"盘王节"或者"耍歌堂"，每年的农历十月十六日，瑶族地区都会举行隆重的祭祀盘王活动。并每隔几年就要还一次大愿。盘王节有固定的程序，首先就是敬奉盘王，包括设置祭坛，悬挂诸神像。盘王像左右供奉真武、功曹、田公、地母等神像。祭祀开始，鸣火枪三响，接着鞭炮齐鸣。供奉猪头、糯米粑、鸡肉、酒等祭品，人们面对神像默祷。祭毕，众人唱盘王歌，跳盘王舞。在过程中的祭祀环节与民间经籍中记载的大部分祭祀类似，且盘古是道教崇奉的对象之一，可见瑶族的重要节庆与道教有千丝万缕的联系。

壮族的原始宗教与巫术活动紧密结合，为人做超度亡灵、祭鬼招魂、算命卜卦等道场。原始宗教实施者布摩和道教的师公在活动上并没有严格的划分，在没有布摩或布摩势力较弱的地方，壮族人播种插秧、收谷入室，都要请道公看皇历择吉日。

纳西文化在受到汉文化的影响后，其岁时月令方面，表现为共同庆祝汉族节日，如"春节、腊月送灶神、正月初六的灯会、十五的元宵节、清明、端午、中元、中秋等节等。而在道教节日方面，四月初八城隍庙会、二月初九的东山庙会、三月十九日的送子娘娘庙会、三月十五日的财神会、震青山会、正月初九演奏道教洞经和皇经音乐的节日朝斗会均是有力说明。融汉族、纳西族习俗于一体的三月二十八日祭龙节（也叫龙王会，辛亥革命后演变为祭龙王和物资交流融为一体的庙会）"①。基于丽江独特的地理位置，儒、释、道等多种宗教文化互融，导致纳西族民众在接受多元信仰后，在民俗生活中也表现出多元化。很多古城民众在婚丧嫁娶等仪式上常请和尚、道士、藏传佛教僧人、桑尼、东巴等来共作法事。如在丽江古城区的居民中，丧礼仪式中过桥时要将棺材越过由死者亲属组成的"人桥"，这一传统习俗一直保留着。这个环节背后，是纳西族人传统灵魂观的体现。纳西有着将死者灵魂从麻布桥上送走的古老习俗。东巴文化中的祭天与道教中的天道文化类似。收到道教影响后的纳西族将对于自然之天的崇拜变化为人格神的天神崇拜，把对自然神的崇拜转化为龙王崇拜。

此外，纳西人将其民族保护神以及地方神纳入道教神仙体系，与儒家至圣、佛教神位一并供奉，并在仪式中使用经书共同请送，可谓是道教文化与地方文化涵化的例证。纳西族史诗《创世纪》中描述的宇宙生成观：上古之时，天地混沌未分，东神、色神在布置万物。天地初开后而有了日月星辰，而后有了山川水流。三生九，九生万物……在纳西族先民的认知中，"三""九"是有特色意义的天地之数，是天地秩序的体现。在纳西文化中，"三""九"之数常见于重要场景表述中，如支撑天地的神山，构成神山的重要材料，均为"三""九"之数。《创世纪》中记载："三滴白露撑着三根冰柱，三根冰柱撑着三把黑土，三把黑土撑着三棵青草，三棵青草撑着三棵灵芝，三棵灵芝撑着三根灌木，三根灌木撑着三棵红栗树，三棵红栗树撑着三棵绿松树，三棵绿松树撑着三棵梯杉，三棵梯杉撑着三棵翠柏，三棵翠柏撑着三座高山，三座高山顶住居那若课山。只有东西顶着还不行，还得有东西来看守；九匹神马守着九块神石，九块神石守着九只虎豹，九只虎豹守着白狮子，白狮子守着黄金像，黄金像守着大力士，大力士守着若课山。"②而在道学文化体系中，三象征着水、地、天三官。

---

① 杨福泉：《丽江古城纳西和汉文化的相互影响与整合》，《思想战线》2005年第2期。
② 杨国才：《数禁忌内涵初探》，《中央民族学院学报》1992年第3期。

古代汉族以"三"为多,以"九"为极数。《素问》云:"天地之数,始于一,终于九焉。"清汪中《述学·释三九》云:"凡一之所不能尽者,则约之以三,以见其多;三之所不能尽者,则约以九,以见其极多。""三"表示天、地、人,三与三相乘合成阳数中最高数九。"九"以献神灵,与神圣相关之陈设多采用九数。这种数字文化上的互摄,不是偶然存在的,这是宇宙观上的契合。

二、天文历法

同世界上大多数民族一样,彝族先民也对时间有着自己的认知,在历史的长河中,积淀了本民族对于宇宙的观念。千百年来,彝族在整个发展过程中渐渐形成了本民族的历法和天文知识体系。从彝族的天文历法体系中我们不难发现,彝族人秉持一个信念:人类的社会活动与星宿的流转变化有着对应关系。由此,彝族关于占星有着很多成就。而这一信念与道教不谋而合。从另一个角度讲,也可以说是彝族在道教传入后文化互融的结果。依据星宿的运行规律,彝族人发明了自己的占星术,很多彝族经典中记载了如何根据月亮与星宿的关系来预测吉凶,驱灾避祸。与汉族不同的是,彝人将二十八星宿与动物关联起来,并以野兽命名。这种命名方式,反映了彝族以农耕狩猎为主的经济生活方式。这与汉地道教有明显不同。在彝族祭祀祖灵的仪式中,毕摩会将二十八星宿及其他相关星组的数目和方位象征性地排列、安插于坛场上。这种星宿与人事的密切关系,其实恰恰暗合了道教的主旨思想。

壮族也有着关于天文的思考。星辰崇拜是道教信仰中的重要部分,同时也是各民族民间信仰中的重要元素。道教星辰崇拜中最常见的为拜斗,如北斗、南斗。一般认为"南斗主生、北斗主死",南斗、北斗的崇拜在五斗崇拜(南斗、北斗、东斗、西斗、中斗)中尤为突出。如《太上说南斗六司延寿度人妙经》:"北斗位处坎宫,名同月曜,降神于人,名之为魄也,主司阴府,宰御水帝。……南斗位处离宫,名同日曜,降神于人,名之为魂也，主司阳府，宰御火帝……二司两极，同共陶铸万品，生成万物……延促年龄，去留灾福，莫不由其与夺也。"①道教认为如在本命日、生辰、三元、八节、北斗下临之日设斋醮诵经，向自己的本命星君礼拜祈求，可以度厄延生。道教的这种五斗崇拜对壮族产生了很大的影响。壮族普遍认为每个人成年后都有本命星主宰命运，而成年之前由花王管理。花王婆与本命星辰共同掌管一个人的命运，乃是壮化道教的又一例证。而流行于南方的真武信仰，被认为是北斗崇拜与龟蛇崇拜相结合的产物。

占卜是人类早期文化生活中的重要环节，是各少数民族宗教的主要构成部分，同时占卜很大程度与天文历法有关系。占卜历来与天文关系密切，古代从事天文研究的专职人员同时也担任占卜职责。中国许多少数民族特别是在西南地区的纳西族、彝族的文献资料中，都保存着有关远古的占卜、历法的记录。还有许多没有文字的少数民族，通过口头传播，也记录下了很多关于阴阳五行、鬼神占卜的武术行为。如《史记》一百二十八卷《龟策列传第六十八》记载："蛮夷氐羌虽无君臣之序，亦有决疑之卜。""三王不同龟，四夷各异卜，然各以决吉凶。"②彝族文化中有关阴阳五行和占卜的知识在很多彝文典籍中都不难找到。如《爨文丛刻》《西南彝志》《彝族创世记》等。彝族史诗《勒俄特依》中提到，毕摩开始承担起祈福和治病的责任，是从使用法器和通晓占卜开始的。彝族不仅有着种类繁多的占卜种类，还有着丰富的占卜经书。张泽洪教授根据彝族经书的目的将经书分为祭祖经、祭神经、祈福经、占卜经十类。占卜经为彝族经书的主要构成部分。

苗族在占卜中用"康"，即用竹兜从中锯开一分为二做成，卦的设计分为正反两面。在打卦的过程中，一正一反为圣卦（胜卦），二反为阴卦，二

---

①《道藏》第11卷，文物出版社、上海书店、天津古籍出版社，1988年，第351页。
②〔汉〕司马迁：《史记》，韩兆琦译，中华书局，2008年，第2484页。

正为阳卦。这与易学中的六爻之算法虽在数量上不同，但其理论类似，均以阴阳组合而看待事物发展变化之规律。卦分阴、阳，按照排列组合之差别，又分为阴阳和合、阳中有阴、阴中有阳等不同情况。当然，打卦之主旨在于求之于刚柔兼并，阴阳和合。

在苗族宗教仪式中，从诸多法器的应用中可以看出其有着传统道教尤其是云南地区盛行的关于"南斗六星""北斗七星"等星斗崇拜。星宿崇拜本是自然崇拜中的一种，隶属于原始宗教信仰，不能直接归属于道教信仰。严格意义上讲，道教在其创教之初就吸收了多种传统文化要素，其中就包括了远古的自然崇拜。星斗信仰在道教的体系中不断被发展、完善。道教将众多星宿附以名号，奉为星君加以礼拜，诸多星君也构成了道教本身就庞杂的神仙系统。如北斗七元星君和北斗九辰（七星加二隐星）星君等。

北斗星是接近北极星的七颗星，由天枢、天璇、天玑、天权、玉衡、开阳、摇光组成，因此古人称其为北斗七星。道教非常重视北斗，认为北斗星辰是专司人间寿数的，有"北斗注死，南斗注生"之说，北斗星也就被封为"圆明道母天尊"，即斗姆。"北斗居天之中，为天之枢纽，斡运四时，凡天地日月五星列曜六甲二十八宿诸仙众真，上自天子下及黎庶，寿禄贫富，生死祸福，幽冥之事，无不属于北斗之总统也。人若诚心启祝，叩之必应。"这里的北斗就被描述成天下叩拜启祝的神灵，被教徒顶礼膜拜。《道藏》中这类经籍很多，如《太上玄灵北斗本命延生真经》《北斗本命延寿灯仪》《北斗本命长生妙经》《太上北斗二十八章经》《北斗七元金玄羽章》《北斗七元星灯仪》《北斗治法武威经》等等。伴随着星斗崇拜的发展，南斗信仰也逐渐兴起。南斗为全天二十八宿中的斗宿，居于北方玄武七宿的第一宿。这些道教因子都在文化的传播流变中融入到了苗族的民间宗教中，并在民间宗教仪式中得以保存和展现。在调查中,我们还收集到了大量蕴含道教信仰的"巴岱扎"手诀如有:天诀;阴仪诀;乾诀;男诀;地诀;阳仪诀;坤诀;女诀;造化诀;和合诀;天地交泰诀;天设地造诀;天动地静诀;两仪诀;阴阳造化诀;乾坤诀;交合诀;等等。大约500多种。"巴岱扎"们以天地阴阳男女等为手诀命名暗含着此类宗教信仰思想体系中的天地崇拜和阴阳交合思想。①

第三节　从云南民间经籍中看医药养生

　　道医与传统中医之间关系复杂,道医有着不同于中医的鲜明特色。总体上看,道医是一种复合型的医学模式,集预防、养生、治疗于一体,其中包含了病理性治疗、心理养护,从心理层面看,又涵盖了信仰治疗一层面。道家思想文化中的饮食养生与医药观念是建立在道学的文化内核之上的,这种内核又是基于一个基本的宇宙论和天人观。道医不同于中、西医的地方在于其善于运用信仰疗法和自然疗法,这种效果不单单限于临床上,更多地是从心理层面满足了民众的需求。基于道家思想文化内核,道医的入手点是建立在一个统一的宇宙论之上,意识到了人体健康与饮食、起居、自然、社会环境因素等要素共建于一个整体的关系网中。以道家生命哲学为本旨的道教宏观的医药养生思想,使得道医具有了独特的"医世"功能。民间经籍作为道教思想文化的传承载体,其中有不少书籍都记载了道教医学思想。在田野调查的过程中,笔者也搜集到一些民间经籍,其中有大量关于偏方的记载,也有符箓、仪式的描述。民间道医在历代都聚焦于民生疾苦,尤其是关注平民百姓的医药需求,对民间医药等

---

　　① 陆群、焦丽锋、李美莲、苏胜平:《苗族"巴岱"信仰中的道教因子及原因探析》,《三峡论坛》2011年第3期。

发展也具有巨大的影响。本章中主要就民间经籍中的药签、温泉、药神信仰等三方面来说明民间经籍传播与医药养生的关系。

一、药签的民间应用

药签是签书的一种，是道观和庵堂里常设置求神问卜的工具，它是为治病而设的。药签除了具有一般签书的内容以外，主要是关于疾病的文字、咒语和方剂。药签形式各不相同，有的药签单有药方而无其他文字，有的药签只有文字而无药方，也有一些药签既有文字，也有药方。药签的内容，药签中的咒语、禁文等文字，是针对病人或家属的心理状态、患病以后的典型心态，猜测某种原因引起疾病而设置的。内容大致可分为劝慰性、警告性、猜测性和提示性四类。为何要如此定药签签书的内容呢？因为凡是一个人生病，无论病人或家属都心急如焚，所表现的心态和情绪是焦虑。所以劝慰性的语言往往对解除病人焦虑情绪颇有效果。例如，签书上常有这样的字句："无妨无妨""此症无妨""病乃无妨""心不必慌""可保儿孙可安身""休怯休怯……病无一失"等。

有不少疾病是因家中矛盾、病人自身不检点、心存不良或贪欲太过等引起的。这时，警告性的语句对治病和防病是很有好处的。如"家中须检点""诸事留心""不可胡疑""莫作疑虑莫作忙""莫生胡疑，虔诚祷告""此症非风，奈何食虫"（这不是"风"引起的疾病，怎么吃虫类药）等，警告人们对菩萨、神仙不能心生疑虑。

猜测性文字主要是猜病因、猜病症，如"此症系脾湿""此症非食，乃系惊吓""一缕香烟问老仙，儿童之症乃食牵""停食着寒此症是""此症乃食寒""心经有伤，脾胃寒凉"。

病人及家属一般都缺乏医药知识，不了解患病的原因，这种设置当然是盲目的，也会冒风险。不过偶尔猜中的机会也是有的。如小儿常见病中，因饮食、情志而引起的为数不少，药签猜中的概率也是较大的。何况许多病因是综合性、多因素的，并非单一原因造成的。提示性内容多为预防和治疗这种病应注意的要点。这也是病人和家属特别关心的事情。如"朝夕安静，其症不升"，提示病人要静养。"此症不可生冷多食""不可着寒，不可受风，须收卧室"，这一签如夏天抽中就麻烦了，不中暑也得闷死；如春、秋、冬三季抽中此签，是会使人相信的。"娇美非是，对君莫惜"，如果是娇生惯养的病儿家属抽得此签，自然有启示作用。"即服吾药，莫自失之，小儿之症不可迟迟"是提示病儿家属及时给小儿服药。"养心养气，莫自生嗔，良药入腹永无灾痕"，情绪稳定对气血流通顺畅，大有好处。总之，以上这些方面，都有心理平衡的调节作用。

二、温泉仪式与民间疗法

从现代医学角度讲，人类的病因通常被纳入两大体系：自然病因体系；非自然病因体系。从临床上看，普通意义上的自然病因引发的疾病，当出现久治不愈的情况时，人们往往倾向于将其转入到非自然病因体系中。在这种情况下，民间医疗系统就开始介入并发挥重要作用。以云南大理地区白族为例，在白族医药理论中，将由风、寒、湿、热、毒、生、冷等自然现象引起的疾病都解释为自然病因，而出现一些常规医学常识无法解释的病理现象时，如"犯煞""着邪"等，则会纳入都第二个系统，即非自然病因体系中。对于自然病因，白族先民有着丰富的草药应验，也形成了丰富的白族医药文化。而对于第二种体系，白族民众则是会选择通过民间治疗师来"打整"。对于久治不愈的邪病、慢性病等，白族会选择仪式性"神解"为主导的文化治疗方案。以大理地区诺邓村白族为例，该村民众认为温泉治疗仪式是治疗非自然病因导致的疾病的重要方法。

云南大理诺邓村的白族民间治疗中，其重要的形式是治疗会，有自我执导、家庭执导、火居道士执导等多种形式。从神祇角度划分，可以分为本主会、观音会、财神会、玉皇会、药王会等。"这些会每年均有固定的时间,会期一般为一天,多者三到五天;白族民间治疗师则执导家庭治疗,依个别家庭需要而定,时间上也是一到三天,具体治疗种类有安家神、扫屋、解煞、禳邪等;家庭自我执导的户内治疗时间一般都很短,往往半个小时左右,具体表现为'打醋坛''送水饭'等形式。这些仪式治疗,共同特点是均为'神解',手段涉及神解、药解、按摩、食补、祝由、洗浴、熏蒸、浸泡、静修等多重内容,基本涵盖了当地白族民间传统医学的所有方面,充分展示了当地白族民间传统医学技术的文化特点。"①

以邓诺古村为代表的白族传统温泉治疗仪式,经过上百年的沿袭传承,至今已经成为民俗而存在于日常生活中。而究其本质,也融合有道教医药养生的思想元素。出于对自然的敬畏,继而有了对原始自然神灵的祭祀祈祷,加之温泉水进行治疗,配合食疗进补,并融合阴阳五行的生克制衡,选择吉日吉时,整个治疗中的诸多方面都可以看出道教文化的浸润。

三、民间医药神信仰

"以多民族的'万灵崇拜'与'多神崇拜'而著称的中国民间信仰,具有三大基本特征,即多样性、多功利性和多神秘性。"②我国的民间信仰其中一大特点乃是功能性。具体到民间的医药神灵崇拜中,这一方面的民间信仰非常如实地反映了功能性这一特点,人们求神祈福的最首要目的即祛除疾病、消除灾难。故而,有消灾、治病功能的医神、药神,在民间香火极好。而在这种功能性的人神关系中,无可避免地催生出一种人与神之间的"许愿"与"还愿"关系模式。基于这种关系模式,又产生了一种"心诚则灵"的心理效果。信众在选择礼拜后,会有一种即将受惠的潜意识,而

---

① 李相兴:《滇西白族传统温泉治疗仪式与变迁》,《民族研究》2014年第5期。
② 乌丙安:《中国民间信仰》,上海人民出版社,1996年,第4页。

且会认为越有诚意则效果越好,最终希望达到民众在对神灵顶礼膜拜的后面,存在着这样一个潜意识,即认为崇拜神灵越心诚,就越容易达到"有求必应"的目的。

基于目前在大理地区诺邓白族村寨所收集到的民间经书情况来看,大部分关于民间医药神的记载之手抄本均来自《道藏》。《药王八十一难真经》《药王救苦忠孝宝卷》等见于《正统道藏》。《药王救苦忠孝宝卷》中反映了民间医药思想,并且有关于白族本主的融合。书中有关于"瘟神""痘神""三皇神""痘神""药师""子孙娘娘"等具体职能神的描述。这种医药职能神的出现,是一种多元信仰并存的文化现象,反映出人类在医药养生方面的功利主义信仰心态。医药神作为一种宗教信仰,一方面具有医学价值,一方面具有一定意义的社会"治疗"功能。以白族医药神为例,医药神是白族地区具有代表性的信仰文化。从医药文化视角思考,医药神的消灾延寿观,不仅体现了涵盖生境、需要、意义的文化整体观,坛场的"往生莲位"也与宗教生物功能相契合。但作为诺邓古村白族宗教信仰文化,它具有一定的独特性,共同构成医疗文化多元性。

第六章　云南民间经籍传播与艺术

黑格尔说:"从客体或对象方面来看,艺术的起源与宗教的联系最为密切,只有艺术才是最早的对宗教观念的形象解释。"从外在形态看,宗教中充斥着艺术元素,如音乐、舞蹈、建筑设计、文学、绘画等。宗教与艺术都是诉诸人的精神生活,通过不同的手段最终都是为达到同一个心理学状态。从传播角度看,艺术在宗教形态中得以更广泛的传播,而宗教也借由艺术的元素得以更全面地表现。而本书关注的研究对象云南民间经籍中,传承了很多仪式的音乐、仪式、符箓、传说,是宗教思想文化的最佳载体,经籍的传播与艺术关系十分密切。且云南本身少数民族众多,少数民族中的艺术元素又极其丰富,故而,民间经籍的传播与艺术关系值得专门论述,本章将从建筑、乐舞、文学等方面来具体阐述。

第一节　云南民间经籍传播与建筑

一、建筑中的宗教文化元素

宗教建筑是宗教文化的物质载体,承担着为宗教活动场提供域的角色。宗教建筑是宗教人员的生活空间、宗教活动的举行空间,同时还能在建筑中传达宗教美学,对传承宗教文化有着重要的作用。具体到道教建筑,《中华道教大辞典》中的解释是:"道教建筑泛指以道教宫观为主要形式的宗教建筑,包括供奉神仙的殿堂、回廊、亭阁、庭园、墓塔、碑匾、造像、壁画以及宫观建筑布局等。是道教徒进行宗教活动的主要场所,中国古代建筑的重要组成部分。"①詹石窗教授认为:"道教建筑是以道教宫观为主要形式,体现羽化登仙信仰精神的一种宗教建筑。其门类有桥、坊、榭、塔、亭、台、坛、门、阙、阁、廊、斋、轩、舍、馆、楼、庙、府、堂、殿、观、宫等。这些建筑门类或用以祭祀,或用以斋醮、祈禳,或用以修炼,或用以游览憩息。作为一种建筑群体,道教建筑不仅具有'使用价值',而且具有艺术价值。一般地说,道教名山宫观建筑群本身就是综合性的园林式建筑,是渗透了道教文化内蕴的艺术结晶。"②道教建筑不单单是道教活动的场所,也是道教思想的物质载体。道教建筑实则为信众们提供了一个神圣空间。道教宫观为道教建立起一个沟通人神的特殊场域,是链接神圣空间与世俗空间的一个非同质性的特殊场域。

二、云南少数民族建筑中的宗教元素

建筑作为一种独特的艺术形式,是通过对空间的理解和重构来展示对文化的理解。故而,建筑是一种通过外在空间结构来展示内在文化的特殊艺术表达形式。作为本选题的主体聚焦对象,不同民族在建筑与宗教方面均表现出不同的特质。以大理地区白族为例,基于白族本身的多元文化特色,其民居建筑有着独特的艺术气质。我们在大理的建筑中可以看到宗教文化多元融合的痕迹。而在这种宗教文化多元交融中,道教

---

① 胡孚琛:《中华道教大辞典》,中国社会科学出版社,1995年,第164页。
② 卿希泰、詹石窗:《道教文化新典》,上海文艺出版社,1999年,第1059页。

文化占据了不可忽视的一席之地。而民间经籍在传播过程中,起到了加速道教文化因子传播的重要作用,并在此基础上,使得大理民族文化中的道教元素深入到了大理建筑文化中。通过对大理地区建筑艺术的分析,我们可以看出白族民众在民族文化精神层面中的共同审美意识,而这种共同的审美意识,恰恰是脱胎于宗教母体的。自古以来,宗教与艺术的关系密不可分,独特宗教文化构成的白族民族文化是建筑艺术的精神内核。宗教作为一种社会意识形态,将反作用于社会心理,从而对艺术层面带来一定的影响。如由于长期受到本主崇拜的影响,白族形成了以追求内心安宁为旨要的"尚白"的艺术审美,故而在白族民居中,多使用白、灰、蓝三色。从现代美学艺术的角度看,白色可以对情绪起到安抚作用,灰色给人沉稳的心理暗示,蓝色表达深远之意境,这种搭配反映的艺术文化底蕴,恰恰是宗教文化影响下的民族集体选择。又如,受到道教、佛教文化的影响,在建筑中大量出现"卍""莲花""葫芦""如意"这样的带有宗教色彩的图案。

白族建筑中的符号与方位,也体现着道家文化的意蕴。现代符号学研究认为符号是"社会信息的物质载体"。法国人类学家斯皮尔伯说:"信息的传递有两条途径:或者在共享语言中将信息符号化,或者通过对信息做出说明,引起人们对信息的关注。"白族建筑中的赋予"吉祥寓意的诸多符号中融入了暗示、比拟、隐喻、象征、双关、谐音、借用等多种方式。图案、纹样、文字、符号等上至天文,下至地理,中至人事。四季平安、千祥云集、耄耋有寿、八方来财、福禄寿喜、金玉满堂、万福来朝等约定俗成的吉祥用语。如位于剑川县金华镇忠义巷11号的'三苏院',木雕精致考究,格扇门及窗户雕有鹿鹤同春、鹭鸶登莲、凤穿牡丹、鸳鸯戏水、二八登梅、博古陈设、正龙祥云、福禄寿喜、麒麟望月等吉祥图案,手法细腻,并赋予祥瑞、福寿、求子等多重传统吉祥含义。金华镇西门街2号的鲁元宅中,大理石围栏雕有抚琴、剑、玉如意、腰刀、双鞭、酒杯、文笔、棋盘、卷轴、狮、象、鹿、马、麒麟等。这些符号有明显的道家文化元素。很多民居大门上贴有招财童子(利市仙官)、各种甲马纸、门神、兽牌、象、镜子、咒符、石狮、柏叶、簸箕、柳枝、红布、弓箭等,民居内部如厨房贴的灶君像,牲畜门贴弼马温、牛羊马猪等形象的甲马纸。此外,白族民居中十分重视庭院环境,大量种植花木,如山茶、杜鹃、梅花、腊梅、桂花、石榴、兰花、月季、迎春、灯笼花、苹果树、梨树、竹子等等"①。牡丹、桂花象征荣华富贵,石榴表示多子多福,桃树与桃符的功能相似,有驱邪之意。在大理白族建筑中的诸多避邪符号中,包括很多来源繁杂的图像,都可以看出浓重的道学色彩。

纵观白族的文化发展史,白族建筑艺术与宗教的发展呈现一种独立的契合关系。不同时期的建筑反映了不同时期的宗教特征。自道家文化传入大理地区,逐步融入白族文化大结构中,成为影响白族文化以及白族建筑艺术的一大有力因子。在中华民族多元一体格局的大背景下,从经籍文化传播角度关照白族建筑艺术,一方面有助于我们更好地理解白族建筑艺术背后的民族文化,一方面有助于厘清在多元文化格局中,道家思想文化传播所起到主线式作用。这种宗教与艺术的有机融合、相互渗透,对于文化认同,提升文化自信有着重要的现实意义。

白族建筑中体现了道教风水思想。风水观本质上是处理环境与人的关系,在农业社会中,风水为人们处理人与自然的关系提供了一种平衡帮助。风水观带有浓重的农业生产痕迹,在白族社会发展到农耕文明后,其对白族建筑也产生了重要的影响。如白族建筑中,尤其是民居建筑,十分重视藏风聚气,整个房屋的空间布局、方位朝向都反映了这种风水观。从《玄门安龙奠土科仪》的经籍中可以看到,白族在安龙奠土中,对于选择地基十分看中。在白族的建筑艺术中,从其建筑程序来看,首先是选基仪式。白族信仰本主,认为每块土地均"有主",动土前,要请村镇中有名望

---

① 李睿聪:《宗教视野下大理白族民居建筑艺术审美研究》,云南师范大学硕士学位论文,2017年。

的风水先生进村实地勘察,选定宅基并择定具体日期。在白族人的空间观念中,村镇中的空间是洁净安全的,是本民族与祖先共同生活的场所,而村寨外则可能充斥着威胁人民生活的不洁之物,故而,在选择地基上,白族人十分重视。白族人会用陶盆扣在地基上,数日后观测陶盆中是否有水汽凝结。这种民俗实则是白族受到汉族道教风水文化影响的表现。在这个简单的奠基环节中,融入了对"金木水火土"五行、"天地人"三才的理解和应用。同时,白族人判断地基风水的好坏,还会将公鸡、猫、狗等小动物置于该地,从小动物的反应来检测该地是否适合居住。

在白族的建筑艺术中,涉及道教安龙奠土的科仪。其中科仪所使用的法器,也体现出来白族的艺术审美与道教文化的关系。如这些法器中使用到的白族木雕艺术,也结合了大量蕴含道教元素的图案。如白族木雕图案中出现了大量道教八仙的隐喻,这种隐喻主要通过对八仙所用的八种法器的刻画来展现,即"暗八仙"。这种隐喻的艺术表达,一方面折射出道教对于白族建筑艺术的影响,另一方面也是白族对于中华传统文化的吸收,注重隐逸之美、擅长留白、象征。暗八仙的图案不仅出现在法器上,同时也出现在白族的民居、公共建筑中。白族木雕通过这种文化的隐喻,阐释了宗教文化对于人们艺术生活的影响力。同时,也说明道家思想文化已经融入白族的主流文化意识中。这种展现模式恰恰证明冯友兰先生的观点:"道家对艺术本身没有正面提出系统的见解,但是他们追求心灵的自由流动,把自然看为最高理想,这给了中国的伟大艺术家无穷的灵感。"①

在彝族的建筑中,尤其注意房屋建好后的安龙仪式。彝族建筑有个重要环节,在安龙之前要在房屋堂屋的中央和四角预留洞口,仪式的重点是将这些洞口封住以寓意奠土仪式的完成。那么这五个点的选取,其实

---

① 冯友兰:《中国哲学简史》,新世界出版社,2004年,第23页。

从符号象征意义上看,就是指证了这个房屋。而中央洞口中的四个小碗更是将整个房屋的四方观投射其中。总体上看,中央的洞、堂屋、整个屋宅、居住空间这几个空间,是一个一环套一环的依次空间类比概念。中央洞中的小碗是屋子四角的一个空间概念的浓缩,而屋子的内的四角又代表了整个居住空间范围内的东南西北四方。这恰恰反映了道家文化中的一种四方的空间观。同时,这种象征意义也是中国传统文化最核心的天人合一观念的映射。这其中涉及周易中的四方八卦、"天地人"三才之道,同时还有道家思想中的天人关系。

与白族相似的纳西族群,虽然信奉道教的人员较少,但是随着历史上汉文化的传入,汉族的建筑艺术也开始在明清时期对丽江地区的纳西族造成影响。以纳西木氏土司建筑为例,大型宫殿式建筑群,有牌坊、木家院、皈依堂、玉皇阁、三清殿、光碧楼、经堂、家庙、万卷书楼等。其中宗教痕迹显而易见,且外来宗教与本土信仰相融合。木氏土司的宫殿式建筑群显然是吸收了中原建筑理念,且在格局上有意模仿紫禁城的建筑规格。但这并没有使得木氏建筑失去自己的风格。木氏的建筑始终保持着自然风格,在建筑中融入了纳西族对于太阳的崇拜和对于东方的尊崇。明末徐霞客行至丽江时曾注意到,丽江建筑多东向,这和纳西东巴教中有对于"木"的原始崇拜有关,故而在住宅上,纳西人也喜欢朝东方,属木的住宅,所谓得木之气而盛。

三、经籍中符号学意义上的建筑时空观

在经籍中记载的四方八卦对于中国传统的建筑学有着极深的影响。方位观实际上是时间和空间的一个坐标图,正方位一直是历代重视之事,所谓惟王建国,辨方正位。八卦方位分正四门和四隅门。且在道学体系中,八卦不仅与方位相对应,还与五行相匹配,故而也就推延出来,在建筑中的方位与人的相生相克关系。如命属木的适合住震卦代表的东方。中

国传统文化这种以时空为轴的方位观其实是天人合一思想的最好诠释。从人类的发展史上看，人类很早就懂得择地而居，居住环境讲求感天地之气。

人类学家有一个共识，房屋即世界。在人类长期的历史进化过程中，住所一直是人和自然建立关系的一个门户，我们可以通过不同民族不同地区的房子观察到他们不同的世界观。以中国为例，堪舆之学即风水之道，讲究房子的坐落位置与自然中的资源相适应，能够为居住者提供一个好的磁场环境。一旦房子搭建好，就形成了一个里外有别的世界。而这种里外之别的意识，从房屋结构抽离出来之后又重新以不同的圈层融入中国人的社会生活中，进而有了"里外之别"，如自己与他人的关系，男女之别，家和社会的差别，甚至是华夷之别。这种社会逻辑的建立，是从简单的居住空间进一步展开的。故而，这种建筑上的时空观念可以反映出一种文化的本旨。

经籍的传播，其实是在传播一种时空理念，通过这种理念的普及继而到建筑设计观念中。以安龙奠土为例，人们通过仪式的践行，对于四方八卦的理解不单单是局限于书本书字上的符号，而是在日常生活中的行为，是更加具象化的理解。在这种仪式中，践行者加深了对于传统文化中空间的理解，什么是四方，什么是八方，什么是中央。在一场奠土仪式的神圣时空中结成了一个系统的符号，从而建构起一定的符号语言，表达一种宗教意义。而这种表达的可能性，是建立在一个同一的文化内核之上。这也是符号与文化动力学的关系。且符号具有传播的可能和意义。符号的习得在一定程度上担负了文化推动的助力。仪式中的各种符号元素，更多地像是一种沉默的间接语言，在表达着同一的文化意义。

建筑会从物理意义上构建一个空间感，而宗教意义上，伊利亚德将空间分为神圣与世俗之别。布迪厄的空间观认为，空间不单有物理学的意义，从人文角度审视，空间是具有社会文化属性的一个范畴。而民间经籍中记载的关于建筑的空间感,更多的是一种社会文化的展示。所以民间经籍的传播,一定意义上赋予了这些区域的建筑以生机,孕育着不同的文化要素。

第二节　云南民间经籍传播与舞乐

道教音乐由来已久,道教科仪音乐也称道教音乐,道教音乐的产生主要服务于道教科仪,与民间音乐关系密切,而道教音乐的流传主要依赖于民间经籍的记载。在云南流传的诸多民间经籍中,有大量关于道教音乐的内容,如曲调、乐谱。道教音乐基于不同地域的语言风俗差异,各地的道教法事和音乐、经文也有很大差异。不过,道教音乐多以本民族音乐为依托,具有浓郁的地方特色。

一、各民族音乐与民间经籍

道教音乐的魅力除在宫观中举行的斋醮仪式中展现外,同时更多的是展现在民间的应用中。随着经籍的传播,道教科仪的民俗化,道教音乐也流行于各种民俗活动中,如祝寿、求子、消灾、折福等。在这个民间化的过程中,大量的曲目与当地的民间音乐交融,形成了不同地区不同民族的地方特色。这些民间科仪音乐一方面具备了道教音乐的超然神韵,一方面又有强烈的民族风格和民族审美意识。从某种程度上看,道教可能随着时局的不同发展呈现出不同的态势,而道教音乐却在传播的过程中没有消断过。并且以音乐的形式传播,实则以艺术的形式保全了其背后的文化内核,在一定程度上看,其文化动力不随着外在某种固定形式而消减。这正是文化动力的真正魅力所在。以纳西族的道教音乐为例,其韵律中有着道乐"人神感应"的同时也杂糅了儒家"礼乐"思想,从而形成了一种多元文化的综合体。

以白族为例，上文提到的白族安龙奠土仪式中，除其建筑美学意义外，还有音乐意义。在其奠土过程中，以及其他的道教科仪中，道教音乐都扮演着不可或缺的重要角色。在仪式中诵经所用的调式、用法器所奏的配乐，都体现着民族文化中的音乐美学。此外，仪式中的念咒、画符、掐斗、步罡等均离不开音乐。可以说，没有音乐伴随的道教科仪是没有灵魂的。而这种宗教音乐，按照体裁讲，具体可分为器乐和声乐两种。细分之下，又有大调、小调、步虚，以及道腔和洞经腔等几类。大调气势磅礴，曲目有《全八卦》《大吉祥》《咒章》等，小调只使用部分乐器，多为吹弹，主要用于伴奏，曲目有《小白门》《万年华》《到春来》等。大理白族地区的村寨中普通设有洞经会，白族洞经会的特点是，除在文昌圣诞、老子圣诞等道教节日弹唱诵经外，还专门有《大理白族文昌帝君蕉窗十则》来作为一种劝善的道德条文。

道教在传入丽江之初，为了获得更广阔的传播背景，有意识地将其教义与当地本土信仰相融合。东巴文化中有原始的对于天的崇拜，这种原始崇拜恰恰与道教的天道文化相吻合，故而，在进一步的结合后，纳西文化中自然神格的天神被改造成了具有人格意义的天神；纳西族的自然龙身崇拜也被改造成了龙王崇拜。纳西族的其他信仰神与道教神灵并存共同享受香火。这种信仰上的交织改造，同样也体现着具体科仪中使用的配乐上。以丽江的道教科仪音乐为例，其中的洞经音乐谈演，使用的是《大洞仙经》《关圣帝君觉世真经》《忠义经》《孝经》等。

由此可见，民间经籍的传播，是在实践意义上践行着一种文化信仰。这种仪式音乐实则扮演着一种广义的音乐文化角色。经籍是传播的载体，音乐是表现的形式，而背后蕴含的是一种文化的认可与进一步传播。这也就是我们讲的文化之动力所在。以纳西的洞经音乐为例，其思想上秉承着儒家文化的礼乐思想，其形式上体现着道教音乐的特质，它在表现形式上突破了所谓的宗教界限，而内涵为一种文化核心——兼容三教后的一种文化认可。更重要的是，这种文化认可是双向的。纳西东巴文化吸收道教音乐的同时，也对道教音乐有一定的影响。即我们讲的文化涵化的过程。这种文化涵化最后构建出一个文化区域，在特定的时间、空间中建构成一个新的文化现象。道教音乐深谙中国民众功利化的宗教心理需求，并迎合了这种民情，从而对音乐功能进行了多元化改造。如《文昌大洞仙经序》中提及了多种宗教功能，如解冤结、安坟宅、祈风雨、降祥瑞、致蚕谷、禁虫虎、止旱浑涝等，这种多功能性在一定程度上表现出，在民间经籍的传播促进下，在宗教音乐的强大助力下，文化的核心认同得到了最高程度的体现。

瑶族道教受汉族道教影响深远，表现在音乐上依然。瑶族道教仪式中的音乐主要受汉族道教音乐影响。当然，其背后的文化要素依然是瑶族原始宗教信仰与汉族道教在精神内涵上相契合。故而，在文化核心认知完成之后的文化外现形式上的一致是一个顺其自然的发展结果。同样的，在任何一个艺术形式的传播过程中，都不会是一成不变的，尤其是一个文化遭遇境遇外的过程中，必然有本土化的转变。再次审视瑶族道教音乐我们会发现，以盘王信仰为基础的瑶族文化，在融合了道教文化后，彰显出不同于其他民族的道教音乐文化特质。如在瑶族道教的拜神仪式中，除道教常规神祇外，要单独请瑶族祖先，而这部分的仪式，是以瑶族特色的"流乐"的形式进行的。同时伴奏以瑶族特色的长鼓《盘王大歌》。

瑶族民间经籍的表述形式分为默读、朗读、念神等。念神分不同唱腔，如"四言句腔""五言句腔""七言句腔""长短句腔"等。从音乐角度看，民间经籍念唱多为五声调式：宫、商、角、徵、羽。演唱时有鼓点伴奏。瑶族民间经籍中显示出的音乐分为声乐和器乐两种体裁。经书的唱法可分为顺唱、隔唱、综合类等。仪式中分为法器舞、道具舞、兵器舞、综合舞、情节舞、哑剧舞。《简论云南瑶族道教科仪乐舞及其跨民族、地域性艺术文化特征》中有详细音乐舞蹈的描述。瑶族道教的音乐唱词中分为咏唱和吟唱两类，且多为四言四句、五言四句，如文山富宁地区瑶族道经《咒水科》中即是五言步虚词，这种唱词有利于经书在民间的传播。就乐器而言，一般常用法鼓、锣、镲、法铃等几种。

二、民间经籍中的舞蹈艺术

除了音乐之外，云南某些少数民族的民间舞蹈也受到了道教文化的侵染。如彝族的"烟盒舞"，起源于生产生活，表演时弹响烟盒以伴舞，配合笛子、二胡等乐器。舞者翩翩起舞，舞蹈豪放浪漫，优美精巧。舞姿中有部分内容明显染有道教文化的色彩，如"关圣撕刀""仙人搭桥""仙人摘桃"等，是道教神祇为当地信仰所接受并影响在生活层面的痕迹。

云南瑶族在历史上经历了不同阶段的民族生存的挑战，在漫长的历史中，便携式的"铜铃"在民族迁徙的过程中伴随着瑶族人。说到瑶族的铜铃舞，从起源上讲，与道教有着渊源。传说孙思邈为老虎治病时使用铁圈撑开虎嘴，即"虎撑"，后演化为民间医生使用的"串玲"。而瑶族认为铜铃代表福音。这种对于铃铛的共同使用，使道教舞蹈与瑶族原始舞蹈紧密结合，形成了瑶族舞蹈的基本形式——盘王舞。铜铃舞作为盘王舞中的一种，是少数民族民间歌舞在道教文化影响下丰富发展的一种例证。"铜铃舞"在瑶族民俗中起到了口述历史、教育后代、增加民族情感的作用。而舞蹈的传播过程中，体现了对道教文化内核的认同，在丰富完善统一后，又以舞蹈形式传播，增加了文化的动力。铜铃不但是瑶族民间舞蹈使用的工具，也是瑶族师公、道公做法事时用的法器。

云南文山地区瑶族的"度戒舞"也同样是道教文化影响下的产物。度戒舞是瑶族举行"度戒"仪式时所表演的一种舞蹈，形式非常丰富，如文山州瑶族有"丢曼步""乐花""踩田地""训童""倒罢舞"等。度戒舞分为"文舞"和"武舞"，文舞由师公跳，节奏轻松，步伐灵活，舞姿优美，师公配合上身手中的法具翩翩起舞，舞蹈灵动流畅。道公跳的武舞，相比较而言更加威严。武舞动作持重，舞动刚健有力。度戒舞，一方面被看作舞蹈，一方面也被看作宗教科仪。这正是道教文化妙趣之所在。在这种多元性质呈现的形式中，更好地诠释了道教文化对日常生活影响的多纬度属性。度戒舞中，不论文武，都有着铜铃舞的痕迹存在。这体现了文化的一体性。铜铃舞体现了瑶族道教文化的核心，如其舞步约有14种，其中八卦步、行罡步、动鼓步、镇帅步、九宫步、鬼脚步等，均与斋醮仪式相关。铜铃舞中还有以"圆"为运动轨迹的特色，也是道学思维影响下的一种表现。铜铃舞融合于瑶族的祭祀舞蹈与民俗舞蹈之中，渗透在生活的各个层面。如在瑶族地区中，中小学还在学习铜铃舞，随着现在生活的发展变化，铜铃舞也经过了一定程度的改革，但是其风韵不变。这也从一个角度反映了文化的传承。铜铃舞蹈在一定程度上传播了文化的内核，是文化的动力表现。

壮族、苗族中均有"跳端公"一说。所谓"跳端公"，是一种巫医民俗，和道教"踏星辰"类似，同时融合了舞蹈、音乐、戏剧等诸多元素，旨在沟通人神，治病驱魔。这种科仪舞蹈受道家影响的表现为对星辰的崇拜，且遵奉伏羲、女娲，行禹步，使用八卦、五行等。而端公本身身着红裙、手持神带，吹响牛角，并附和节拍跳动，这一系列的动作，实现了从视觉到听觉的多感官经验，这一系列的符号构成了仪式的特殊意义，在特定的神圣空间中建构其一种新的人神关系。

从人类学角度看，这种科仪舞步，是通过舞蹈与社会生活发生密切联系，舞蹈是人类的一个交流体系，在特定的时空中有着丰富的象征符号意义，起到了沟通的作用。这种特殊的形体语言，是人与人社会生活中的一个交流方法。这种舞蹈的意义，不是单纯的一个艺术想象，其更多折射出的是一种超越日常生活的神圣行为。该行为不单是治病、沟通人神，还是表演者与信众之间的交流，也就是说，它不单纯的是一种艺术或宗教行为，同时是一种社会生活方式，是宗教文化内核驱动下的生活实践。这种舞蹈行为因为其内在的文化内核而具有人类学、宗教学、社会学的意义。我们对其研究的视角，是将其还原到人类活动链条中的一环，而非一个单纯的行为。其重要意义在于，通过这种民间宗教舞蹈的形式，更加有利于文化的传播。正是因为受众接受了其仪式背后的文化价值，才会进一步加以执行、传播。这也正是文化传播的途径和意义所在。没有文化内核的舞蹈行为只是单纯的人体运动，有了文化内核的舞蹈，将被视为文化体系中的一个元素，被附着在文化动力的意义之上。

道教舞蹈是在原始祭祀舞蹈、巫舞的基础上发展而来的，且融合了道教的思想。如云南文山地区在农历二月十五的老君诞时，会演出系列舞蹈，如"韩越独舞""苏秦背剑""三星相会"等，展示了神仙事迹，且表达了道教的基本理念——神仙可学，人人皆可修仙。同时，道教舞蹈中还展示了很多天堂、地狱的概念。这种文化理念正是在民间舞蹈的形式中慢慢流传，是文化传播的另一种形态。"善有善报，恶有恶报"的这种理念是道教舞蹈中修仙得到的法门。道教舞蹈从艺术的纬度对道教惩恶扬善的理念加以宣扬，也以特有的直观表达形式加速了文化的传播，维护了社会道德秩序。

舞蹈与上古巫术有着密切的关系，舞字的甲骨文写法乃是一个人两手提着牛尾巴，恰如《吕氏春秋》中描写的"三人操牛尾，投足所歌八阕"相符合。道教中的步罡踏斗一方面是作为法术流传，另一方面，我们可以视为一种舞步，是沟通人神之法门。《云笈七鉴》中对于步罡描写到：先举左，一趺一步，一前一后，一阴一阳，初与终同步，置脚横直，互相承如丁字形。可见，道教的步罡是有固定运动轨迹的，即舞步。且其从功能性上看，也起到了舞蹈的作用，如娱乐人神、促进社会共同意识、增加社会共同审美、传播文化理念。

道教的禹步是构成道教科仪的重要元素之一，同时，禹步还被吸收应用在多个少数民族的巫术舞蹈中，继而成为民族舞蹈传承的一部分。也就是说,这种文化内核主导下的文化表现形式是多样的,禹步在文化传播发展过程中起到了沟通神圣与世俗的作用,加强文化自我认同的同时也加强了文化的区域一体化。在具有宗教属性的同时也兼具文化属性,在民俗生活中起到了文化审美和健身保健的作用。禹步起源于模拟星斗,这虽然是道教的科仪行为,但是其背后是先民对于生命的思考、对于宇宙的观察,更多地反映了一种文化的内核,文化的输出。这种对时空、对生命的深层思考,才是道教文化的核心内核之所在,也是在这样的文化内核吸引之下,不同的文化元素附着在一个整体系统之中,不断地传播发展,生生不息。所以从起源看,道教舞蹈与普通舞蹈都是源于早起的巫术、祭祀;从功能看,道教舞蹈起到了普通舞蹈的作用:娱乐、传播、教育、审美、沟通。

第三节　云南民间经籍传播与文书艺术

民间经籍与文学、书法的关系密切。从经籍的传承方式看,其多为手书,古之师徒传抄均为毛笔,经书本身就是一种书法作品。且从内容看,经籍中的很多符箓,又被称为"云篆",早期即在隶书基础上形成,既是一种神秘的宗教符号,又是一种独特的书法艺术。经籍的书体有32种之多,除"云篆"外,还有"八显""天书""龙章""玉牒""玉篆"等。道教的书法艺术的背后是道教之宇宙观,性情见诸文墨,更彰显出一种独特的艺术审美,如东晋著名书法家王羲之本身即道教徒,王羲之曾在书信中提及"书之气必达乎道……万古能名",可见这两者关系之奥妙。本节则重点分析经籍与艺术之书法的关系,兼论经籍中的文学痕迹。

一、云南民间经籍中的文学艺术

道教文学历来是一个成熟的研究方向。《道藏》中收录有大量道教文

173

学的作品,以宣传道家文化、反映道教生活为内容。整体上看,道教文学可分为散文、小说、诗词、戏剧四大类。而作为本研究对象的民间经籍,文学作品主要表现为道教小说与劝善文等。

以白族为例,"白族民间文学中有大量富有道教内蕴的文学形象。这些具有道教色彩的神话人物多作为民间文学中的叙事主体或配角出现于白族民间文学的各类故事之中。白族民间文学的道教形象与道教的人物谱系和特征显示出极大的一致性"①。主宰三界的玉皇大帝、王母娘娘,执掌一方的山神、土地与城隍,逍遥闲游的八仙、门神、灶神、财神、金童玉女等形形色色的各路道教主要神仙,均出现在白族民间的文学作品中。除人物的一致性外,道教的仙境信仰在白族民间文学中亦得到不断的展示。在宗教信仰中,彼岸世界的描述是宗教的独特之处。道教的仙界灵境反映出人类对于生命的思考,对于无限生命的追寻。纵观白族民间文学作品,其中经常有仙境的场景描写,大多都富含道教旨趣。白族民间文学中常出现天庭、仙岛与神山的描述。此外,道教中的法术,如飞行、隐身、变形、随心造物、服食、行气、导引、内丹、外丹之类旨在修炼求仙的道术,还有符箓、占卜、禁咒、祈禳等诸多用以济世度人而具有巫觋底色的法术。形形色色的道教方术多为白族民间文学接受、运用,白族民间文学中的道教方术可谓俯拾皆是。

二、民间经籍中的书法艺术

道教的符箓是一种特殊的书法艺术。符箓是道教的重要道术,是道士用以沟通鬼神的工具。相传,道教符箓来自黄帝的"云书"。《元始五老赤书玉篇真文天书经》记载:"生于元始之先,空洞之中,天地未根,日月未光,幽幽冥冥,无祖无宗,灵文畸蔼,乍存乍亡,二仪待之以分,太阳待之以

---

① 刘红:《白族民间文学与民众的道教信仰》,《民族艺术研究》2006年第2期。

明，灵图革运，玄象推迁，乘机应会，于是存焉。天地得之而分判，三景得之而发光，灵文郁秀，洞映上清。发乎始清之天，而色无定方，文势曲折，不可寻详。元始炼之于洞阳之馆，冶之于流火之庭，鲜其正文，莹发光芒，洞阳气赤，故号赤书。"①

"云书"是用流云为工具的一种书法，在秦汉之后发展为"神符"，用以沟通人神，镇邪扶正。《抱朴子内篇·登涉》："山无大小，皆有神灵。山大则神大。山小即神小也。入山而无术，必有患害。或被疾病及伤刺，及惊怖不安；或见光影，或闻异声；或令大木不风而自摧折，岩石无故而自堕落，打击煞人；或令人迷惑狂走，堕落坑谷；或令人遭虎狼毒虫犯人，不可轻入山也……凡人入山，皆当先斋洁七日，不经污秽，带升山符出门，作周身三五法……上士入山，持三皇内文及五岳真形图，所在召山神，及按鬼箓，召州社及山卿宅慰问之，则木石之怪，山川之精，不敢来试人。其次即立七十二精镇符，以制百邪之章，及朱官印包元十二印，封所住之四方。亦百邪不敢近之也。"②可见，符箓在道教中具有特殊的应用价值。

道教符箓作为一种具有抽象意义的书法，最早是在隶书的基础上形成的。出于增加神秘感的需要，道教对符箓做了很大的改造，突破了原有的汉字笔画，吸收了草书的写法后，成为一种独特的艺术表现形式。三国书法家钟繇论说："笔迹者界也，流美者人也，非凡庸所知。见万象皆类之，点如山颓，摘如雨线，纤如丝毫，轻如云雾，去者如鸣凤之游云汉，来者如游女之人花林。"③书法之美，在于通过笔墨浓淡、线条流转模写天地之景象，人物之心绪，道教书法自成一派，外人不可识，既是道士沟通人神的密码，又是可供人欣赏的艺术作品。

①《道藏》第1册，文物出版社、上海书店、天津古籍出版社，1988年，第774页。
② 王明：《抱朴子内篇校释》，中华书局，2002年，第299—301页。
③ 胡经之：《中国古典文艺学资料丛编（三）》，北京大学出版社，2001年，第54页。

第七章　云南民间经籍传播的文化动力学与现象学解释

前文中,本书就云南民间经籍传播的背景、方式进行了梳理,对经籍的内容、分类进行了概述,继而从宗教、民俗、艺术三个纬度分析了民间经籍传播与民族文化的关系。而在整个过程中一以贯之的,是本研究的核心:文化动力学。通过一系列的铺陈、分析,揭示两者之间的根本关系在于民间经籍背后所凝聚的文化动力。而在本课题的整个推进过程中,宗教现象学方法是主要的研究方法。故而作为结尾,本章将再介绍一下文化动力学与宗教现象学。

第一节　云南民间经籍传播的文化动力学内涵

文化的研究分析应该首先是建立在整体性的文化集合之上的研究,故而在看待一个文化现象之时,我们要先确定文化的边界。其次是基于这个文化范围、文化现象而选择研究方法。在对民间经籍传播的研究中,本书采取的是感性直观的一种点面结合的研究方式。社会系统永远在重复着同样的过程,社会现象和过程也是这样。这种社会文化的发展过程是非线形的,或者说非固定周期的。历史是非重复性的发展过程。不同的艺术同样要经历两个阶段:第一阶段是美,第二阶段是美的升级,宗教情感意义等。例如,希腊艺术深受宗教、教育和社会公德等影响,这说明,艺术是文化的一个重要组成部分,是文化动力的研究方面。绘画和雕塑方面的变动和反复的共同规律可以同样应用于其他艺术现象,如建筑、音乐、文学批评等。视觉艺术和理想艺术的关系也同样适用。分析一个社会的文化,必须剖开为不同的维度来诠释。文化动力表现在不同的方面,而艺术是重要的一个维度。故而本书对于民间经籍传播与民族文化的关系研究,也分类为宗教、伦理、艺术、民俗等维度。

一、文化动力学概述

文化动力学的概念是由美籍俄裔著名社会学家索罗金提出的。他认为文化可分为四种类型,其中具有内在逻辑意义的文化类型尤为重要。规范、符号在社会文化认知中起重要作用。丧葬仪式恰恰是通过一种行为规范与系统符号传播着一种具有内在逻辑意义内核的文化,此内核即文化动力之所在。

文化作为一个整体,有着不同的分类方式,按照索罗金的理论,文化要素整合的主要形式分类:①空间或机械相邻,如垃圾桶内的纸片、瓶盖等废弃物因为空间相邻而在一起;②出于外在因素而联系在一起,如因为天气原因,雪橇、皮草、伏特加同时出现在一个房间内;③因果或功能性的整合,如一辆车的各个部件因功能集合在一起;④内在或逻辑意义的联合,如维纳斯雕塑、第三命运交响曲、《纯粹理性批评》等作品,是因为一个内在文化逻辑而联合在一起。作为我们研究的文化对象,第四种逻辑意义的整体最具有代表性,其中最核心的就是文化的终极核心理念,任何一个文化系统都靠着其内部的逻辑意义维系。逻辑意义整体只能存在于思想和意义中;文化被识别、被记忆,都是出于其内在逻辑意义。比如我们说公元前五世纪的希腊文化,指的是苏格拉底、柏拉图等一系列名人创造的这种逻辑意义系统。文化的核心决定了其价值和意义。如，外科大夫开刀和凶手肢解，外在相同，内在不同。内在决定事物的性质，但是了解文化的内在必须通过外在。

文化的逻辑和结构的意义与价值不仅仅是通过视觉效果直接呈现在人们面前的，而往往是在其可见性的标志符号的背后。例如，许多教堂的标志性符号是一个十字架，而这个十字架的意义是因为其背后的文化逻辑内核，而不是一个单单的十字交叉的符号。这些重复在不同建筑、地区、场景中的特定简单符号，广泛地传播了其文化内涵。从传播的时间和空间角度讲，这种符号意义可以存在在任何文化母体下的艺术形式当中。如不单单出现教堂，也出现在人们的其他生活场域。这种符号象征意义上的关联发生的多样性可以适用于不同文化体系、同一文化背景下的不同文化维度。比如在基督教文化背景下的西方社会文化思想史的发展中，无论是文学还是绘画、建筑、音乐，基督教无处不在，这是文化内核的意义所在，是同处于一个文化逻辑内核之下的文化体系的整个表达。又如，天、地（很多文明中妇女坐在地上生产，地球孕育生命的一种微缩象征意义；在中国，人死的时候入土，象征着生命的循环往复；死亡在很多文化形态中被认为是一种生命能量的转化过程，生命通过死亡以另外一种形式存在在宇宙中）、水（洗礼，基督教创世神话中的洪水；水在道教科仪中有撒净的作用）、树、太阳、月亮等物体在神圣与世俗中代表的意义差别。就如同如意、祥云等图案在普通建筑和在道观建筑上的差别。显圣物最终显示的是宇宙中的生命，是一个生命普遍象征意义的问题。道教科仪中御剑飞行所蕴含的生命意义，对于飞的向往，在其他文化中亦然。与其他民族信仰相对比挖掘

这种关联性和相关性的建立是一种发生在社会时间和社会空间上的整体集合。在某种程度上，所有的文化集合都是平行的长期变化，是所有文化表现形式的一种集成逻辑，且有着一定的因果关系。通过本书的分

类分析,我们将看到,宗教、艺术、哲学、伦理等诸多文化的分层领域都在发生着一种同步变化,且朝着同一个方向——文化逻辑内核。作为一个文化系统,真正的文化内核,文化动力是一个集聚各种元素并放置在时间或空间中的,以不同部分构成同一整体的特殊存在。

在选取现象参考点的技术我们称为知觉的当下直观,如何记录关系,我们采取结果的反证方法,我们不可能在关系发生的当下保存这种动态的存在,但我们可以用结果的可能去反证关系的属性和关系的各种数据。文化动力学的初衷是把我们只能以动态的方式看到的关系作为研究对象,我们平常的观察是以现象的结论为我们行为的基础,那么我们在行为中好像总会被无形的力量左右,在我们发现关系的效能后,我们推测关系的效能参与了我们现象的结果,那么我们对现象的理性逻辑加上对关系研究的结论,在生活中使用我们意志的能力我们认为会加强。这是文化动力学产生的动力。

二、民间经籍传播的动力学内核

本课题的主题是经籍所承载的文化内核在传播过程中和民族文化元素相结合,丹田模式不断外延,形成了文化动力。在这个核心观点下去进行经籍的传播,及结构性传播而非时间性传播;经籍的分类,是在这种核心观点下的分类,是在文化内核下,进行的时空人伦的划分,而不是简单的经忏科仪。在与民族关系的问题上,是以分类为基础的应用。科仪活动的特殊时间节点与月令相关。比如诺邓村的科仪活动,十一月份很多神仙圣诞,十一月是子月,一阳出生,所以道教活动是对原始月令的一种模拟。

(一)经籍的传播是通过仪式的使用而传播

本书考察的民间经籍传播,其主要部分是科仪的记载和传播。而其中,涉及人们日常生活的婚丧嫁娶尤为重要。丧葬仪式作为传统仪式的一种,可以理解为道家文化内核的行为外化,将宗学从内化信仰层面转化为外在行为层面。德国学者托马斯·卢克曼认为:"个人要理解外部世界并对其做出行为,必须依赖于一个起码的意义系统。"①宗教信仰即为信徒提供了一个意义系统。作为意义体统的宗教信仰体系之建立,是基于周期性的宗教仪式完成的。仪式帮助信徒完善并稳固其宗教心理,消解世俗世界中的冲突。宗教仪式在建构和维系宗教认同上起到了至关重要的作用,是文化内核的外在表达。信徒通过舞蹈、吟唱、演奏等活动形式和物件、场景等场域布置来表达虔诚,寄托希望。这种规范化的特定行为是一种礼的表达,这种范式化和周期化的仪式为信众带来一种心理上的身份认同。宗教仪式通过建构"神圣"与"世俗"的边界来确保宗教信仰传播的有效性和权威性。

宗教仪式同时担负着传播民俗、承载族群文化的作用。宗教仪式本身也是民间宗教信仰体系中有效的传播场域,是传播族群文化,加固身份认同的有效传播场域。例如,一场度亡法事所构建的临时空间,即是文化传播过程中的一个独特场域。在这个临时空间中,丧葬仪式成为一个传播媒介。从传播学的角度看,仪式在传送方与接收方之间建立起一个共同的关注焦点,在彼此信念共享基础上,践行了一种传播活动。这场丧葬仪式实质是人们互动交往的一种仪式,传播的是一种共同信仰,更是一种文化层面的身份认同。在这场仪式中,共同的文化符号被不断强化,从而使得符号背后传承的文化要义得以有效传播。在这一互动活动中,在特定的时空界定中,社会关系的互动、融合、涵化得以实现,并建立起一定的社会秩序,这都有效地促进了身份认同的建构。

在笔者的田野调查过程中,以云南临沧南伞镇红岩村的一场度亡法

---

①孙尚扬:《宗教社会学》,北京大学出版社,2001年,第42—43页。

事为例,不同国籍、不同民族的民众出于共同的宗教信仰,在一个特定的时空中发生了一场交互。在这个过程中,经幡、纸扎、贡品等,都是强化共识的符号。詹姆斯·凯瑞认为:"传播的起源及最高境界,并不是指智力信息的传递,而是建构并维系一个有秩序、有意义、能够用来支配和容纳人类行为的文化世界。"①凯瑞认为,传播的本质不是单纯的位移,而是"一种以团体或共同的身份把人们吸引到一起的神圣典礼",建立起一个文化场域,人们通过对共享符号的接收、解码,进而传播,最终形成信仰共同体。宗教仪式的妙处正是在于成功运用了各种符号,如道教科仪中的法器、歌曲、肢体动作,建构起一种传播体系,从而建构起信众的宗教情感。通过参与共同的仪式,人们可以获得共同的文化认同感。宗教仪式不仅是信徒的外在行为的呈现,更多的是信徒内在情感认同的表达。这种情感认同之本质正是宗教仪式所传承的文化动力。周期化的宗教行为在某种程度上成为一种生活范式。宗教徒对宗教的认知不是先天赋予的,或者说不能完全靠理念的灌输而成就。宗教徒从真正意义上形成身份认知,须是建立在行为的范式化上。通过一群人在特定的时空当中共同做一个仪式,可以实现一种行为认知上的趋同,从而进一步完成身份认同。

时间与空间都不是均质的,人类文明发展到现在,时间是一种源自社会生活的标线,尤其在宗教社会生活中,时间具有了神圣意义,特殊节日的周期性往复构成了社会生活时间的本质意义。空间亦然。如伊利亚德所讲的神圣空间的意义,在特殊的场所构成的空间中,表现出宗教的神圣性。空间的划分也是基于社会生活的需求。时间和空间都是在仪式性、周期性的社会生活基础上才具有特殊意义的存在。同时,神圣性决定了

———————
　　①［美］詹姆斯·W.凯瑞:《作为文化的传播——"媒介与社会"论文集》,华夏出版社,2005年,第28页。

在宗教仪式中充满禁忌。仪式中的行为规范、禁忌也都在经籍中记载并传承。人们已经承袭了一套固定的习惯与语言来表达这种宗教情感,这是区别于普通世俗生活的神圣生活方式。

在这种行为模式中,符号和象征扮演着重要的角色。仪式的过程是人类通过对具有类别关系的事物进行分类和象征赋予,继而进行逻辑推演。当然,这种类别关系在一场宗教仪式中,也就是文化集成的过程。例如,当经幡、纸札、乐器、符箓出现在一个场域中时,就意味着这些物品背后象征的文化符号成为一个文化集成,反映着一个文化意义。列维·斯特劳斯认为,亲属关系、语言、物品交换是理解社会生活的关键。而在这个宗教场域中,恰是亲属关系促成了一场宗教仪轨的诞生,在这场活动中,这些物品则是充当了一种特殊的宗教语言。

死亡在某种意义上讲,是原始人类进一步深化宗教的重要环节。死亡是世俗向神圣转化的一个桥梁。只有经历了死亡,某些灵魂才能转变为神祇,死亡促使了这种神圣化的转变过程的发生。与死亡相关的最早的仪式即葬礼,故而葬礼在宗教中有的重要的意义。丧葬仪式也最能体现出一个族群对于生命的理解、对于宗教的表达。按照布迪厄的理论来看,这种对生命的解读,对死亡的理解,在特定的时间、空间中所固定成一种仪式,成为一种行为上的惯习,继而形成一个可供传承的文化资本在人类发展的历史中存在。这个文化资本,我们可以将其理解为是文化内核中的一个重要元素。

宗教仪式的背后是一种群体意义上的规律性共情,人类在发展的过程中,在集体之间传承这种集体共情,继而形成一种集体行为。而后续的个体不断参加到这种集体行为中成为个体的一种义务。个体通过对这种义务的践行而融入集体生活中。舆论的力量不容许某个个体对此质疑。这样,在人类的社会活动的世代传承中,共同的仪轨加之逻辑演化,使得宗教仪式成为一种文化范式被固定下来,从而成为一种社会意义上的文化动力之源。

仪式是社会群体定期重新巩固自身的手段,宗教仪式帮助群体集合在一起,并逐渐形成一种共同的精神体,这种作用要高于因血缘纽带而缔结在一起的氏族关系。人们通过一种共荣的信仰或者认知而集合在一起,这种以文化为纽带的集体力在社会构成中具有更加牢固的作用。

对于很多宗教仪式的践行者来说,个体情感并非促成仪式的首要原因。如丧葬仪式,子女当然可以通过仪式表达情感,与此同时,仪式的举行还有义务的成分,即约定的风俗使得子女必须举行族群认可的仪式来安放逝者的灵魂。否则可能会引来宗教意义上的惩罚(孤魂野鬼)或社会层面上的质疑(不孝)。

(二)传播的本质在于文化内核的认同

认同(identity),最初属于哲学研究的范畴,意即"变化中的同态或同一问题"。最早使用"认同"一词的是弗洛伊德,"认同"在其心理防御机制理论(psychological de—fense mechanism)中是指"个人与他人、群体或模仿人物在感情上、心理上趋同的过程"。认同按照路向可看作是两个维度的,一种是被同化,一种是同化他人;按照主体可分为个体认同和群体认同。认同是一个人类在不断寻找共同性的过程。道教在云南少数民族地区的传播恰是一个自化(接受)与化他(传播)的过程,质言之,是认同的两个维度的体现。

身份认同是一种主观认知,大体上可以按照程度分为三层:以血缘、种族为基准的天然本能认同;以社会政治组织为基准的情感认同;以全部社会关系为基准的理智认同。这种社会关系可能来自历史、地理、生产制度或宗教情感。身份认同可以从民族认同和国家认同、宗教认同等多维度来实现,但其根本仍是一种文化认同。民族认同是基于血缘关系基础上的,在共同的历史、民俗、信仰等文化元素的作用下,形成的共同认知和归属感。安东尼·史密斯认为："民族认同不仅指民族成员对民族国家的政治效忠，而且也指他们对民族共同体的文化依附。"[①]相较于民族认同，身份认同是一个复杂的心理结构。身份认同从深层心理学上分析，是一种个体对所属群体的共同性认知，是一种深层的情感体验。身份认同是人的社会属性的产物。身份认同具有交融性和重叠性，不同场合会有不同的身份认同。恰如法国社会学家布尔迪厄的"场域论"认为，每个人在不同的场域中都有不同的位置。身份认同亦是如此。在丧葬仪式这样一个特殊的社会场域，在这个特定的时间、地点里，果敢族、汉族、彝族以及仪式的象征物，构成了一个临时的社会关系网络，在这个临时的神圣空间中践行的是一种身份认同。

维特根斯坦认为，一种宗教就是一种生活方式及其自身的语言游戏。文化在很大程度上决定了宗教的个性及其后来的发展趋势。宗教信仰与传统文化的这种关系，说明宗教是一种历史文化延续下来的集体表象，是一种文化认同。在身份认同的问题上，我们应该看到，单一的身份认同会导致分裂，而多重身份认同，是现实社会不可规避的问题。比如，果敢的汉族，在国家认同层面，是缅甸人，在民族认同方面，是汉族，在宗教认同方面，是道教徒。在这个特殊区域，出现了国家认同、民族认同、宗教认同三种不同的身份认同之维度。宗教认同在身份认同中有着更直接的作用。在宗教认同中，宗教徒通过服饰、语言、仪式等信仰符号体系将自己从一个更大的社会群体中区分出来，巩固身份认同。汉斯·莫尔在他的《身份认同与宗教——国际跨文化研究路径》导言中提出，宗教认同不同于其他认同的功能主要表现在宗教认同可以实现身份认同的神圣化。宗教认同为人们提供一种秩序，一种情感上的依赖，运用重复的行为、语言

---

① ［英］安东尼·史密斯：《全球化时代的民族与民族主义》，龚维斌译，中央编译出版社，2002年，第129页。

不断强化这种功能。西方的宗教认同通常基于基督教的范例,认为这种认同是建立在家庭基础上的,即在生命过程中的初期阶段已经完成,是一种群体性选择的宗教身份认同。这与中国的宗教认同发生情况类似,不同的是,中国的宗教认同是以道教为范例。中国人自小诞生于一个道教文化浓郁的国度,在生命初期阶段,已经完成了这种宗教认同。与西方基督教不同的是,我们的这种宗教认同,更多地表现为一种文化的潜移默化,而非宗教仪式的约束。

　　质言之,这种认同,更准确地应被理解为一种文化身份认同。边境地区人群的宗教信仰,更多地体现出一种弥散性或非制度性特征。在中国复杂的民族宗教信仰情况下,身份差异与边界不可改变,但身份的认同则与社会建构有关。在多民族国家中,民族认同与国家认同的关系以不同程度的形态存在:在国家认同的基础上保有民族性;在与国家融合的过程中被同化而失去民族性;一旦民族认同高于国家认同,产生民族情绪,更有甚至滋生民族分裂主义。①而身份认同在一定程度上避免了此种矛盾。强调以文化动力为根本的身份认同,是解决民族矛盾的最便捷途径。国家认同的本质应落脚于文化主体层面上的身份认同。故而,通过文化而建构一个身份认知共同体,有助于解决民族矛盾,有助于构建和谐社会。从南伞地区跨境民族丧葬仪式之一斑,可窥见在民族变迁过程中,宗教仪式传承的文化内核是将各民族联结在一起的关键点。这种文化内核即索罗金定义的内在的、具有逻辑意义的文化,即我们的文化动力所在。

（三）文化内核的内容

1.生死观的本旨

生死是人类文明中亘古不变的话题。如何看待生死？ 在生与死之间

---

① 参见王建新:《宗教文化融合研究三题——以人类学的视角》,《中国宗教》2010年第3期。

如何实现过度？对这些问题的回答,在一定程度上帮助我们区分开了不同的文化主体。在南伞—果敢地区的丧葬仪式中,我们可以看出该地区人民对于中华民族传统文化中"生死事大""事死如事生"的认同和传承。在儒释道三教合一的中国传统文化内,有着不同类型的生死观。佛学认为,死生无常、无生无死、死即是空,强调转世轮回和因果报应;道学体系内,道家讲方生方死,生死齐一;道教,重生恶死,生命可以在肉身死亡后以另一种形态存在;儒家的态度,未知生焉知死,对于彼岸世界持回避态度,儒家强调的是以血亲为纽带的生命继承,突破了个体生命的局限,从家族、人类的更广意义上折射出儒家对于更为广袤的生命价值的追寻,所谓前有先祖,后有继者。三者在生死观上各有特色,却也表现出一种共性:死是生的另一种形式。

丧葬仪式是生与死之间的一个过渡仪式。这种仪式反映了一种社会秩序和文化内核。仪式本身具有意义在于它是文化的一种展演。没有内在文化的仪式是空洞无意义的行为动作。丧葬仪式是对生死观的一种显性表达。不同地区不同民族的不同丧葬仪式背后,是生死观的差异。而本书聚焦的南伞—果敢地区,在丧葬仪式上大同而小异的特色,反映出的是对中国传统文化的认同,从一个侧面恰说明了文化动力学意义。如红岩村的丧葬仪式中,烧纸扎、送饭等仪式行为,都是以象征的方式为逝者的下一阶段的生命旅程祈福,希望逝者在另一个世界能够顺利安家并过上美好生活。仪式本身可以看出生者对于死亡的态度,认为生死是一场生命的轮回,死亡是生命另一种形式的延续。而开路科,为逝者扬帆引路,其实质是认为灵魂与肉体在死后发生分离,需要为其灵魂指引,安放于归途,而非留在家中造成在生者的困扰。解怨科,实则是一种对生命意义的理解,进入下一段里程之前,要解开前世的冤债,将此生的污秽、罪恶洗净。南伞—果敢地区民众对于丧葬仪式的接受度和同一度,实则反映了其对于儒、释、道共融的生命观的认同。

2.孝道的内核

孝,最初产生于祖先祭祀,早期功能更多表现在宗教范围内。随着人类社会的发展,宗法制度的产生,血亲关系的建立,孝开始展现出更多的伦理内涵。孝是儒家文化的核心之一,孝贯穿天地君亲师,是中国传统文化背景下人际互动交往链条的核心扭点。孝道外化的行为符号之一就是丧葬仪式。孝道所反映的祖先崇拜和祭祀是丧葬仪式的文化内核。丧葬仪式一方面可以看作为中国人人生礼俗之一,另一方面可以说是儒家孝道的践行。儒家希望通过对于丧葬的进一步礼制化规范,达到对于世人孝道思想的日常教化目的。通过孝道意识的培养,经过孝道行为(如丧葬)的外化,儒家建立起的是中国文化特有的孝道教化理论。

丧葬仪式中,贯彻始终的是孝道,是尊亲敬老。所谓生则养,死则葬,丧毕祭。如前文中所展现的仪式中,首先,需要为逝者举办仪式的主体是逝者的孝子贤孙。其次,在仪式过程中,孝子孝女应披麻戴孝叩拜,尤其南伞—果敢地区的丧葬仪式中要求孝女在凌晨鸡鸣时哭诉死别之情。送殡三日后,孝子要"送饭"至墓地。再次,丧葬仪式中的孝子会礼叩谢,是通过礼将情推向了高潮,表达的是孝的本旨。丧葬之礼,不单为了逝者,也是为了生者。生者在这一系列繁复的礼节中表达了情感,重新审视了生命的意义。这些仪式行为是内在文化的一种象征性表达,是对儒家孝道文化的文化认同。值得注意的是,在南伞—果敢地区的丧葬意识中,强调的是对孝子身份的认可。如"送饭"这一环节,必须由孝子实施,而孝女只可在凌晨哭诉。这一行为其实是南伞—果敢地区边民对于儒家的文化认同和践行。在儒家父系文化体系上,男尊女卑的思想影响着社会生活的方方面面,自然也表现在生命伦理观上。

3.礼乐的规范

在儒家文化视阈下,丧葬与礼乐关系密切。丧葬仪式的流程为礼,念唱和法器为乐。《周礼》《仪礼》《礼记》作为现存最早的记载丧葬礼仪的儒家典籍,当中有大量文字涉及丧葬礼仪,从丧服到丧期的规定,充分诠释了丧葬仪式的礼乐文化内涵。儒家的丧葬仪式中表达的是对生命的思考,对死亡的尊重以及对伦理孝道、礼乐制度的传承。丧葬仪式所内含的礼乐文化,将人有限的自然生命趋同于无限的伦理生命,仪式的礼制教化,是对生命的终极关怀。总而言之,是一种对生命"慎终追远"的态度。所谓"人未有自致者也,必也亲丧乎",父母去世,子女哀痛无可言表。儒家作为恢复礼乐文化的倡导者,在丧葬上也坚持守礼,通过一系列缜密的丧礼节文来表达内心的哀痛,所谓丧尽其礼方能尽其哀思。所谓以礼尽情,以礼节情。《论语·为政》中提到,对于父母双亲,在世时要侍奉以礼,死时要葬之以礼,死后要祭之以礼。可见在丧葬仪式中,礼乐文化是其构成的脉络,所谓情之礼化。

如本书案例中所展示的丧葬仪式中有悬素之说,其实为扎纸人纸马,包括服饰、起坛的八仙桌、香火、法器、符图、奏乐(在丧葬仪式中,任何程序的进行都有吹奏配乐)等,这些具体的环境和器物,构成了整个丧葬仪式的礼法,在这样特殊的氛围中,实现了对亡者的送别和追思,从另一角度看,安慰了生者的情感,为在场者提供了心理上的寄托和宽慰。礼的意义体现在具体的仪式行为之中。仪式的实践过程即是礼的践行过程,通过对于礼的践行,来表达自然情感。红岩村丧葬仪式的过程可以看作是两地边民对于中华文明的主体文化认同。丧葬仪式的传承过程,实则是文化认同与传播的过程,其内在的神圣性和价值性不容忽视,基于此,我们才能说,丧葬仪式中的礼乐文化,是身份认同过程中的一大要素。

三、文化动力学的终极意义——认同

概念是基于逻辑和推理的,而类型基于逻格斯和意识转换。对信众来说,空间不是均质的,神圣空间是有所差异的。宗教信仰赋予了某些时空具有特定的神圣意义,如教堂。教堂作为神圣空间与世俗空间的分割处,门槛也有类似的功能。如普通人家的门槛上的各种门神、宗教层面的配饰等,起到组织黑暗势力的入侵,祈求神祇保护的作用。人类社会从产生之初就伴随着神圣,神圣建构了世界,设定了界限,确定了秩序。人类对于未知领域空间的探索、开辟,其实就是一个神圣化该空间区域的过程。这种神化未必一定与宗教一致,但是很大程度上相关。所有的文化形态或者文化传说中,都存在我们位于世界中心的论断。安居于一处,就是建筑一个世界,而且我们恰恰在世界的中心。而我们把这个理论缩小到我们所观察的宗教仪式中,也同样适用。在一场宗教仪式中,在特定的宗教建筑的空间中,在特定的神圣时间——特殊的宗教节日中举行,这本身就是一种对于时空神圣性的解读。

接下来,我们以文化中的某一原色建筑为例,比如,建筑中是否融入了时间的元素?这样就把时间空间统一在一个圣域(宇宙)概念中。在我们的民间经籍中,有大量的科仪是根据天文历法、时令节气而主持举行的,如拜斗仪式。又如,在西方文明或者印第安文明中,一年代表一个时间和空间上的重生。时间在宗教中不在是一个客观的概念,而是像神圣空间一样具有不均质性,通过对原始时间的回归而再生。这种理念类似在道教科仪中的丧葬意义。通过对夭折等不同死亡形式的生命的超度,使其生命再一次轮回、重生。时间是因为神圣化后的空间存在后而存在的。时间空间的意义都是建立在圣化之后。在特定的时间、空间之内,才能感受到与神同在,这也恰恰是道教科仪的本质意义所在。宗教时间和世俗时间可以是平行的时间,相互共存。宗教时间可以永恒,世俗时间转瞬即逝(时间的相对论)。时间去神圣化,没有周而复始的治愈功能后,就会变成让人恐惧的世俗时间。从现代物理学角度关照,时间从来不是一个圆形的复归,所以时间的本质与宗教时间的差异如何理解?

宗教行为的意义就是一种生活范式,无论是饮食、工作、教育、生活。必须模仿神的行为,宗教行为才有意义。宗教徒对宗教的认知不是先天赋予的，或者说不能完全靠理念的灌输而成就，宗教徒真正意义上有了身份认知，必须是建立在行为的范式化上。通过一群人在特定的时空当中共同做一个仪式，可以实现一种行为认知上的趋同，完成自我造就。宗教仪式的沿用，民间经籍的传播，其实质是通过仪式建立起的文化内核被参与者所接受认同。需要指出的是，在这个传播过程中，主持者、参与者、追随者都是整个文化行为的践行者，这种行为的共同性是与其他的文化传播形式不同的。在这一行为中，没有所谓的精英文化，而是一个整体的民间文化的应用。这恰恰成就了文化的动力学意义，也是文化的生命力所在。

宗教仪式带给人们的意义在哪里？在两种文化关注点中间建立起一个沟通的桥梁，暂时搁置矛盾，以实用主义为依托，满足人类在不同时期的不同精神追求？比如，我需要关注我的现实生存问题，但是面对现实的死亡，使我不得不面对终极问题的思考，故而，举行一个仪式，变得重要，而仪式背后的文化内核，其实是将另一种文化类型带入的过程，这样，两种文化类型必然共融，这也是为什么其实在文化研究中，发现没有单一存在的类型。因为人的欲求是多向度的，所以决定了文化的复杂类型。道家文化统摄下的中国传统文化形态，是否兼具两种类型，试图实现一种平衡？中国人的功力主义宗教信仰的特性，其本质可否被分解为两种文化类型的结合？且，道教本身不讲轮回而关注长生，是否本身就是一种现实愿望的满足，而非佛教这种长期追求永恒状态？

从历史社会学角度看，民族认同不应该局限于一种意识形态或者是一种阶级斗争，更多地应该将民族认同还原为一种文化认同。民族认同更多地呈现在历史中的是一种文化现象，集合了语言、情感、符号等多维度的概念。民族认同中涵盖着某种对社会空间的认同，对于土地的归属感。这个土地，必须是具有历史性时间意义的土地，即，是共同民族的摇篮，是祖先圣地，而不是随意的一个空间意义上的土地。从这个意义上讲,民族认同所需要的土地,是具有神圣性的空间,是具有特定符号意义的存在。除却时空上的现在,民族认同还需要一个内核,这个内核是精神层面的,是一定程度的共同价值体系的认知。质言之。民族认同应该建立在文化认同之上,一个民族享有共同的起源神话、历史记忆,一个特定的族群拥有的共同点越多,则其族群的黏合度越高。而这种共同体形成一种内核后,会拥有一个生命力,可以在族群内部历代传承。比如,共同的民族神话起源和祖先崇拜奠定了一个族群民族认同的先决条件,回答了"我们是谁""我们从哪里来"的问题,而后期的文化认同,回答了"我们如何生活"的问题,如宗教认同之下的共同社会生活模式,一致的婚丧嫁娶、人生礼俗的礼仪生活。

然而在历史的发展过程中,文化不断地发展变化,而建立在文化认同之上的民族认同却只变化形式而内核不断。究其原因,是因为这种文化的变化只是外在形式上的,一个民族的文化一旦形成一个内核,也就是我们讲的动力,其本质是很难改变的。这个文化内核体现在道教领域,就是经籍传播过程中所不断发扬光大的道家文化内核。这个发展过程就好像是一个个向外不断扩展变化的图谱,更像是一个以圆圈为基础向外发展的图谱。不同的文化在发展的不同时空当中展现出不同的圆,但是其本质上,这一系列的圆都是一个同心圆结构。这个心,就是文化内核。这个文化内核是道学对于生命的认知、对于时空的理解、对于伦理的践行。需要指出的是,文化的延展性,文化的生命力和独立性必然和政权独立有一定的关系。故而,民族认同中还涵盖了一定意义上的政治权利。国家认同对于文化认同是一个强有力的保障。这也是上文中我们强调的,民族需要一个空间上的归属感,土地带来的安全感,这种空间也可以理解为对于政治权利的所有权。如果没有这种空间上的保障,就更需要依托于情感上、精神上的黏性,也就是需要靠共同的宗教信仰,共同的文化来结合。所以这是一个二律背反的问题,两者之间互为依托,在一定情况下,有主次之分。

对于一个民族而言,最具有持久凝聚力的无外乎符号和习俗。更进一步来言论,习俗也是一定意义上的符号表达。宗教仪式是符号和习俗的载体或者说是外显。符号背后所承载的是一种民族共同的意识形态,这种意识形态的形成恰恰是在一定的空间(土地)上,通过一定的时间积累而形成的共同体。对于民间道教群体而言,恰恰满足了一个固定空间和历史祭奠的前提。故而,这种文化共同体更容易形成,且一旦形成后,能更加牢固地传播发展下去。

而这种发展之下,我们可以做一个大胆设想,民间经籍为载体的文化动力的传播,是否可以诉诸非母体文化背景之下而进行? 也就是说,离开了中国传统文化的土壤,中国文化可否在其他民族地区得以传播、获得认同? 这种对于生命的解读、对于时空的把握为核心的文化是否同样适用于其他地区、其他民族? 如果可能,那么这是否为我们提供了一种新的思路,即,道家文化的动力可以打破民族的界限,实现一个"后民族的"世界。我们可以用文化认同来代替民族认同,继而实现一种泛化意义上的文化传播。相较于历史上建立在时空局限上的民族认同,这种新的尝试关注的是一种普世价值——对生命的关注。这个文化内核是可以超越文化主体限制而得以跨民族的传播的。民族认同、文化认同在一定程度上都是人类建构出来的一种意识形态,我们或许可以尝试再次解构这个意识体,将其还原为最基本的,最永恒的人类共同关注点——生命。

在中国传统文化的视阈下,文化动力的发生其本质是对"理"或"道"的认同。丧葬仪式是生命观等文化理念的外化,如果仅停留在参与仪式,并不能真正地传承中华文明之内核,或者说不能真正地践行中国传统文化。仪式因其内在的文化内核而具有了文化动力的意义。这种文化动力学意义在于,通过仪式的范式化及周期化来践行文化认同。两者之间是双向增固的关系:一方面,文化要素通过仪式展演;另一方面,仪式加固了对文化的认同。如，儒生对于儒家文化中的"理"的践行，是通过修身、格物的具体行为来实现；道士对于道家文化中"道"的追寻，是通过对一系列宗教修持方法的恪守来实现。仪式形成秩序，仪式是心的外化，所以宗教仪式其实是从"礼"到"理"（道）的过程。这种文化动力从另一角度看，即是中华文明"和而不同"之精髓的体现。所谓"和"，是对文化动力的认同，所谓"不同"，是在表现形式上的多样性。

社会学家伯格曾用"飘荡的心灵"（homeless mind）来形容在现代社会中，随着人群的高速移动，人们产生的那种难以安身立命、无所依属的"疏离"与"飘荡"感，而宗教仪式恰恰在一定范围内帮助人们达到了一种身份认同。这种对宗教文化的认同，加固了人们对身心的控制和协调能力。在一个多民族的国家中，民族认同与国家认同是维系多民族国家统一完整的要因。但通过宗教仪式传承的文化动力而建立起来的身份认同，更有助于维护社会稳定及族际和谐。云南省镇康县南伞镇相关调研有助于我们了解跨境民族的身份认同，对于处理民族关系有着积极的意义。本书希以此案例促进民族团结，增强中华民族凝聚力，铸牢中华民族共同体意识。

第二节　宗教现象学视阈下的民间经籍文化内核

宗教现象学是作为科学的宗教学研究出现的，该学派学者希望通过一种研究模式的范化来客观性表达这一知识体系。宗教现象学旨在准确描述信仰者观点的同时，表达宗教的客观性。宗教现象学结合了宗教现象经验性的调查研究和对宗教信仰者的深度理解。现象学家们认为，宗教现象是人类经验自成一类的知识，不能被还原为其他的人文社科知识进行解释，应该有自己独立学科体系。本节从宗教现象学的梳理入手，试图通过现象学的方法来阐述民间经籍最终蕴含的文化内核。

一、宗教现象学的简单梳理

作为宗教现象学研究的始祖,克里斯滕森(Kristensen)① 在《宗教的意义》(*The Meaning of Religion*)中把现象学的方法定义为根据特征进行分类的系统科学。克里斯滕森认为,宗教研究现象学方法的根本目的在于"尽可能地搜集资料,运用比较的方法,深入理解不同宗教资料"②。克里斯滕森把现象学研究放在了历史学和哲学之间,现象学研究依赖历史学研究的资料,哲学的本质依赖于现象学的概括。克里斯滕森说现象学的研究不是起始于哲学本质,而是经验性地、归纳性地研究信仰者的思想和宗教行为,理解宗教对他们来说意味着什么,而不是根据本质直接推论出进化论的结论。克里斯滕森认为对于某一宗教来说,信仰者拥有解释的绝对权威,他们要比任何一个外在于这种宗教的人更能理解自己的宗教行为。

现象学研究的学者往往处在两难的境地,这使得他们的研究不同于其他科学研究的客观性的方法。一方面研究者需要从内在者的角度来描述宗教信仰,描述必须符合宗教实践者自身的观点,另一方面研究者又不能完全进入信仰者的角色中,研究者毕竟不是一个完全信仰者。针对这种困境,克里斯滕森提出"移情"(Empathy)的方法。"移情"要求研究者想象信仰者的宗教经验,这使得研究者能够在意识中呈现那些经验,但并非是复制实际信仰者的经验。研究者要部分理解信仰者的经验,虽然作为外在者无法完全把握,这样就能跨越内在—外在者之间的鸿沟。③研究

---

① 克里斯滕森是荷兰莱顿(Leidon)大学宗教学研究讲席教授。主要研究近东(Near East)的宗教和语言,关于宗教理论方面有著作《宗教的意义》(*The Meaning of Religion*)(1960)。

② Kristensen, W. B. (1960), *The Meaning of Religion*,(translated by John B. Carman), The Hague: Martinus Nijhoff. p. 11.

③ Kristensen, W. B. (1960), *The Meaning of Religion*,(translated by John B. Carman), The Hague: Martinus Nijhoff. p. 7.

者不是把自己变为信仰者,而是凭借自己部分的经验理解信仰者的宗教经验。

克里斯滕森认为现象学研究者应该根据历史资料来更多地理解宗教本身而不是价值评判,这带有胡塞尔所说的"悬置"的特色。研究者只有通过现象学的"移情",放弃自身的偏见,同情地参与到信仰者的宗教经验当中,他才能直观信仰者的实际经验,而不是根据各种理论先验地价值判断。"直观"意味着"悬置"任何先入为主的偏见,然后才能真正进入研究的领域,"还原"宗教信仰者本身的思想、行为与价值判断。恰如本书所探讨的民间经籍与民族文化的关系问题,在研究过程中,如实地记录、观察经籍在民族地区的传播及使用,而不先做预先判断。并不能先入为主地认为中原道教文化的传入一定会影响当地民族文化,这种关系未必是所谓的先进文化影响落后文化的常规预设。

宗教现象学第二奠基人物范·德·列欧(Van Der Leeuw)(克里斯滕森的学生)认为,现象学中,研究者旨在理解宗教实践者的行为。宗教实践者通过各种神圣行为理解自身。研究者认为宗教行为是宗教"客体",而宗教实践者认为宗教行为是"主体"或"代言人"。在很多情况下,"代言人"是上帝,研究者研究的对象不是上帝,而是实践者与上帝之间的行为关系。信徒在生活中接触到神圣"力量",则其生活开始朝向"力量",投入到"神圣"之中。"神圣"的行为包括很多纬度,展现在不同的生活行为中,如庆典、净化、献祭、圣餐仪式等。而从向内的精神层面,"神圣"也表现为神圣时间、神圣空间、神话、世界等。

人在生活中寻求"力量",试图提升自己的生活,体现生活的价值,寻求深层的意义,如此宗教就成为生活最大限度展开的水平线。人努力寻求生活的意义,试图把生活安排成意义的整体。文化现象由此展开,艺术、风俗、经济,构成意义的限度。从意义的网络中,人发展他的"力量"。而以中国社会而论,在民间经籍的传播过程中,其背后的文化内核代替了这种"力量"，涉及文化中的宗教、艺术、民俗等纬度。除了水平维度，宗教还展现为纵向的维度，"从下至上，或者从上至下"①。纵向的宗教与启示相关联，只有从信仰者的角度才表现为现象。信仰者的超越感、无限感、神圣感，能够成为现象为现象学研究打开大门。水平的和垂直的两个维度构成宗教终极目的：救赎。宗教的指向不是生活本身，而是超越生活指向救赎。范·德·列欧给出了一个颇具西方色彩的宗教学说。

宗教现象学不是宗教心理学，宗教心理学实证研究心理活动，是作为客体对象的研究，主客体是分离的，而现象学研究主体需要参与到客体经验中。宗教现象学不是宗教哲学，哲学沉思建立在现象学之上，现象学是桥梁。最后，宗教现象学不是宗教神学，神学与哲学一样旨在寻求真理，神学谈论上帝本身，而现象学研究理解上帝的经验。宗教现象学是一门系统科学，第一步，给予类型名称，如献祭、祈祷、救赎、神话等，由此诉诸现象。第二步，把这些现象与生活关联，植入经验。第三步，直观必须"悬置"自己的主观判断。第四步，澄清观察到的现象，理解解释显现之物。最后，回到杂乱的事实，检验理解。这恰恰是本书在研究过程中秉持的研究方法：悬置——观察——分类——理解。

宗教现象学的研究是一种静态的研究方法，特别是使用分类学的方法，通过类型揭示本质，被其他学派诟病为非历史的方法。范·德·列欧说得很明白，类型给出的是静态的画面，是非时间性的。伯利克（Bleeker）认为宗教总是面对各种内在的、外在的冲突发展变化的，因而需要被理解为动态的画面。伯利克引入"完全实现"（Entelecheia）就是为了说明显现过程中的本质，涉及四层含义：①关于宗教起源问题；②宗教变迁的历史逻辑寻求；③不纯粹宗教问题；④现代社会宗教持续存在的动力问题。在本

① Kristensen, W. B. (1960), *The Meaning of Religion*,(translated by John B. Carman), The Hague: Martinus Nijhoff. p. 680.

196

课题的研究过程中,除使用现象学研究方法之外,还使用了文化动力学的概念。

宗教研究理应超越单从神学教义方面理解宗教,尼尼安·斯马特(Ninian Smart)在《人类的宗教经验》(*Religious Experience of Mankind*)中提出从仪式、神话、教义、伦理、社会、经验层面研究宗教的不同维度,把宗教理解为一个有机整体。尼尼安·斯马特后来在《世界的宗教:传统与现代的转型》(*The World' Religion: Old Tradition and Modern Transformations*)一书中更加详细地把宗教维度拓展为七个:①实践和仪式维度(Practical and Ritual Dimension),包括各种宗教仪式实践、精神觉悟、伦理直觉等;②经验和情感维度(Experience and Emotional Dimension),包括宗教现象中的各种情感因素和感觉经验因素;③叙事和神话维度(Narrative and Mythic Dimension),包括历史的或半历史的故事,涉及宗教祖师的故事、宗教事迹以及创世神话等;④教义和哲学维度(Doctrinal and Philosophical Dimension),包括各种信仰体系、学说、哲学解释;⑤伦理和法律维度(Ethic and Legal Dimension),伊斯兰和犹太是把伦理表述在律书中,说明宗教伦理生活;⑥社会和制度层面(Social and Institutional Dimension),包括宗教团体的活动、组织与制度;⑦物质层面(Material Dimension),包括教堂、寺院建筑、艺术、崇拜物、象征物。①这七个维度是相互支撑的,共同形成宗教的有机整体。

米尔恰·伊利亚德是宗教学研究芝加哥学派的领军人物。1958年,伊利亚德在芝加哥大学任职的时候,美国只有三个宗教学研究机构。二十年后,美国有三十个宗教学研究机构,一半以上由伊利亚德的学生领导。伊利亚德1907年出生于罗马尼亚的布加勒斯特,在布加勒斯特大学

---

① Ninian Smart (1992), *The World' Religion: Old Tradition and Modern Transformations*, Cambridge: Cambridge University Press, pp. 12–20.

学习哲学,21岁到印度加尔各答大学学习三年。伊利亚德自己说这三年对他影响深远,对宗教象征物、生命、信仰与神圣之间关系有了深刻的认识。二战之后移居巴黎,其间写了大量著作。1958年担任芝加哥大学宗教历史学教授。Eliade研究了大量的宗教资料,有些著作如《从原始宗教到禅》(*From Primitive to Zen*)是按照"神圣"(Sacred)为核心组织成的"类型"研究,有些著作如《神圣的存在——比较宗教的范型》(*Patterns in Comparative Religion*)、《神圣与世俗》(*The Sacred and The Profane*)是解释学的研究。伊利亚德方法的特点是先把宗教材料分类,然后解释这些"类型"的宗教意义。伊利亚德借鉴了奥托(Otto)的"神圣"(Holy)概念。"神圣"在奥托那里代表在超越者面前感到的畏惧,神的力量的完全相异(Wholy Other),人在面对超越者尘埃般渺小的感觉,奥托主要描述的是宗教神圣的一面。伊利亚德的宗教核心范畴为"显圣物"(Hierophanies),伊利亚德在他众多著作中不断重复"显圣物"的辩证特征,"显圣物"作为神圣的显现,一方面指向神、宇宙的中心、超越者,另一方面保持世俗"物"的特征。"从世俗的观点来看,一块石头就是石头,和其他的石头并没有什么不同;但是对于那些经验到石头显现为神圣物的人看来,石头立刻显现为超自然的事实。"①宇宙创世神话(Cosmogonic Myth)、仪式再现(Ritual Reenactment)都是指向那超越者,人们经由此途径,经验那神圣。

在《神圣与世俗》中,伊利亚德讨论了空间、时间、自然、人的生活与显圣物的关系。伊利亚德引用《出埃及记》说明显圣的空间,"主对摩西说,脱掉你的鞋子,你所站的地方是神圣的地方"。对于一个宗教信仰者来说,空间不是单一均质的,有些空间决然不同于其他地方,神圣空间给予

---

① Mircea Eliade (1987), *The Sacred and The Profane*, Translated from the French by Willard R. Trask, A Harvest Book·Harcourt, Inc.p. 12.

人的世界以方向和意义。在一个均质的空间，上下四周没有不同，一个人也就不能辨别方向，意味着混乱和绝望。显圣的空间给人的世界一个朝向未来的坐标，意义的世界由此形成。"当空间显现为神圣时，不仅打破了空间的均质，而且同时启示绝对者自身，与周围空间形成反差。"①世俗的空间可以用几何方法分割，任何一部分都一样，但显圣的空间完全不同，这部分空间从周围分割开来，令经验者经验到神圣。显圣的空间为人确立了世界的中心，世界就分为天、地、地下，人与天、神、超越者的沟通成为可能，人与地下的灵魂、魔鬼、他者的经验也成为可能。②人的世界总是中心，这个中心不同于其他均质的空间，是超越的世界。

对于一个宗教信仰者来说，时间也不是均质的。世俗的时间没有宗教意义，所有的活动都是一样平凡。与之相反，宗教节日代表的是那些发生在过去神圣事件的再次重现。③参与宗教节日意味着人从均质的时间中分割出来，进入到神圣时间当中。时间就分为两种，一种世俗的，一种神圣的。宗教的时间具有创世神话的意义，这表现在不同的宗教都有其创世神话。生命在这创世神话中展开，生命有其开始和终结，宗教的生活代表着每一年向那原初的"圣洁"恢复。宗教的时间代表着生命的特殊时间，参与一些特定的时间，如洗礼、皈依、受戒等，意味着生命的重生；参与另一些特定时间，如圣餐、灌顶、庆典等，意味着暂时与神、超越者的合一。Eliade讨论神话的作用，神话是神圣时间的起始，主人公是神或者伟大的人物，神话本理论揭示人之所以如此的生存状况。④人的生存维度由此

---

① Mircea Eliade (1987), *The Sacred and The Profane*, Translated from the French by Willard R. Trask, A Harvest Book·Harcourt, Inc.p. 21.

② Mircea Eliade (1987), *The Sacred and The Profane*, Translated from the French by Willard R. Trask, A Harvest Book·Harcourt, Inc.p. 37.

③ Mircea Eliade (1987), *The Sacred and The Profane*, Translated from the French by Willard R. Trask, A Harvest Book·Harcourt, Inc.p. 69.

④ Mircea Eliade (1987), *The Sacred and The Profane*, Translated from the French by Willard R. Trask, A Harvest Book·Harcourt, Inc.p. 95.

而朝向神,他希望模仿创世者、神、先知、英雄,超越自身世俗的生活。

宇宙作为神的创造物蕴含着神圣性,不仅只是显现人与神的交流,神以不同的形态显示宇宙的神圣性。世界的存在拥有某种结构,世界不是一片杂乱,而是有序的创造物,它自身不断地显示神圣的维度。在一个宗教的人看来,天空的无限显现神的超越性,大地显现为宇宙母亲,宇宙的韵律显现为和谐秩序,宇宙整体是有机的神圣存在。人的历史是结构性的同神的历史联系在一起的,创世之后,神隐没在无限的天穹中,人接着在此世界创造。伊利亚德认为蒙古人崇拜的神、中国人的天、苏美尔人的神、巴比伦的神、印欧之神,所有这些崇拜都与天相关。神退隐之后,其地位渐渐由神秘的祖先、大地之神、丰收之神等次一级的神圣崇拜代替。人通过地上的生活把自身关联于神圣,农业不是简单的耕作,而是与神的庆典相关联。仪式作为社会性的活动,不断重复再现神的创造,把人的生活关联于神。人的生存就展现两面性,一方面是俗世的生活,另一方面是不断地洁净朝向神圣。

伊利亚德的解释学的方法强调,一个研究者要理解宗教,必须接受宗教为“精神性的宇宙”。宗教的认知不能仅仅通过神圣的类型、世俗的类型、神话类型、仪式类型这种分类而得到认识,研究者必须要有同情的态度,把自身关联于宗教。宗教人的生活总是通过神话与仪式朝向神圣,神话与仪式最为象征,传递神圣的意义,通过再现经验,人获得新的生命。研究者若没有这方面的经验就无法理解宗教的神圣性。詹姆士·考克斯(James Cox)认为伊利亚德对于“显圣物”的研究是表现为一种现象学方法,虽然Eliade自称为宗教历史解释学的方法。这一时刻的“显圣物”相似于一千年前的“显圣物”,这种说法同范·德·列欧的“观念类型”(Idea Types)如出一辙。“显圣物”不断再现神圣的本质,这种使得研究者能够理解宗教现象的含义和书写宗教的历史。①尽管Eliade声称自己的历史学的方法不同于宗教现象学的方法，认为现象学只是分类而不进行比较，历史学的方法只有经过比较不同宗教中成千相似的现象，最后才能得出这种现象的意义。詹姆士·考克斯认为伊利亚德的历史学方法归纳正是现象学方法，伊利亚德反对历史编年的方法，通过对宗教结构性的分析从而解释"显圣物"辩证的含义，这是一种历史材料到非历史（ahistory）的解释，正是现象学的特色。而这种"结构性的分析"，同样适用于对民间经籍传播与民族文化关系的研究中。经籍正式在传播中，融入了"文化的结构"之中。通过解构文化，继而分别与宗教、民俗、艺术等纬度发生密切关系，之后，这种解构又重构为一个新的、融入了经籍内核的文化结构体。这恰恰是文化之动力。

二、民间经籍主体——科仪的现象学解读

在全面对民间经籍的研究之后我们发现，民间经籍的流布性基于其现实的功能性，也就是说，民间广布的经籍多为科仪本。故而，对于民间经籍的解读，在一定程度上其实可以转换为对宗教仪式的解读。

强调概念的差别，提出纯粹逻辑性的意义，是所有学科的根基，是研究一般性观念本身。现象学概念，是介于心理学与逻辑学之间的学科，更接近于纯粹逻辑学；语言表达是更高级别的符号认知行为，语言是思维的表达，思维是意义的体验，是直接的感知与想象基础上的理性思维结果。现象学的语言研究更多地倾向于一种意识分析，不单单停留在语言本身，而是语言背后的行为表达。符号具有含义之后才能被表述，语言是一种符号。在表述和含义的关系层面，含义决定表述、决定了主观与客观。

具体到宗教仪式中，经书上的语言是一种符号，法器、衣物、符箓都是

① James L. Cox (2006), *A Guide to The Phenomenology of Religion*, T&T Clark International, p.184.

一种特殊的语言符号,在这种特定的文化场域中具有了特定的含义,才被表述为一种宗教仪式。如果同样的物品放在不同的场域中,则丧失了这种表述功能,是不是可以理解为,这些语言符号不是普通意义上的符号表达?宗教仪式中的一切可以视为一种符号意义上的表述,因为其本身具有了某种特殊的含义。当宗教仪式中的符号起到了表述的作用,就不再承担具体的功能,它们已经不再有具体的指向性,我们的思维认识被指向了它们所代表的含义。当完成这个使命的时候,这些现象、符号不再成为我们的意向对象,真正重要的是这些符号后面指向的特定意义,即我们称之为文化动力的文化内核。具体到丧葬仪式中,其本质是对道家文化中生命观的问询与践行。

表述与含义相统一才能确定一个对象是否真实且合理存在。一般对象比个体对象更具有真实性。也就是说,从这一角度来看待宗教仪式,不同的仪式是个体对象,而仪式中抽象出的一般对象乃是富有文化表述的含义。而这个被表述出来的含义才是这些经书、科仪背后的根本。这个含义就是文化的动力。如果表述必须与含义统一,那么一般对象区别于荒谬之物的点即在于其对应关系的有无——观念之物的意指区别于臆想之物的意指,观念对象真实存在。比如,民间经籍中常见的安龙仪式,奠基问题在整体和部分之间的关系中起到核心作用:奠基是否可以成为经书传播与文化传播之间的关系解构?经书就是整体与部分之间的“奠基”的点。经书通过传播,起到桥梁的作用,将不同的文化要素联结在一起,由部分构成了整体,彼此之间相互依存而存在,形成了一个文化生态体系。

认识行为中的两种内涵,直观内涵与符号内涵。直观是直接呈现出来的特质,符号主要指一些情感类的概念,没有具体的特质物,但是能达到帮助人认知的目的。例如对墨水瓶的认知。但是纯粹直观与纯粹符号都不可能存在,事实上都是交织在一起的。充实的范畴。现象学的意识分析与印度佛学相似。佛学中的对于意识的分析,与胡塞尔的分析相近,具体地说,佛学中将心的主体与作用,心王—心所的分类与奠基层次决定,与胡塞尔的客体化—非客体化行为只是术语上的差异。同样的,这种现象学的认知原则,与名家的概念界定、道家的道无论,有一定的相关性。故而,用现象学的理论去诠释经籍,有一定的理论可能性。道家的本体无,更多的是一种正在存在的状态,是万物的一个本源,这就像是现象学中的意向性,有一个意识中的指向与构成的前体。而随着事物的发生、发展,表现出来了一个客观化对象,使具体的行为成为可能。而经籍的传播程中,其文化内核再一次将这种意向性解构到具体的文化分属中,是一个精神的意向性的存在活态分布于文化诸纬度,继而得以传播发展。最终,这些文化纬度所共同指向的只能是之前被解构的同一文化内核。现象学与逻辑学的关系。本次研究聚焦的各种经籍、科仪一步步将道家思想的文化内核建构起来,而随着经籍的传播,其与文化诸多纬度发生不同程度的关联,文化内核又一次被解构到不同的文化现象中。在这个建构—解构的过程中,文化内核得以传播,文化动力学的意义也就随之彰显出来。

三、仪式中的符号学意义

宗教不同于巫术的地方在于,宗教是人的一种社会性情绪表达,更多的是与神之相遇,而非通过某种技术控制超自然力量为己所用。在道教的各种仪式中,其实是表达了信徒对于生命的一种信仰,是人类对于文化的一种理解。不单单是一种单纯的信仰行为,更多的是在践行其背后的文化意义。

神圣场所是在世俗的空间中打开了一个异质的缺口,神圣空间成为宗教信徒在神圣世俗之间沟通的中间地带,神圣空间对于信徒来讲,是世界的中心。神圣时间亦然。普通的时间是没有意义的,只有与神圣性发生关系后,时间具有了新的模式。如佛学理念中的再生,这是一种独特的往复的神圣时间。如宗教中的重大节日,在节日的时刻,时间具有了神圣意义,与普通世俗时间区分开来。

宗教仪式其实是一种宗教象征意义上的人类社会活动行为。尽管宗教的形态各不相同,但作为表达象征意义上的仪式都有着一定的范式。在这种共同行为中,是人类对于时间、空间认识的一种行为表达。按照宗教的仪式而生活,是最具有文化意义的行为范式。民间经籍的传播,从某种意义上来讲,就是将具有宗教文化内核意义的神圣仪式贯穿到人们的日常世俗生活之中,也就是说,这种传播更具有表达的意味,在日常生活中践行了文化逻辑。宗教仪式的背后不仅仅是一群人的集体自我认同,更重要的是一种对于知识的文化认同。

事实上,通过上文中我们从文化的诸多纬度的剖析,可以看出民间经籍在传播过程中与人们生活的方方面面都发生着密切的关系,这种日常语言、行为的践行,恰恰是以世俗生活来诠释神圣内涵。神圣性只能创建于世俗的时间和空间之中。宗教仪式建构的不只是一个微型社会,更重要的是满足了人们精神上的某种需要,达到了文化意义上的更深层目的。宗教仪式当中用的经书、法器、服饰等都可以视为这场文化传播的重要象征符号,通过符号的辅助,人们表达了自己对于生命的理解、向往。宗教仪式是一种逻辑意义上的表达,同时也是一种心理学意义上的行为化表现。在这一系列符号意义的表达中,引起了一种情感上的共鸣。在宗教仪式的过程中,人们实现了精神上向文化内核的靠近,也就是说,通过行为上的践行,从外在到内在的,结合于一个共同的文化内核之中,这就是文化的动力学意义。

宗教仪式是一种固定化集体行为。出于世俗生活的弥散性,很多人类的共同记忆、理解等文化性碎片不容易流传保护下来。故而,在仪式的生活中,随着一种有序的行为模式的象征,人类的共同记忆得以保存。新的成员通过对于仪式的参与,渐渐参与到文化的系统中,参与到事情的起源中。换句话说,通过仪式的传承,文化得到了传承。仪式是联结人类世代短暂生命的桥梁。个人通过参与仪式而参与到了神圣的世界中,完成了一种社会性、民族性的新的生命的意义。

符号的意义必然需要通过系统来展现,单个符号不能表达意义。恰如在道教科仪经书中展示给我们的各种符号。单一的符号可能只是单纯的一个器物,如鸡蛋、朱砂、罗盘等。在生活场景中出现的时候,只是一个普通的物品,但是在一场宗教法式中,则承担着特殊意义的器物意义。这些在世俗生活中互不相关的符号,在一场奠土仪式的神圣时空中结成了一个系统的符号,从而建构起一定的符号语言,表达一种文化意义。而这种表达的可能性,是建立在一个同一的文化内核之上。这也是符号与文化动力学的关系。且,符号具有传播的可能和意义。符号的习得在一定程度上担负了文化推动的助力。仪式中的各种符号元素,更多的像是一种沉默的间接语言,在表达着同一的文化意义。而这种特殊的语言表达形式,在一定程度上也存在着误读的风险,符号可以起到提示表达的作用,并不一定能起到完全的准备输出的作用。

所以需要强调指出的是,在这个表达的过程中,符号的成果表达也必须要建立在接受者对于文化内核理解和接受的基础上。所以这种表达,是一种双向的互动。一方面,符号意义要通过内核的认同而实现,另一方面,在认同之后,符号又起到了增加表达效果的作用。两者不可分割。所以,符号在表达中只能处于从属地位,符号存在的意义必须且只能服务于意义。且符号的表达作用在我们的一种习惯表达形成之后,可以独立于通用系统单独执行文化传播。比如,八卦图作为一个符号,在我们的文化传播过程中可以直接表达文化意义。这就是文化内核意义之下的符号表达。一旦人们接受了符号背后的文化意义,那么这个符号就变成一个稳定意义的象征符号。比如在道观的建筑上出现的仙鹤、葫芦、如意等图案符号,其更多地是现实的一种道家文化内核下的吉祥意义。而随着这种符号与道家文化关系的绑定,这些符号即使出现在其他场所,也会使人联想到道家文化。这就是文化动力的意义所在。一切符号都附着在文化内核之上。这个文化内核成为文化传播的根本动力。在宗教仪式的表达符号系统中,语言、文字、器物、绘画等都充当这文化输出的这一作用。文化输出的前提是因为文化内核的共同认知性。最终我们都统一于一个共同的文化动力之下,共同促进其传播,是整个链条当中的不可缺少的一个重要环节。

按照梅洛庞蒂的观点,语言作为一个符号体系,必须是共时的,语言不可能作为一个抽象而普遍的实体存在,必然是在具体的时空与事物中才具有意义,也就是说,语言作为符号的意义,必然随着时空的转变而不断发展。语言根本上是一个言语中的"活生生的"在场。这个意义同样适用于民间经籍的传播过程。民间经籍之所以具有生命力,可以在不同的民族文化母体下不断传播发展,恰恰就是因为它的一个"活生生的"在场。如果经书上所记载的文字、使用的器物、执行的仪轨都只是流于一个语言符号,那么它就不再成为文化的动力学意义。正是由于这些符号在不断地传播中一直被践行、被使用,故而,"语言"——道教行为语言,成为一个"活生生"的在场,成为文化传播的中介。

现象学的根本方法即是如何分类。通过对于对象——神,表现形式——神话、仪式,体验感等类型的分类整理描述,来揭示事务的实质。所以现象学的运用主要在于布局谋篇。比如课题通过对于文化中的宗教、艺术、民俗等类型来诠释经籍传播与文化的关系。现象学同样可以用于经籍的传播,比如传播的途径、类型、场域等。这种方法是一以贯之的。而在整个论证的过程中,不断阐述的是一个动力学的核心问题。

参考文献

一、专著

〔东晋〕葛洪:《抱朴子外篇》,《文渊阁四库全书》,商务印书馆,1986年。

〔宋〕张君房:《云笈七签》,中华书局,2003年。

〔明〕李元阳:《嘉靖大理府志》,大理白族自治州文化局翻印,1983年。

〔清〕梁友檍:《蒙化志稿》,德宏民族出版社,1996年。

〔民国〕周宗麟:《大理县志稿第六卷》,大理图书馆翻印,1995年。

陈鼓应:《易传与道家思想》,生活·读书·新知三联书店,1996年。

陈来:《古代宗教与伦理——儒家思想的根源》,生活·读书·新知三联书店,1996年。

陈来:《古代思想文化的世界》,生活·读书·新知三联书店,2002年。

陈麟书、陈霞:《宗教学原理》,宗教文化出版社,2003年。

陈旭霞:《民间信仰》,河北人民出版社,2009年。

陈瑜:《晋北地区民间道教科仪音乐研究》,社会科学文献出版社,2016年。

戴康生、彭耀:《宗教社会学》,社会科学出版社,2000年。

冯友兰:《中国哲学史》(全两册),华东师范大学出版社,2000年。

高亨:《周易古经今注》,中华书局,1984年。

葛兆光:《中国思想史》(三册),复旦大学出版社,2001年。

郭武:《道教与云南文化——道教在云南的传播、演变及影响》,云南大学出版社,2000年。

郝铁川:《灶王爷、土地爷、城隍爷——中国民间神研究》,上海古籍出版社,2003年。

何耀华:《云南通史》,中国社会科学出版社,2009年。

侯冲:《云南阿吒力教经典研究》,中国书籍出版社,2008年。

胡朴安:《中华风俗志》,河北人民出版社,1986年。

金泽:《宗教人类学学说史纲要》,中国社会科学出版社,2009年。

李春龙、王珏点校:《新纂云南通志》,云南人民出版社,2007年。

李养正:《道教与中国社会》,中国华侨出版社,1989年。

李泽厚:《中国古代思想史论》,天津社会科学院出版社,2003年。

刘长久:《南诏和大理国宗教艺术》,四川人民出版社,2001年。

刘大钧、林忠军:《周易传文白话解》,齐鲁书社,1993年。

刘峰:《宗教与中国传统文化》,山东教育出版社,1990年。

刘小兵:《滇文化史》,云南人民出版社,1991年。

刘稚、秦榕:《宗教与民俗》,云南人民出版社,1991年。

吕大吉:《宗教学通论新编》,中国社会科学出版社,2010年。

吕绍纲:《〈周易〉的哲学精神》,上海古籍出版社,2005年。

吕思勉:《理学纲要》,东方出版社,1996年。

吕宗力、栾保群:《中国民间诸神》,河北教育出版社,2001年。

路遥:《道教与民间信仰》,上海人民出版社,2012年。

马书田:《中国冥界诸神》,团结出版社,2002年。

马西沙、韩秉方:《中国民间宗教史》,中国社会科学出版社,2004年。

蒙培元:《中国哲学主体思维》,人民出版社,1993年。

牟宗三:《中国哲学的特质》,上海古籍出版社,1997年。

牟宗三:《中国哲学十九讲》,上海古籍出版社,1997年。

牟宗三:《心体与性体》(全三册),上海古籍出版社,1999年。

牟宗三:《周易哲学演讲录》,华东师范大学出版社,2004年。

牟宗三:《生命的学问》,广西师范大学出版社,2005年。

牟钟鉴、胡孚琛:《道教通论——简论道家学说》,齐鲁书社,1991年。

牟钟鉴:《走进中国精神》,华文出版社,1999年。

牟钟鉴:《儒学价值的新探索》,齐鲁书社,2001年。

彭克宏:《社会科学大辞典》,中国广播出版社,1989年。

彭理福:《宗教文化出版社道教科范——全真派斋醮科仪纵览》,宗教文化出版社,2011年。

彭兆荣:《人类学仪式的理论与实践》,民族出版社,2007年。

钱穆:《中国文化史导论》,商务印书馆,1994年。

钱穆:《中国近三百年学术史》(全两册),商务印书馆,1997年。

钱穆:《中国思想通俗讲话》,生活·读书·新知三联书店,2002年。

卿希泰:《道教与中国传统文化》,福建人民出版社,1992年。

卿希泰:《中国道教史》,四川人民出版社,1996年。

任继愈:《中国道教史》,上海人民出版社,1990年。

任宗权:《道教科仪概览》,宗教文化出版社,2012年。

史孝进:《威仪庄严:道教科仪及其社会功能》,上海辞书出版社,2012年。

宋兆霖:《巫觋:人与鬼神之间》,学苑出版社,2001年。

宋兆霖:《民间性巫术》,团结出版社,2005年。

孙旭培:《华夏传播论》,人民出版社,1997年。

汤一介:《非实非虚集》,华文出版社,1999年。

汤一介:《早期道教史》,昆仑出版社,2006年。

汪宁生：《云南考古》，云南人民出版社，1980年。

王卡、汪桂平：《洞经乐仪与神马图像》，社会科学文献出版社，2016年。

韦政通：《中国思想史》（上下册），上海书店出版社，2003年。

乌丙安：《中国民间信仰》，长春出版社，2014年。

吴晓亮：《云南名城史话丛书——大理史话》，云南人民出版社，2001年。

夏建中：《文化人类学理论学派》，中国人民大学出版社，1997年。

萧霁虹、董允：《云南道教史》，云南大学出版社，2007年。

萧霁虹：《云南道教碑刻辑录》，中国社会科学出版社，2013年。

邢莉：《民间信仰与民俗生活》，中央民族大学出版社，2008年。

徐复观：《中国人性论史（先秦篇）》，上海三联书店，2001年。

徐嘉瑞：《大理古代文化史》，云南人民出版社，2005年。

徐祖祥：《瑶族的宗教与社会——瑶族道教及其与云南瑶族关系研究》，云南人民出版社，2006年。

薛艺兵：《神圣的娱乐——中国民间祭祀仪式及其音乐的人类学研究》，宗教出版社，2003年。

杨国荣：《善的历程》，上海人民出版社，1994年。

杨恒灿：《白族本主》，云南科技出版社，2010年。

杨庆中：《二十世纪中国易学史》，人民出版社，2000年。

杨学政、韩军学、李荣昆：《云南境内的世界三大宗教——地域宗教的比较研究》，云南人民出版社，1993年。

杨学政：《云南道教》，宗教文化出版社，2004年。

姚周辉：《神秘的幻术——降神附体风俗探究》，广西人民出版社，2004年。

尹飞舟：《古代鬼神文化大观》，百花洲文艺出版社，1999年。

余敦康：《易学今昔》，广西师范大学出版社，2005年。

云南省编辑组：《云南民族民俗和宗教调查》，民族出版社，2009年。

詹全友：《南诏大理国文化》，四川人民出版社，2002年。

詹石窗：《易学与道教符号揭秘：玄通之妙》，中国书店，2001年。

张岱年：《中国哲学大纲》，中国社会科学出版社，1982年。

张岱年：《中国哲学史方法论发凡》，中华书局，2003年。

张劲松：《中国鬼神信仰》，中国华侨出版社，1991年。

张立文：《宋明理学逻辑结构的演化》，万卷楼图书有限公司，1993年。

张桥贵：《道教与中国少数民族关系研究》，云南大学出版社，2011年。

张文勋：《白族文学史》，云南人民出版社，1983年。

赵仲明：《巫师、巫术、秘境——中国巫术文化追踪》，云南大学出版社，1993年。

郑开：《水穷云起集——道教文献研究的旧学新知》，社会科学文献出版社，2009年。

郑志明：《宗教神话与巫术仪式》，台湾大元书局，2006年。

钟敬文：《民俗学概论》，上海文艺出版社，2009年。

周鸿铎：《文化传播学通论》，中国纺织出版社，2005年。

朱伯崑：《周易知识通览》，齐鲁书社，1993年。

[德]恩斯特·卡西尔：《语言与神话》，于晓等译，生活·读书·新知三联书店，1988年。

[法]克劳德·列维-施特劳斯：《结构人类学——巫术、宗教、艺术、神话》，陆晓禾、黄锡光等译，文化艺术出版社，1989年。

[法]列维·斯特劳斯：《野性的思维》，李幼蒸译，中国人民大学出版社，2006年。

[美]露丝·本尼迪克特：《文化模式》，王炜等译，生活·读书·新知三联书店，1988年。

[美]克利福德·格尔茨：《文化的解释》，韩莉译，译林出版社，1999年。

[美]克利福德·格尔茨：《地方性知识》，王海龙，张家煊等译，中央编

译出版社,2004年。

[英]玛林诺夫斯基:《巫术科学宗教与神话》,李安宅译,中国民间文艺出版社,1986年。

[英]弗雷泽:《金枝》,徐育新等译,新世界出版社,2006年。

[英]维克多·特纳:《象征之林——恩登布人仪式散论》,赵玉燕等译,商务印书馆,2006年。

二、论文

蔡华:《道教在巍山彝区的传播与发展》,《西南民族大学学报(人文社科版)》2004年第10期。

蔡华、李生福、山林、克撒、吉合嘎博:《彝族撒梅人西波宗教调查研究》,《西南民族大学学报》2007年第5期。

陈仁寿:《中国少数民族药物的研究现状和前景》,《南京中医药大学学报(社会科学版)》2016年第2期。

陈颖:《论宗教的社会功能与社会主义和谐社会的构建》,《哈尔滨市委党校学报》2010年第1期。

程群:《道教生死观研究》,四川大学博士学位论文,2007年。

杜斗城:《地狱变相初探》,《敦煌学辑刊》1989年第1期。

段波:《文化互动中的白族本主信仰流变》,中央民族大学硕士学位论文,2009年。

范军:《唐代小说中的阎罗王——印度地狱神的中国化》,《华侨大学学报(哲学社会科学版)》2007年第1期。

范正义、林国平:《闽台宫庙间的分灵、进香、巡游及其文化意义》,《世界宗教研究》2002年第3期。

戈国龙:《论内丹学中的阴阳交媾》,《世界宗教研究》2002第1期。

戈国龙:《内外丹道之交融》,《世界宗教研究》2003年第4期。

高志英:《多元宗教与社会和谐——云南少数民族宗教信仰发展问题调查研究》,《云南行政学院学报》2008年第3期。

龚谨、李昕:《论少数民族医药文献收集整理的举措与目标》,《中国民族民间医药》2009年第1期。

郭海波、普慧:《探寻官渡撒梅人的传统文化现状》,《民间音乐》2014年第2期。

郭武:《道教对云南文学之影响示略》,《民族艺术研究》1996年第5期。

何其敏:《论宗教与政治的互动关系》,《世界宗教研究》2001年第4期。

何永福:《白族本主神祇的分类标准》,《大理师专学报》1997年第3期。

侯冲:《从张胜温画〈梵像卷〉看南诏大理佛教》,《云南社会科学》1991年第3期。

侯冲:《云南阿吒力教辨识》,《世界宗教研究》1995第4期。

侯冲:《宗教与白族民族意识》,《宗教与民族》2003年第1期。

简春喜:《南诏、大理国道教研究》,云南大学硕士学位论文,2014年。

姜守诚:《十王信仰:唐宋地狱说之成型》,《湖南科技学院学报》2010年第9期。

靳凤林:《论中国鬼文化的成因、特征及其社会作用》,《中州学刊》1995年第1期。

雷宏安:《云南道教源流初探》,《中国道教》1991年第1期。

雷文花:《宗教在当代中国的社会功能》,西北大学硕士学位论文,2012年。

黎志添:《宗教之间内外融合与冲突的关系:一个宗教学理论的观点》,《东方丛刊》2007年第3期。

李东红:《阿吒力教的文化特征》,《思想战线》1996年第3期。

李东红:《云南大理地区的道教》,《民族学通报》2001年第1期。

李晶晶:《我国五个主要民族医药的发展概况》,《中国民族医药杂志》

2008年第8期。

李向平:《"场所"为中心的"宗教活动空间"——变迁中的中国宗教制度》,《基督教文化评论》2007年第6辑。

李元元:《河西走廊多元民族文化互动研究》,兰州大学硕士学位论文,2010年。

李朝真:《大理地区的火葬及火葬墓概述》,《民族文化》2013年第6期。

李昭:《宗教对社会生活的影响》,山东大学硕士学位论文,2007年。

林国平:《民间宗教的复兴与当代中国社会——以福建为研究中心》,《世界宗教研究》2009年第4期。

刘婷:《云南道教与少数民族宗教》,《宗教与民族》2003年第7期。

刘影:《泰山府君与阎罗王更替考》,《华东师范大学学报(哲学社会科学版)》1999年第3期。

刘威:《安丙墓"真武"图像意义考》,《美术学报》2015第3期。

刘志庆:《论世界三大宗教与地理环境的关系》,《殷都学刊》2001年第1期。

陆永峰:《论宝卷中的民间冥府信仰》,《民族文学研究》2011年第4期。

马梦莹:《道教仙传文献目录分类研究》,陕西师范大学硕士学位论文,2016年。

马学良:《彝族原始宗教调查报告》,《贵州民族研究》1988年第1期。

孟涛、郝赤彪:《论中国传统风水理论中的美学特征》,《山西建筑》2006年第3期。

邱正文:《宗教道德的社会功能二重性分析》,《湖南师范大学社会科学学报》2011年第4期。

饶文举、杨本雷:《清浊二气及其气路学说是彝医基础理论的核心》,《云南中医学院学报》2016年第8期。

史江:《宋代传统宗教会社综述》,《宗教学研究》2003年第1期。

苏振宏：《艺术—审美视阈中的北宋道教与文学》，中央民族大学硕士学位论文，2012年。

孙浩然：《论宗教冲突的和谐转向》，《武汉科技大学学报》2013年第2期。

陶书霞：《瓦猫安放习俗的文化内涵》，《云南民族大学学报》2009年第9期。

万力：《关于宗教的社会作用》，《社会主义研究》1984年第2期。

王建：《民间信仰视野下的国家与社会》，苏州大学硕士学位论文，2002年。

王丽珠：《南诏发源地道教初探》，《西南民族大学学报（人文社科版）》1986年第4期。

王一帆：《21世纪中国宗教文学研究动向之一——新世纪中国宗教文学史研究综述》，《文艺评论》2015年第10期。

韦凤娟：《从"地府"到"地狱"——论魏晋南北朝鬼话中冥界观念的演变》，《文学遗产》2007年第1期。

魏德毓：《民间道教文献与地方仪式传统——闽西正一派道教科仪本〈大发表真科〉解析》，《福州大学学报》2010年第1期。

魏朝夕：《解读中西方的鬼文化》，《山西农业大学学报（社会科学版）》2008年第5期。

伍雄武：《论民族文化的多元融合》，云南师范大学硕士学位论文，2002年。

萧霁虹：《倾听自然：云南道教成因的另类解读》，《民族文化与文化创意产业研究论丛》2011年第3期。

熊胜祥、董允：《云南宗教问题论》，《学术探讨》2003年第8期。

徐梅：《南诏宗教文化的多元性与开放性》，云南师范大学硕士学位论文，2003年。

徐益明：《宗教及不同宗教间的融合趋向》，《宗教学研究》1984年第1期。

徐祖祥、张涛:《宗教选择与信仰自觉:滇南苗族宗教生态急剧变迁的理性反思》,《云南民族大学学报(哲学社会科学版)》2012年第1期。

徐祖祥:《消解、交融与嬗变:云南少数民族基督教本土化实践的动力与路径分析》,《宗教学研究》2018年第2期。

杨甫旺、单江秀:《论道教与彝族原始宗教的互动与融合》,《宗教学研究》2010年第1期。

杨国兴、罗鸣春:《试论大理白族民间信仰中诸因素的融合》,《普洱学院学报》2016年第1期。

杨学政:《密教阿吒力在云南的传播及影响》,《云南社会科学》1992第6期。

杨玉琪、方路、马克坚等:《云南跨境少数民族医药研究现状与发展浅析》,《中国民族医药志》2011年第1期。

尹富:《中国地藏信仰研究》,四川大学博士学位论文,2005年。

詹石窗:《八卦起源新探》,《福建师范大学学报(哲学社会科学版)》1996年第1期。

张翠霞:《白族中元节仪式研究》,中央民族大学硕士学位论文,2009年。

张福:《云南阿拉乡彝族的萨玛和女神崇拜》,《云南师范大学学报(哲学社会科学版)》1992年第2期。

张桥贵:《云南多宗教和谐相处的主要原因》,《世界宗教研究》2010年第2期。

张晓林:《八卦起源说综述》,《社科纵横》1995年第4期。

张晓霞:《滇西北宗教和谐与民俗文化交融现象研究》,昆明理工大学硕士学位论文,2016年。

张玉璞:《三教融摄与宋代士人的处世心态及文学表现》,《孔子研究》2005年第2期。

张泽洪:《多元文化背景下的云南道教——以南诏大理时期为中心》,

《贵州民族》2006年第5期。

郑红翠：《中国古代游冥故事的分布及类型特征探析》，《学术交流》2009年第3期。

郑进：《云南民族医药发展概述》，《云南中医学院学报》2016年第7期。

周鸣琦：《云南佛教文化的特点及其形成》，《思想战线》1991年第4期。

诸国本：《发展中国民族医药的现实意义》，《中医药杂志》2012年第10期。

邹丽娟：《从宗教信仰的视角探析大理白族传统文化的多元融合》，《贵州民族研究》2008年第3期。

邹定霞：《从〈宗教学研究〉看二十年来中国的道教文学研究》，《宗教学研究》2014年第3期。

"云南民族大学社会学学术文库"
书目

已出版：

《牛与玉米：国家建构下的蒙古族乡村社会变迁》

《云南民间经籍的文化传播研究》

《边疆与现代性：老挝西北部阿卡人社会变迁的民族志》

《中国环境社会学（2018—2019）》

即将出版：

《中国女性的法律地位研究》